**모두를 위한
설교 시리즈
5**

인물과 만남의 키워드로 읽는 요한복음

예수님을 만난 사람들

세움북스 는 기독교 가치관으로 교회와 성도를 건강하게 세우는 바른 책을 만들어 갑니다.

모두를 위한 설교 시리즈 05

예수님을 만난 사람들

인물과 만남의 키워드로 읽는 요한복음

초판 1쇄 인쇄 2022년 7월 5일
초판 1쇄 발행 2022년 7월 10일

지은이 | 구성호
펴낸이 | 강인구
펴낸곳 | 세움북스

등 록 | 제2014-000144호
주 소 | 서울특별시 서대문구 연희로 160 3층 연희회관 302호
전 화 | 02-3144-3500
팩 스 | 02-6008-5712
이메일 | cdgn@daum.net

교 정 | 이윤경
디자인 | 참디자인

ISBN 979-11-91715-45-3 (03230)

모두를 위한
설교 시리즈
5

The BOOK of

예수님을 만난 사람들

✳

인물과 만남의 키워드로 읽는 요한복음

구성호 지음

세움북스

John

추천사

예수님께서는 "내가 곧 길이요 진리요 생명이니 나로 말미암지 않고는 아버지께로 올 자가 없느니라"(요 14:6)고 말씀하셨습니다. 그렇습니다. 예수님은 진리이십니다. 예수님은 "진리를 알지니 진리가 너희를 자유롭게 하리라"(요 8:32)고 말씀하셨습니다. 진리이신 예수님을 인격적으로 만나야만 모든 죄와 형벌로부터 벗어나는 참된 자유를 누릴 수 있습니다. 죄의 결과인 사망으로부터 벗어나 생명을 얻게 되는 것입니다. 단순한 육적 생명이 아니라 참된 영적 생명을 얻게 되는 것입니다. 이는 생명이신 예수님을 만나서 연합할 때 일어나는 일입니다. 그래서 예수님은 "나는 포도나무요 너희는 가지라. 그가 내 안에, 내가 그 안에 거하면 사람이 열매를 많이 맺나니 나를 떠나서는 너희가 아무것도 할 수 없음이라"(요 15:5)고 말씀하셨습니다.

　제가 만난 구성호 목사님은 하나님의 사람이신 어머니를 통해 신앙의 훌륭한 유산을 물려받았습니다. 하나님을 알고 싶은 열망에 남들이 가지 않는 좁은 길을 가는 분이십니다. 이제 어머니의 뒤를 이어 정금교회 담임목사가 되신 것을 축하드립니다. 어머니가 섬기시는 교회에서 성도들을 위해 준비한 하나님 말씀 중 요한복음 설교들을 『예수님을 만난 사람들』이라는 제목으로 출간하게 되어 매우 기쁩니다. 이 설교가 정금교회를 넘어서 한국 교회의 모든 성도들에게 큰 유익을 주리라 확신합니다. 무엇보다 구성호 목사님 자신과 정금교회 성도님들이 이 설교들에 나오는 '예수님을 만난 사람들'처럼 예수님을 만나 더욱 친밀한 사귐과 교제를 하셨기에 이 설교집을 읽는 사람들도 동일하게 소중한 만남과 교제를 누리리라 기대합니다.

무엇보다 "신학은 학문이 아니라 예수 그리스도의 생명의 복음이다"라는 개혁주의 생명신학의 정신을 반영하는 설교집이어서 반갑고 기쁩니다. 구성호 목사님의 설교들이 계속 단행본으로 출간되어 개혁주의 생명신학에 입각한 살아 있는 복음이 한국 교회에 널리 선포되는 계기가 되길 기대해 봅니다.

이경직
백석대학교 조직신학 교수, 기획부총장

머리말

이 책은 2020년 5월부터 2021년 5월까지 요한복음을 '예수님을 만난 사람들'이란 주제로 설교한 것을 중심으로 정리한 설교집입니다. 그러면서 연관된 다른 복음서의 두 편의 설교를 포함하였습니다. 설교집이라고는 하지만 주일설교를 그대로 옮기지 않고 내러티브적인 면이 드러나도록 수정을 하고, 적용을 위해 생각해 볼 수 있는 점들은 따로 각 장의 끝에 추가하였습니다.

요한복음은 다른 복음서들보다 내러티브적인 성격이 강합니다. 기적과 이적을 중심으로 예수님이 누구신지를 보여 주는 다른 복음서들과 달리, 요한은 그리스도가 '말씀이 육신이 되신 창조주 하나님'이라는 점을 선포한 뒤 그가 만나는 사람들과의 이야기를 통해 복음의 비밀들을 전하고 있습니다. 특히 요한복음에는 다른 복음서에 나오지 않는 이야기들과 같은 사건이라고 할지라도 그 뒤에 숨겨진 이야기를 드러내 보여 줌으로써 그 일을 아주 잘 아는 사람의 경험을 듣는 것과 같은 생동감을 줍니다.

요한복음을 이해하는 데 있어서 '만남'은 중요한 키워드라고 생각합니다. 만남은 두 세계의 이야기가 하나로 합쳐지는 순간입니다. 다른 순간에 태어나 살아온 한 사람의 이야기는 예수님의 구원의 이야기를 만나면서 새로운 이야기로 전환됩니다. 세례 요한은 태어날 때부터 예수님의 이야기에 연결되어 있었지만 그는 세상 죄를 지고 가는 '하나님의 어린양'을 만난 후 자신이 어떤 역할을 하는 사람인지 확실하게 알게 됩니다. 하나님의 나라를 열망하던 갈릴리의 청년들은 예수님을 만나 진정한 하나님의 나라가 무엇인지 깨닫고 새롭게 거듭나 복음의 증인들이 되었습니다.

또 예수님의 형제들은 예수님을 그저 특별한 형으로 생각했지만 이후 그들은 모두 예수님을 '주'로 시인했습니다. 38년 된 병자나 간음 현장에서 잡혀 온 여자, 나사로와 마르다, 마리아와 같은 모든 사람들은 자신의 삶의 힘들고 괴로운 이야기의 한 장에서 예수님을 만나 새로운 생명을 얻게 되었습니다. 그러나 한편으로 빌라도나 헤롯, 가롯 유다 같은 사람들은 예수님과의 만남을 통해 그들의 이야기가 변할 수 있는 기회를 얻었으나 결국 그들의 이야기는 안타깝게 끝이 나기도 합니다.

이것이 요한복음에 나타난 만남의 이야기이며, 또한 우리의 이야기이기도 합니다. 그들처럼 우리의 이야기도 예수님과의 만남을 통해 새로운 변곡점이 되기도 하고, 혹은 그대로 안타까운 자리에 남아 있을 수도 있습니다. 진정 우리가 그리스도를 만났다면 우리의 삶의 이야기는 어떻게 되어야 할까요? 아무쪼록 이 책을 통해 예수님과의 만남이 우리의 삶의 이야기에 중요한 전환점이 되길 바라며 어렵고 힘든 삶의 이야기의 결말이 모두 구원과 기쁨으로 변화되길 소원합니다.

끝으로 저를 위해 항상 기도해 주는 정금교회의 모든 성도들과 가족들에게 감사를 드립니다. 또한 저의 신학적 토대를 세울 수 있게 가르쳐 주신 백석신학대학원 교수님들, 그리고 지도교수이신 이경직 교수님에게 감사의 말씀을 드립니다.

특별히 항상 기도로 목회의 길을 도와주는 아내 신애경 사모와 두 아들 시온이와 예성에게 감사를 표하며, 원고를 읽고 의견을 주며, 선교를 위한 노력을 해 주신 형님 구성원 목사님과 임미화 사모님에게도 감사를 드립니다.

마지막으로 평생 목회의 길을 걸으며 자녀를 위해 기도하시고 삶의 멘토가 되어 주신 어머니 박유섭 목사님과 고(故) 구길서 장로님께 이 책을 바칩니다.

Contents
목차

01 세례 요한

마지막 선지자, 그리고 첫 증인

이르되 나는 선지자 이사야의 말과 같이 주의 길을 곧게 하라고 광야에서 외치
는 자의 소리로라 하니라 (요 1:23)

빠른 00년생으로 태어나다

우리나라는 서양보다는 나이를 더 중요하게 생각하는 것 같습
니다. 연장자를 매우 중시하고, 나이가 많은 분들이 경험과 지혜가
많기에 이를 존중하고 권위가 있다고 보는 것은 여러 나라와 문화
에서 나타나지만 나이를 구체적으로 따지는 것은 우리나라에만 있
는 관습이지 않나 싶습니다. 그래서 우리나라 사람들은 만나서 어
느 정도 인사가 이루어지면 나이를 묻는 것을 그렇게 이상하게 여
기지 않고 서열을 정하는 것에 신경을 쓰며, 때로는 싸우기 전에
"너 나이가 몇 살이야"라며 나이를 따지기도 합니다. 특히 나이 든
사람들 중에는 주민등록상의 나이와 실제 나이가 다르다는 것을
유난히 강조하는 사람들도 있습니다. 또 어떤 사람들은 같은 해에
태어났지만 자신의 생일이 빠르다는 것을 말하고자 소위 '빠른 00
년생'이라는 표현을 쓰기도 합니다. 우리나라 사람들은 태어난 해

가 같으면 모두 동년배라고 여깁니다. 사실 몇 달 먼저 태어난 것이 자신의 노력으로 된 것도 아니고 무슨 대단한 것도 아닌데 이상하리만큼 그런 순서를 따지는 경향이 두드러지는 것 같습니다. 요한복음을 읽다 보면 이런 한국식 나이 문화를 적용해 보고 싶은 사람이 한 명 있습니다. 그는 예수님과 동년배이지만 자신이 '빠른 00년생'이라고 할 것 같습니다. 바로 세례 요한입니다.

요한복음에는 예수님의 탄생과 관련된 이야기는 나오지 않습니다. 그리고 세례 요한의 배경이나 그의 사역의 시작에 관한 이야기도 나오지 않습니다. 대신 누가복음 1장 26절을 보면 그와 예수님의 탄생이 6개월 차이가 난다는 것을 알 수 있습니다.[1] 1년 차이도 아닌 6개월 차이라 별것 아닐지 모르지만 서로 친척간이기에 우리나라 기준으로는 형이라고 하기에는 참 애매하게 빠른, 그러나 어쩌면 친구가 될 수도 있었던 예수님과 동년배의 사람이었습니다.

먼저 세례 요한과 예수님이 어떤 사이인지 살펴보면 좋을 것 같습니다.

세례 요한의 출생

예수님의 어머니 마리아와 세례 요한의 어머니인 엘리사벳의 관계는 친족이라고 하지만 정확히 어떤 사이인지 알 수 없습니다. 그저 마리아가 천사를 통해 수태고지(受胎告知)를 받은 후 빨리 그

---

1 눅 1:26 여섯째 달에 천사 가브리엘이 하나님의 보내심을 받아 갈릴리 나사렛이란 동네에 가서

녀를 찾아갔다는 것으로 보아[2] 아마도 가까운 친척이 아닐까 추측될 뿐입니다. 마리아는 자신보다 먼저 임신한 엘리사벳을 만나게 되는데 엘리사벳은 그녀에게 다음과 같은 말을 건넵니다.

> 보라 네 문안하는 소리가 내 귀에 들릴 때에 아이가 내 복중에서 기쁨으로 뛰놀았도다(눅 1:44).

엘리사벳은 자신의 태 안에 있는 아이가 마리아가 인사하는 것을 듣고 기뻐했다고 말합니다. 그것은 마리아가 아니라 마리아의 복중에 있는 예수님에 대한 세례 요한의 반응일 것입니다. 세례 요한이 나중에 이것을 기억했을지는 모르지만, 이것이 세례 요한이 예수님을 만난 첫 장면입니다.

한 가지 재미있는 사실은 세례 요한과 예수님 사이에는 일종의 평행이론이 있다는 것입니다. 평행이론이란 두 사람 사이에 아주 비슷한 일이 반복된다는 것입니다. 특히 누가복음에는 이 평행관계가 잘 나타나 있습니다. 먼저 마리아와 엘리사벳은 모두 아이를 기대할 수 없는 상황에서 임신을 합니다. 한 사람은 처녀였기에 그렇고, 다른 한 사람은 나이가 많아 그러했습니다. 비슷하면서도 다른 모습을 갖습니다.

또 천사는 수태고지를 두 사람에게 다 했는데 마리아에게는 당사자와 남편 요셉에게 모두 했지만, 세례 요한의 경우에는 아버지

---

2 눅 1:39-40 이때에 마리아가 일어나 빨리 산골로 가서 유대 한 동네에 이르러 사가랴의 집에 들어가 엘리사벳에게 문안하니

에게만 합니다. 그들이 천사를 만날 때 모두 놀랐고, 천사는 두려워하지 말라고 하면서 태어날 아이의 이름을 말해 줍니다.

> 천사가 그에게 이르되 사가랴여 무서워하지 말라. 너의 간구함이 들린지라. 네 아내 엘리사벳이 네게 아들을 낳아 주리니 그 이름을 요한이라 하라(눅 1:13).

마리아에게 나타난 천사의 말을 비교해 봅시다.

> 천사가 이르되 마리아여 무서워하지 말라. 네가 하나님께 은혜를 입었느니라. 보라, 네가 잉태하여 아들을 낳으리니 그 이름을 예수라 하라(눅 1:30-31).

너무 비슷하지 않습니까? 세례 요한이나 예수님이 태어날 때 주변에서 모두 놀라워했으며, 일종의 찬가라고 할 수 있는 예언적 시(詩)가 등장합니다. 예수님의 경우에는 시므온이라는 의롭고 경건한 사람이 한 찬가가 있다면(눅 2:25), 세례 요한은 그의 아버지인 제사장 사가랴가 그 일을 합니다. 사가랴는 세례 요한의 할례에 맞춰 이름을 짓고 이렇게 예언합니다.

> 이 아이여, 네가 지극히 높으신 이의 선지자라 일컬음을 받고 주 앞에 앞서 가서 그 길을 준비하여 주의 백성에게 그 죄 사함으로 말미암는 구원을 알게 하리니 이는 우리 하나님의 긍휼로 인함이라. 이로써 돋는 해가 위로부터 우리에게 임하여 어둠과 죽음의 그늘에 앉은 자에게 비치고 우리 발을 평강의 길로 인도하시리로다 하니라(눅 1:76-79).

여기서 "주 앞에 앞서 가서 그 길을 준비한다"라는 예언은 나중에 그의 입을 통해 다시 말해집니다.

이르되 나는 선지자 이사야의 말과 같이 주의 길^{3}을 곧게 하라고 광야에서 외치는 자의 소리로라 하니라(요 1:23).

세례 요한의 삶을 한마디로 요약하자면 아마도 이렇게 이야기할 수 있을 것입니다.

'주의 길을 예비하는 자'

세례 요한의 성장

원래 세례 요한은 아버지 사가랴가 제사장이었기에 시간이 지나면 자동으로 제사장의 자격이 주어지는 사람이었습니다. 그리고 당시 상황에서 이것은 꽤 좋은 배경이라고도 할 수 있습니다. 제사장은 직업으로서뿐 아니라 권위로서도 상류계층이기 때문입니다. 그런데 그는 제사장이 되지 않았습니다. 그리고 예루살렘에서 살지도 않았습니다.

누가복음 1장의 마지막 절은 이 이야기를 다음과 같이 합니다.

아이가 자라며 심령이 강하여지며 이스라엘에게 나타나는 날까지 빈 들에 있으니라 (눅 1:80).

여기서 '빈 들'이란 문자적으로 '광야' 혹은 '한적한 장소'를 뜻합니다. 제사장으로 살 수 있었던 그가 왜 광야에서 살게 되었는지는

---

3 사 40:3에서는 '여호와의 길'로 되어 있다. 이것을 그의 길로 바꾸어 말하는 것은 분명 그리스도를 가리키는 것이다.

여러 가지 의견이 있습니다. 그중 하나는 그가 부모가 죽은 뒤 광야에서 살고 있었던 에세네파에 입양되었을 것이라는 추측들이 있습니다.[4]

에세네파(Essenes)는 바리새파, 사두개파와 같이 유대인들의 분파 중의 하나였습니다. 그들은 소위 쿰란 공동체라고 불리는데 그이유는 그들이 금욕생활을 하며, 쿰란이라는 광야의 동굴에서 살았기 때문입니다. 이들은 반(反)로마 제국 경향으로 인해 기원후 66-73년에 있었던 유대 독립전쟁 중 로마에 의해 모두 죽은 것으로 알려집니다. 이후 그들이 살고 있던 동굴들에서는 구약의 성서 사본 중 가장 오래된 사해(死海) 사본들이 발견되기도 했습니다.

성경은 그가 광야에서 누구와 살았는지는 중요하게 보지 않습니다. 대신 그가 그렇게 할 수 있었던 것에 대해 성경은 "심령이 강하여지며"(눅 1:80)라는 말을 해 줍니다. 이것은 세례 요한의 삶을 성령이 주관하셨다는 것이며, 그의 삶을 성령이 인도하셨다는 것입니다. 사실 그는 마치 사사시대의 나실인과 같이 태어날 때부터 성령의 역사가 항상 있어 왔습니다. 천사는 그의 아버지 사가랴에게 이렇게 말했습니다.

> 이는 그가 주 앞에 큰 자가 되며 포도주나 독한 술을 마시지 아니하며 모태로부터
> 성령의 충만함을 받아 이스라엘 자손을 주 곧 그들의 하나님께로 많이 돌아오게

---

4 세례 요한과 쿰란 공동체와의 관계가 명확한 것은 아니다. 이에 대해서는 여러 견해와 연구들이 있다. Smalley, 『요한신학 John Evangelist & interpreter』 39. Fitzmyer, 『앵커바이블 누가복음 I』 705.

하겠음이라(눅 1:15-16).

또한 어머니의 뱃속에서부터 성령의 충만함이 있었습니다.

엘리사벳이 마리아가 문안함을 들으매 아이가 복중에서 뛰노는지라. 엘리사벳이
성령의 충만함을 받아(눅 1:41).

그는 그렇게 태어난 이후 성령의 인도하심으로 심령이 강해졌
으며, 그래서 제사장이라는 좋은 자리를 버리고 광야의 삶을 살게
되었다고 생각됩니다.

또 한 가지 그의 성장에 영향을 준 요인을 찾는다면 시대적 상황
을 들 수 있습니다. 누가복음 3장은 이렇게 시작됩니다.

디베료 황제가 통치한 지 열다섯 해 곧 본디오 빌라도가 유대의 총독으로, 헤롯이
갈릴리의 분봉왕으로, 그 동생 빌립이 이두래와 드라고닛 지방의 분봉왕으로, 루
사니아가 아빌레네의 분봉왕으로, 안나스와 가야바가 대제사장으로 있을 때에 하
나님의 말씀이 빈 들에서 사가랴의 아들 요한에게 임한지라(눅 3:1-2).

누가복음은 예수 그리스도의 탄생과 어린 시절에 대한 마무리
를 "예수는 지혜와 키가 자라 가며 하나님과 사람에게 더욱 사랑스
러워 가시더라"(눅 2:52)로 페이드아웃(fade-out)합니다. 그리고 시간
이 18년이 지난 후를 페이드인(fade-in)으로 소개하면서 암울하고
혼란한 시대를 보여 줍니다. 그리고 그 암울한 시대 속에 세례 요
한을 등장시킵니다.

제사장의 아들로 태어난 한 사람 요한을 소개하면서 그에게 하

나님의 말씀이 임한 때, 즉 그의 성장 배경이 되는 시대를 자세히 설명합니다. 그때 이스라엘은 바벨론의 포로가 된 뒤 여전히 회복되지 못한 채 로마의 지배를 받고 있었으며, 왕위를 위해 아이들을 몰살시킬 정도로 악했던 헤롯 대왕이 죽은 후 그의 아들들이 분봉왕이 되어 유대를 나누어 다스리던 시대였습니다. 종교적으로는 안나스와 그의 사위 가야바가 대제사장직을 맡았는데[5] 그들은 정치적으로 로마와 결탁되어 있었을 뿐 아니라 장사꾼들을 끌어들여 성전을 더럽히며 돈을 벌던 자들이었습니다. 그런 시대에 번성했지만 타락한 도시 예루살렘과 대비되는 어느 광야에서 하나님의 말씀이 세례 요한에게 임합니다. 그리고 하나님은 예수 그리스도를 통해 새로운 시대가 시작되기 전 가장 어두운 시대에 태어난 한 사람, 마치 해가 뜨기 전의 가장 어두운 새벽의 시대를 마지막 선지자인 세례 요한에게 준비시키며 그리스도를 증거하게 하셨습니다.

네가 누구냐?

하나님의 말씀이 임한 세례 요한은 사람들에게 회개를 외치며 세례를 주었습니다. 그리고 메시아가 오실 것을 전했습니다. 성령이 임한 그의 말에는 능력이 있었고 많은 사람이 그에게 와서 세례를 받았습니다. 온 유대 나라가 그를 알게 되었습니다. 그러자

---

[5] 안나스는 로마 총독 구레뇨에 의해 대제사장에 임명되었고 자신의 사위 가야바에게 대제사장직을 세습한 것으로 보인다. Fitzmyer, 『앵커바이블 누가복음 I』 713.

제사장들과 레위인들 같은 종교지도층은 그가 종말의 때의 인물이 아닌가 생각하고 그가 베푸는 세례가 어떤 예식일 가능성이 있다고 생각했던 것 같습니다.[6] 그래서 그들은 사람들을 보내 묻습니다.

네가 누구냐(요 1:19).

이 말은 단지 이름이나 고향, 누구의 아들이냐와 같은 개인정보를 물은 것이 아닙니다. 제사장과 레위인들은 구약성경을 잘 아는 사람들이었습니다. 그래서 그들은 세례 요한이 혹시 성경에서 말하는 메시아인가 궁금했습니다. 아이러니하게도 그들은 성경의 예언은 알지만 그것이 이루어질까 두려워했던 사람들이라고 말할 수 있습니다.

비슷한 일이 예수님의 탄생 기사에도 나옵니다. 동방박사들은 별을 따라오던 중 예루살렘에 들러 헤롯에게 왕으로 태어난 자가 어디 있는지 묻습니다. 그때 대제사장들과 서기관들은 헤롯에게 '유대 베들레헴'이라고 말하며 미가서 5장 2절을 제시합니다.[7] 그러나 그들이 예언을 바르게 해석했다고 해서 예수님을 기다려 왔다거나 경배하고자 한 것은 아닙니다. 오히려 헤롯으로 많은 아이를 죽이는 일이 일어날 빌미를 주었을 뿐입니다.

---

6 D. A. Carson, 『PNTC 요한복음』 253.
7 마 2:6 또 유대 땅 베들레헴아 너는 유대 고을 중에서 가장 작지 아니하도다 네게서 한 다스리는 자가 나와서 내 백성 이스라엘의 목자가 되리라 하였음이니이다
미 5:2 베들레헴 에브라다야 너는 유다 족속 중에 작을지라도 이스라엘을 다스릴 자가 네게서 내게로 나올 것이라 그의 근본은 상고에, 영원에 있느니라

세례 요한은 그들의 질문에 다음과 같이 말합니다.

요한이 드러내어 말하고 숨기지 아니하니 드러내어 하는 말이 나는 그리스도가 아니라 한대(요 1:20).

이 말에 그들은 이렇게 묻습니다.

또 묻되 그러면 누구냐. 네가 엘리야냐. 이르되 나는 아니라. 또 묻되 네가 그 선지자냐. 대답하되 아니라(요 1:21).

이 질문은 그냥 나온 것이 아니라 구약성경에 기초한 질문입니다.

보라 여호와의 크고 두려운 날이 이르기 전에 내가 선지자 엘리야를 너희에게 보내리니 그가 아버지의 마음을 자녀에게로 돌이키게 하고 자녀들의 마음을 그들의 아버지에게로 돌이키게 하리라. 돌이키지 아니하면 두렵건대 내가 와서 저주로 그 땅을 칠까 하노라 하시니라(말 4:5-6).

사람들은 메시아가 나타나기 전에 엘리야와 같은 선지자가 나타나 그 백성을 회개케 한다고 생각했습니다. 또 신명기 18장 15절에 근거해 '모세와 같은 선지자'가 등장할 것이라고 여겼습니다.[8] 제사장들과 레위인들의 질문에 세례 요한은 선지자 이사야의 말로 자기를 소개합니다.

이르되 나는 선지자 이사야의 말과 같이 주의 길을 곧게 하라고 광야에서 외치는

---

8 신 18:15 네 하나님 여호와께서 너희 가운데 네 형제 중에서 너를 위하여 나와 같은 선지자 하나를 일으키시리니 너희는 그의 말을 들을지니라

자의 소리로라 하니라(요 1:23).

이 구절은 이사야 40장 3절을 인용한 것입니다. 이사야서는 크게 두 부분으로 나눌 수 있는데 40장부터 시작되는 후반부는 바벨론 포로 생활 가운데 다시 회복될 이스라엘을 다룹니다. 그런데 새롭게 회복될 이스라엘은 표면적 이스라엘이기보다 새 창조를 통해 이루어질 하나님의 나라를 의미하기도 합니다. 그래서 세례 요한이 인용한 이사야 40장 3절은 이스라엘 백성의 귀환을 위해 대로가 준비되는 것이기도 하지만, 그의 백성들을 이끌고 오시는 하나님을 영적으로 예비하는 모습이기도 합니다.[9] 세례 요한은 구약의 구절들로 자신이 누구인가를 묻는 자들에게 자신이 하나님의 나라가 도래하는 그 길에서 메시아의 오심을 외치는 역할을 맡았다고 대답했습니다.

그러나 그의 대답에 그들 무리 속에 있던 바리새인들은 세례 요한이 인용한 말씀의 뜻을 제대로 이해하지 못했던 것 같습니다. 그들은 세례 요한이 하는 일에 관심을 두지 않습니다. 그저 세례 요한에게 무슨 능력이나 권리로 세례를 베푸느냐고 다시 묻습니다. 다시 말하면, 세례 요한의 역할의 정당성이 어디에 있느냐고 묻는 것입니다. 그러나 중요한 것은 앞서서 외치는 자의 소리가 아니라 이 소리 뒤에 오시는 분입니다. 소식을 전하는 사람이 누구인지가 중요하지 않고 실제로 오시는 분이 더 중요하기에 그는 다시 이렇

---

9 Gary V. Smith, 『NAC 이사야2』 112.
　 Carson, 『PNTC 시리즈 요한복음』 250.

게 말합니다.

> 요한이 대답하되 나는 물로 세례를 베풀거니와 너희 가운데 너희가 알지 못하는
> 한 사람이 섰으니 곧 내 뒤에 오시는 그이라. 나는 그의 신발끈을 풀기도 감당하지
> 못하겠노라 하더라(요 1:26-27).

세례 요한은 이제 더 명확히 자신의 역할을 말합니다. 그는 자신 뒤에 오시는 이를 준비하는 사람이라고 말합니다. 확실히 세례 요한은 자신이 누구인지에 대해 그렇게 크게 생각하지 않았습니다. 그보다는 자신이 증언할 그분이 누구인가를 더 크게 생각했고, 그분을 드러내는 것이 자신의 임무임을 증언했습니다.

세례 요한이 물로 행하는 세례를 처음 시작한 최초의 사람은 아니었습니다. 그러나 그가 많은 사람에게 세례를 베풀며 회개를 촉구하는 것은 큰 의미를 갖습니다. 그는 오랫동안 명맥이 끊긴 선지자와 같았고, 타락한 신앙의 시기의 종교개혁가라고도 할 수 있습니다. 수많은 사람이 그를 따랐습니다. 그러나 그는 자신을 드러내지 않았습니다. 그는 그저 주인의 신발끈을 푸는 노예와 같이 자신을 표현합니다. 왜냐하면 물로 세례를 주는 것은 자신의 힘이나 능력이 아닌 것을 잘 알기 때문입니다.

> 나도 그를 알지 못하였으나 나를 보내어 물로 세례를 베풀라 하신 그이가 나에게
> 말씀하시되 성령이 내려서 누구 위에든지 머무는 것을 보거든 그가 곧 성령으로
> 세례를 베푸는 이인 줄 알라 하셨기에(요 1:33).

그는 자신이 의도한 어떤 계획대로 사람들을 모으고 세례를 준

것이 아닙니다. 그에게 세례를 주라고 하신 이는 하나님이시며, 또한 자신 뒤에 오시는 분은 물이 아닌 성령으로 세례를 베푸실 것임을 알려 주셨습니다. 그는 자신이 그림자일 뿐 오직 그리스도만을 드러내도록 명령받은 사람이라는 것을 깊이 알고 있었습니다. 많은 사람이 모일수록 그는 자신이 주인공이 아니라는 것을 밝혀야만 했습니다.

해가 뜨면 사라지는 달과 같이

지금은 폐지된 코미디 프로그램 중 '개그 콘서트'라는 유명한 프로그램이 있었습니다. TV에는 무대 위에서의 장면만 나오지만 사실 그 프로그램이 녹화되는 시간은 매우 깁니다. 그래서 녹화 중간중간 분위기를 유지하기 위해 소위 바람 잡는 개그맨들이 나와 사람들 앞에 섭니다. 그들은 아직 유명하지 않아서 무대 위에 오르지 못합니다. 단지 무대 위에 오르는 유명한 개그맨들이 준비하는 동안 사람들을 웃기며 분위기를 잡는 바람잡이일 뿐입니다. 그들이 아무리 재미있는 말을 해 사람들이 빵빵 터지며 웃어도 결코 TV에 나오지 않습니다. 그저 다음 프로그램 녹화가 시작되기 전까지 사람들을 무대로 집중시킬 뿐입니다. TV에 방송이 나오는 날에도 아무도 기억해 주지 않는 일을 하는 사람이 바로 그런 사람들입니다. 약간 슬픈 것 같지만 세례 요한이 바로 그런 사람이었습니다.

어쩌면 세례 요한은 자신의 역할에 대해 불평을 할 수도 있었을 것입니다. 그는 사사시대의 나실인처럼 태어날 때부터 전혀 평범하지 않았습니다. 천사가 태어날 것을 예언했으며, 나이가 많은 노부부의 몸에서 기적적으로 태어났습니다. 게다가 제사장의 아들로 태어났기에 고귀한 신분이지만 하나님의 이끄심으로 광야로 나갔습니다. 그는 성령에 감동되었으며, 완전히 거룩하고 구별된 삶을 살았습니다. 그리고 어둡고 혼탁한 시대의 어느 날 하나님의 말씀이 임했습니다. 하지만 그는 예언자라고 할 수 없습니다. 그는 새로운 계시를 받지도 못했고, 단지 이미 기록된 말씀을 전할 수밖에 없었습니다. 그는 기적을 일으키는 선지자도 아니었습니다. 성경은 그가 단 한 사람이라도 병자를 고쳤다는 말을 하지 않습니다. 그는 특별한 기적이나 이적을 행하지도 못했던 것 같습니다. 그는 감옥에 갇혔고 죽음 앞에서도 특별한 저항을 하지 못했습니다.

그는 단지 왕의 길 앞에 서서 소리를 지르는 종과 같았습니다. 특별하게 시작한 삶이지만 자신에게 주어진 일은 그저 자신의 뒤에 오실, 그것도 단 6개월이라는 시간 뒤에 태어난 자신과 동년이자 친척이었던 예수 그리스도를 드러내는 일이었습니다. 그게 그에게 주어진 사명이었습니다. 그럼에도 그는 자신이 그처럼 광야에서 준비된 삶을 산 것이 오직 그의 뒤에 오시는 이를 드러내는 것이라는 사실을 깊이 알고 있었습니다. 세례 요한처럼 철저히 예수 그리스도만 드러낸 사람이 또 있을까요?

요한복음에는 세례 요한과 예수님과의 만남에 대한 직접적인 묘사가 없습니다. 단지 예수님을 만났던 일에 대해서 세례 요한이 자신의 제자인 사도 요한에게 말하는 방식으로 표현되어 있습니다. 그런데 이 이야기가 좀 독특합니다. 그가 자신이 아닌 '내 뒤에 오실 이', 즉 '그리스도'를 증언하는 사람이면서도 사실은 그가 누구인지를 몰랐다는 것입니다. 요한복음에 보면 두 번이나 이런 말이 나옵니다.

> 나도 그를 알지 못하였으나 내가 와서 물로 세례를 베푸는 것은 그를 이스라엘에
> 나타내려 함이라 하니라(요 1:31).

예수님의 어머니와 세례 요한의 어머니가 아는 사이였긴 하지만 어릴 적에 예수님과 세례 요한 사이에 교류가 있었는지는 확실치 않습니다. 게다가 세례 요한은 광야에서 생활했고, 예수님은 출생 직후 애굽으로 갔다가 유대로 돌아와서는 나사렛에서 자랐기 때문에 서로 쉽게 만날 수 있는 상황이 아니었을 것이라고 추측됩니다.

하지만 엘리사벳의 태에서부터 예수님을 알아본 세례 요한이 예수님을 전혀 몰랐다고 볼 수는 없습니다. 세례 요한은 처음부터 성령의 감동으로 그가 오실 그분이라는 것을 느꼈겠지만 세례 요한과 달리 예수님은 세례를 받으러 오기 전까지 아무런 사역을 하지 않으셨습니다. 세례 요한이 광야에서 생활하면서 사람들에게 회개를 촉구하며 세례를 베푸는 동안에도 예수님은 나사렛에 계셨습니다. 세례 요한이 전국적으로 알려지고 많은 제자들이 그를 따르며, 또 예루살렘의 지도자들에게 주목을 받게 된 상황에서도 예수님은 아직 그의 사역을 시작하지 않으셨습니다. 어쩌면 세례 요한은 예수님이 그분이시라는 것을 성령을 통해 알면서도, 한편으로는 자신과 달리 어떤 활동도 하지 않는 것에 대해 궁금해했을지도 모릅니다. 그러나 예수님이 자신에게 오셔서 세례를 받은 후 모

든 것이 확실해졌습니다.

> 나도 그를 알지 못하였으나 나를 보내어 물로 세례를 베풀라 하신 그이가 나에게
> 말씀하시되 성령이 내려서 누구 위에든지 머무는 것을 보거든 그가 곧 성령으로
> 세례를 베푸는 이인 줄 알라 하셨기에 내가 보고 그가 하나님의 아들이심을 증언
> 하였노라 하니라(요 1:33-34).

그래서 요한복음에서는 세례 요한이 언제 그리스도임을 완전히
확신했는가에 대해 '성령이 하늘에서부터 내려오는 것'을 보고 나
서라고 말합니다.[10]

요한이 세례를 줄 때에 예수님의 머리 위로 임한 성령의 임재는
요한으로 하여금 하나님의 아들이 누구신지를 확신하게 하는 표증
이 되었습니다. 그는 성령의 말씀이 이루어진 것을 확신하고 전과
달리 이제는 한 사람을 정확히 지칭하여 그가 성경에 예언된 대로
오실 분임을 증언하게 됩니다. 그리고 이때부터 그는 자신의 제자
들에게 예수님을 소개하며 그들을 예수님께로 보냅니다.

> 또 이튿날 요한이 자기 제자 중 두 사람과 함께 섰다가 예수께서 거니심을 보고 말
> 하되 보라 하나님의 어린양이로다. 두 제자가 그의 말을 듣고 예수를 따르거늘(요
> 1:35-37).

---

10 요 1:33-34과 달리 마 3:13-15을 보면 세례 요한은 예수님을 이미 알고 있는 것처럼 나
온다. Carson은 요한이 예수님을 전부터 알고 있었지만 그가 오실 그분임을 확신한 순간
은 세례 후 성령이 비둘기 같이 하늘로부터 내려와 머무른 그 시점이라고 본다. Carson,
『PNTC 요한복음』 264. Osborne도 요한이 그 이전에는 예수님이 메시아라는 것을 알지 못
했을 것이라고 생각한다. Osborne 『존더반 신약주석 강해로 푸는 마태복음』 134.

이렇게 세례 요한의 소개로 예수님을 만난 제자가 바로 사도 요한과 베드로의 형제 안드레입니다. 그는 자신을 따르는 제자들에게 "나는 주인공이 아니다. 진짜 주인공이 왔다"고 하며 자리를 내어줍니다. 그에게 집중되었던 모든 관심과 시선을 예수님께로 돌리며 자신은 점차 무대 뒤로 내려갈 준비를 합니다.

하지만 모든 제자가 예수님에게 간 것은 아니었습니다. 그래서 의리를 지키며 세례 요한을 따르는 제자들은 예수님을 따르는 무리가 늘어나는 것이 맘에 들지 않았습니다. 그들은 '왜 우리 선생님이 먼저 하신 일을 저가 가로채는가'라고 생각했을 것입니다. 어떤 제자가 세례 요한에게 예수님에 대해 이렇게 말합니다.

> 이에 요한의 제자 중에서 한 유대인과 더불어 정결예식에 대하여 변론이 되었더니 그들이 요한에게 가서 이르되 랍비여 선생님과 함께 요단 강 저편에 있던 이 곧 선생님이 증언하시던 이가 세례를 베풀매 사람이 다 그에게로 가더이다(요 3:25-26).

세례 요한의 제자들은 자신의 스승에게 쏠렸던 스포트라이트가 예수님에게로 옮겨 가는 것이 마음에 들지 않았습니다. 그래서 "사람들이 다 그 사람에게로 갑니다. 전에 당신의 제자였던 요한도 가고 안드레도 갔습니다. 그냥 이렇게 힘없이 무너지실 겁니까? 그동안 많은 사람들에게 큰 영향을 주었는데 이제 이렇게 뒤로 물러나실 겁니까?"라고 물었습니다. 그때 요한은 이렇게 말합니다.

> 요한이 대답하여 이르되 만일 하늘에서 주신 바 아니면 사람이 아무것도 받을 수 없느니라. 내가 말한 바 나는 그리스도가 아니요 그의 앞에 보내심을 받은 자라고

한 것을 증언할 자는 너희니라. 신부를 취하는 자는 신랑이나 서서 신랑의 음성을 듣는 친구가 크게 기뻐하나니 나는 이러한 기쁨으로 충만하였노라. 그는 흥하여야 하겠고 나는 쇠하여야 하리라 하니라(요 3:27-30).

세례 요한은 자신을 달에 비유하며 이렇게 생각하지 않았을까요?

'나는 태양이 아니다. 나는 그저 해가 주는 빛을 반사하는 달일 뿐이다. 나는 주인 공이 아니다. 나는 그리스도가 아니다. 내가 말하던 그가 오셨기에 이제 더 이상 예언자도 필요 없고, 선지자도 필요 없다. 그가 잘되어야 하고 나는 점점 쇠할 것이다. 그것이 하나님의 뜻이고, 나는 그것을 기쁘게 받아들일 것이다.'

진정 세례 요한은 어두운 밤하늘에 떠 있는 달과 같았습니다. 밤이 깊을수록 달빛이 도움이 되고 사람들이 그 빛을 의지했지만 이제 서서히 해가 뜨고 있었기에 달은 뒤로 물러나야 하는 것을 제자들에게 말해 준 것입니다. 달빛이 줄어든 것은 아니었습니다. 그저 더 밝은 해가 뜬 것뿐입니다. 그는 가야 할 때를 분명히 알고 가는 아름다운 모습을 보여 주었습니다.[11]

세례 요한이 기대한 그리스도, 그리스도가 기대한 세례 요한

세례 요한은 자신의 빛이 점점 약해지고 역할이 끝나간다는 것을 알고 있었습니다. 그래서 자신은 잊혀질 수 있지만 예수님의 활약에 더 기대를 걸었습니다. 그런데 예수님의 메시아로서의 행적

---

11 '가야 할 때가 언제인가를 분명히 알고 가는 이의 뒷모습은 얼마나 아름다운가' (『낙화』이 형기 詩 중에서).

은 요한의 기대와는 좀 달랐던 것 같습니다.

세례 요한의 사역은 매우 강했습니다. 그는 사람들에게 죄를 지적하며 두려워하지 않고 거침없이 행동했습니다. 마태복음은 세례 요한이 말한 것을 이렇게 기록합니다.

> 요한이 많은 바리새인들과 사두개인들이 세례 베푸는 데로 오는 것을 보고 이르되 독사의 자식들아 누가 너희를 가르쳐 임박한 진노를 피하라 하더냐. 그러므로 회개에 합당한 열매를 맺고 속으로 아브라함이 우리 조상이라고 생각하지 말라. 내가 너희에게 이르노니 하나님이 능히 이 돌들로도 아브라함의 자손이 되게 하시리라. 이미 도끼가 나무 뿌리에 놓였으니 좋은 열매를 맺지 아니하는 나무마다 찍혀 불에 던져지리라. 나는 너희로 회개하게 하기 위하여 물로 세례를 베풀거니와 내 뒤에 오시는 이는 나보다 능력이 많으시니 나는 그의 신을 들기도 감당하지 못하겠노라. 그는 성령과 불로 너희에게 세례를 베푸실 것이요 손에 키를 들고 자기의 타작마당을 정하게 하사 알곡은 모아 곳간에 들이고 쭉정이는 꺼지지 않는 불에 태우시리라(마 3:7-12).

세례 요한의 메시지에는 이스라엘의 회개와 메시아의 도래, 그리고 심판이 깊은 관련이 있다는 것을 알 수 있습니다. 그는 항상 회개를 촉구하며 강한 메시지를 거침없이 쏟아냈습니다. 권력자들과 정치지도자들을 향해서도 '독사의 자식'이라고 말하며 강한 메시지를 던졌고 그들을 두려워하지 않았습니다. 그런 거침없는 행보 가운데 그는 헤롯 안디바의 죄를 지적하다 감옥에 갇힙니다. 감옥에 갇힌 그는 분명 이렇게 생각했을 것입니다.

'왜 메시아가 오셔서 사역을 시작하는데도 세상은 조용한가? 왜 악인들은 여전하며, 저 헤롯과 로마의 통치는 끝나지 않는가? 왜 그는 세상을 심판하시지 않는가?'

그는 이런 깊은 생각 가운데 예수님에게 제자들을 보내 물어봅니다.

요한이 옥에서 그리스도께서 하신 일을 듣고 제자들을 보내어 예수께 여짜오되 오실 그이가 당신이오니이까. 우리가 다른 이를 기다리오리이까(마 11:2-3).

그의 질문에는 그가 기대한 메시아의 모습이 담겨 있습니다. 그래서 자신의 기대와는 다른 예수님의 사역에 혼란스러운 자신의 마음을 그의 제자들을 통해 예수님께 전합니다. 그러나 예수님은 세례 요한에게 믿음이 없다고 지적하거나 질책하시지 않습니다. 대신 그에게 이런 대답을 줍니다.

예수께서 대답하여 이르시되 너희가 가서 듣고 보는 것을 요한에게 알리되 맹인이 보며 못 걷는 사람이 걸으며 나병 환자가 깨끗함을 받으며 못 듣는 자가 들으며 죽은 자가 살아나며 가난한 자에게 복음이 전파된다 하라. 누구든지 나로 말미암아 실족하지 아니하는 자는 복이 있도다 하시니라(마 11:4-6).

예수님이 세례 요한에게 하신 말씀이 여기 있습니다.

'나의 사역, 즉 십자가를 지고 세상을 위해 죽는 나의 사역에 실망하지 말고 실족하지 말았으면 좋겠다. 네가 생각하는 것과 내가 하려는 일이 다르다. 나의 복음은 가난한 자들과 병든 자들과 세상의 소외되고 차별받는 자들을 통해 전해질 것이다. 하나님의 나라는 왕이나 제사장이나 서기관들과 장군들에 의해 이루어지지 않고 오직 하나님을 사랑하는 세상의 낮은 자들을 통해 이루어질 것이다. 너의 기대와 다를지 모르지만 난 너의 수고를 기억한다. 너는 엘리야와 같고 여자에게서 태어난 가장 위대한 사람일 것이다. 그러나 하나님의 나라는 십자가를 통해 이루어질 것이다.'

이것은 옥에 갇힌 요한에게 주는 예수님의 위로이자 대답이었습니다. 세례 요한은 예수님의 사역이 정점에 오르기 전에 죽게 됩니다. 거침없는 그의 모습과 달리 그의 죽음은 어떤 면에서 매우 허무하게 느껴질 정도입니다.[12] 그러나 그의 죽음이 큰 반향을 일으키지 못한 것은 하나님이 정하신 일이라고 보여집니다. 그가 주인공인 적이 없었던 것처럼 그의 죽음 또한 그 자신보다 예수님을 더 드러내게 됩니다. 그의 죽음으로 인해 하나님의 나라를 갈망하며 메시아를 기다리는 유대인들의 마음은 모두 예수님에게 모아졌고, 결국 예수님을 통해 이루시려는 하나님의 구원 계획은 모두 이루어지게 됩니다.

세례 요한을 기억하며

세례 요한의 삶을 한마디로 요약한다면 '구약의 마지막 선지자이자 신약의 최초의 증인'이라고 할 수 있습니다. 그는 어머니의 복중에서도 그리스도를 즐거워했으며 그의 젊은 시절은 오로지 그

---

12 정병선 목사님은 이런 세례 요한의 죽음에 대해 '무거운 삶과 가벼운 죽음'이라고 역설적으로 표현했다. 정병선, "마가의 예수 이야기 13: 나에게 걸려 넘어지지 않는 삶은 복 있다" 뉴스앤조이 참조. 2007.6.8.

리스도의 오시는 길을 준비하는 것으로 채워졌습니다. 그가 전한 메시지는 오직 오실 메시아를 선포하는 것이었고, 그를 증거하는 것이었습니다. 거침없이 광야에서 소리쳤던 그는 그리스도가 등장하자 자신의 제자들을 보내고, 그들에게 오직 그리스도만을 증언하라고 가르쳤습니다. 그는 진정 엘리야와 같은 선지자였습니다. 그러나 그는 기적을 행하는 엘리야가 아니라 회개를 선포한 엘리야였고, 불로 세례를 주시는 그리스도에 앞서 물로 세례를 베푼 선지자였습니다. 그는 사람들 속에서 조용히 사라졌지만 슬퍼하거나 섭섭해하지 않았습니다. 오히려 그는 신부를 취하는 신랑을 보는 기쁨이 충만한 친구의 자리를 잃지 않았으며, 자신이 쇠하여 가는 것을 기쁘게 받아들였습니다. 그는 잠시 '바람에 흔들리는 갈대'와 같은 연약함을 갖기도 했지만 그리스도만을 드러내는 삶을 보여 준 세례 요한에게 예수님은 "여자가 낳은 자 중에 이보다 더 큰 자가 없다"는 칭찬을 하셨습니다. '여자의 후손'으로 나신 예수 그리스도가 사람들에게 준 가장 큰 칭찬이 아닐까요? 일생을 통해 그리스도를 예비하고 증언한 세례 요한의 이야기는 예수님의 이야기를 시작하는 서곡이었습니다.

1. 세례 요한은 정치적으로, 종교적으로 타락하고 혼란한 시대 가운데서 하나님의 부르심을 받았습니다. 우리가 예수님을 믿는 이 시대는 어떤 시대인가요? 이 시대에 우리를 부르신 하나님은 광야 같은 세상에서 무엇을 외치라고 하신다고 생각합니까?

2. 세례 요한은 예수님이 오실 그분이라는 것을 알게 된 후 뒤로 물러나 더이상 사람들의 주목을 받는 자리에 서지 않습니다. 혹시 우리 시대는 대형교회와 유명 목회자는 드러나지만 예수님은 드러나지 않는 시대는 아닐까요? 또 교회 안에서 예수님이 아닌 나 자신의 열심을 드러내고자 하지 않았는지 돌아봅시다.

3. 세례 요한이 감옥에 있을 때 제자들을 보내 "오실 그이가 당신이오니이까?" 하고 물었던 것처럼, 신앙생활 속의 어려움과 고난 속에서 혹시라도 주님의 약속을 다시 확인하고 싶었던 적이 있었나요? 그때 주님이 주신 위로는 무엇이었는지 기억해 봅시다.

02 시몬 베드로
빈 그물의 추억

예수께서 보시고 이르시되 네가 요한의 아들 시몬이니 장차 게바라 하리라 하시니라 (요 1:42)

기억은 다르게 적힌다

연애를 오래하다 결혼한 부부들에게 서로가 서로에게 언제 호감을 느꼈느냐고 물으면 서로 다른 시점을 대답하는 경우가 종종 있습니다. 예를 들어, 남자한테 언제 부인과 결혼하고 싶다는 생각이 들었냐고 물어보면 자기가 군대에 있을 때 면회를 왔을 때라고 하는데, 여자는 자신이 아플 때 병문안을 왔을 때라고 한다든가 하는 식으로 서로가 다른 이야기를 합니다. 그런데 사실 알고 보면 처음 만난 시점도 서로가 다르게 기억하는 경우도 꽤 많습니다. 그냥 얼굴을 알게 된 시점을 처음 만난 때라고 말하는 사람도 있고, 어떤 계기로 그 사람과 정말 가까워진 시점을 처음 만난 때라고 말하는 경우도 있습니다. 게다가 사귀다 헤어지다를 여러 번 반복한 커플의 경우는 자신이 언제 그 사람을 진지하게 만났는지도 헷갈리는 경우가 있는 것 같기도 합니다. 어느 노래 가사처럼 기억은 다르게 적히나 봅니다. 부인이나 남편, 혹은 친한 친구를 언제 처음 만났는지 기억합니까? 그 만남이 어떤 결심을 일으키거나 변화의 시발점이 되었나요?

신앙을 갖는 면에서도 비슷한 점이 있는 것 같습니다. 어떤 사람은 처음 교회에 오게 된 날 주님을 영접하는 경험을 하기도 하고 어떤 사람은 세례를 받고도 한참 후에서야 그런 신앙의 경험을 하기도 합니다. 또 어떤 사람들은 정확히 언제인지 모르는 상태로 살기도 합니다. 그러나 보편적으로 보면 우리는 항상 예수 그리스도를 만나면서도 우리의 기억을 사로잡는 몇 번의 사건에 집중하는 경향을 보입니다. 우리가 만나 볼 베드로도 그런 것 같습니다. 복음서마다 베드로와 예수님과의 만남의 이야기에 약간씩 다른 방점이 찍혀 있습니다. 예수님과 베드로 사이에 있었던 일을 하나씩 따라가 봅시다.

첫 만남의 기억

마태복음의 저자 마태는 예수님이 자신을 만나 주신 일을 분명히 기억합니다. 마태복음 9장 9-13절을 보면 세관에 앉아 있는 마태를 예수님이 부르셨으며, 그때 하신 말씀을 분명히 기억하고 기록했습니다.

예수께서 들으시고 이르시되 건강한 자에게는 의사가 쓸데없고 병든 자에게라야 쓸데 있느니라. 너희는 가서 내가 긍휼을 원하고 제사를 원하지 아니하노라 하신 뜻이 무엇인지 배우라. 나는 의인을 부르러 온 것이 아니요 죄인을 부르러 왔노라 하시니라(마 9:12-13).

그런데 자신을 부르신 일과는 달리 다른 제자들을 부르신 일에 대해서는 그리 많이 기록하지 않았습니다. 그나마 열두 제자들 중에 베드로를 포함한 몇몇 제자들에 대해서는 이렇게 기록합니다.

갈릴리 해변에 다니시다가 두 형제 곧 베드로라 하는 시몬과 그의 형제 안드레가 바다에 그물 던지는 것을 보시니 그들은 어부라. 말씀하시되 나를 따라오라. 내가 너희를 사람을 낚는 어부가 되게 하리라 하시니 그들이 곧 그물을 버려두고 예수를 따르니라. 거기서 더 가시다가 다른 두 형제 곧 세베대의 아들 야고보와 그의 형제 요한이 그의 아버지 세베대와 함께 배에서 그물 깁는 것을 보시고 부르시니 그들이 곧 배와 아버지를 버려두고 예수를 따르니라(마 4:18-22).

마가복음도 마태복음과 거의 동일한 이야기를 합니다. 제자들이나 초대 교회의 사람들은 베드로와 요한, 야고보, 안드레 이렇게 네 명(편의상 '갈릴리 사인방'이라고 하겠습니다)이 모두 갈릴리에서 예수님을 만나 제자가 되었다고 말합니다. 그런데 요한은 공관복음의 이야기와 달리 갈릴리 바닷가 이전에 예수님과 베드로와의 만남이 있었다는 점을 기록하고 있습니다. 요한복음이 다른 복음서에 비해 늦게 쓰여졌다는 것을 생각하면 요한은 공관복음 기자들이 기술한 것에 대해 좀 다른 코멘트를 하고 싶었던 것 같습니다.

갈릴리 사인방이 예수님을 만나게 된 그 시발점에는 세례 요한이 있었습니다. 세례 요한이 회개의 세례를 주며 오실 그리스도를 광야에서 선포할 때 나라의 많은 젊은이들이 그를 따랐습니다. 당시 세례 요한은 400년이 넘는 중간기 동안 나타나지 않았던 선지자와 같았고, 오랫동안 기다려 온 메시아가 곧 오실 것임을 강력하게 선포하였기에 하나님의 나라에 대한 갈망이 있던 젊은 유대인들 중 많은 사람이 그의 제자가 되었습니다. 그중에는 갈릴리에서 온 요한과 안드레가 있었습니다.

그러던 어느 날 세례 요한은 예수님을 만나게 되고 세례를 주면서 그가 그리스도임을 확신하게 됩니다. 그래서 그때부터 예수님을 다른 사람에게 소개했으며, 자신의 제자들에게도 예수님을 소개해 줍니다.

또 이튿날 요한이 자기 제자 중 두 사람과 함께 섰다가 예수께서 거니심을 보고 말하되 보라 하나님의 어린양이로다(요 1:35-36).

이때 예수님을 알게 된 두 명의 제자 중 한 명은 사도 요한이고, 다른 한 명은 안드레입니다.

요한의 말을 듣고 예수를 따르는 두 사람 중의 하나는 시몬 베드로의 형제 안드레라(요 1:40).

안드레는 자기 형제 시몬을 찾아 메시아를 만났다고 말하고 그를 예수님께로 데려옵니다.

그가 먼저 자기의 형제 시몬을 찾아 말하되 우리가 메시아를 만났다 하고(메시아는 번역하면 그리스도라) 데리고 예수께로 오니(요 1:41-42a).

안드레는 대단한 사람입니다. 예수님을 만나자마자 전도를 해서 사람을 데려오는 것도 그렇지만 전도를 해 데려온 사람이 거물이었습니다.[13] 예수님은 안드레가 데려온 베드로를 보고 이렇게 말씀합니다.

> 예수께서 보시고 이르시되 네가 요한의 아들 시몬이니 장차 게바라 하리라 하시니라(게바는 번역하면 베드로라)(요 1:42b).

표현이 재미있는 것은 시몬에게 베드로라는 이름을 만나자마자 바로 준 것이 아니라 앞으로 주겠다고 말한 것입니다.

"장차 게바라고 하리라"

그가 베드로라는 이름을 정식으로 갖게 된 것은 "주는 그리스도시요 살아 계신 하나님의 아들이시니이다"(마 16:16)라는 고백을 한 이후지만 예수님은 이미 처음부터 그가 그런 고백을 할 것을 아셨을 것입니다. 예수님은 분명 먼 미래를 보면서 베드로와의 만남을 반가워했을 것입니다. 그러나 그날을 베드로는 깊이 인식하지 못한 것 같습니다. 안드레가 분명 '메시아'를 만났다고 했음에도 그가 예수님을 처음부터 메시아로 믿고 따른 것 같지는 않습니다. 그저 세례 요한이 아닌 새로운 스승을 소개받은 그런 날로 여겼을 것입니다.

---

13 이런 이유에서 동방교회는 서방교회가 교황권이 베드로의 후계자임을 주장할 때 자신들은 안드레의 후계라고 맞받아쳤다.

두 번째 기억

공관복음과 달리 요한복음을 보면 확실히 베드로가 예수님을 처음 만난 것은 바닷가가 아니라 안드레를 통해 알게 된 것이 먼저라는 것을 알 수 있습니다. 그럼 왜 요한복음과 다른 공관복음이 차이가 날까요? 그것은 요한은 자신이 세례 요한의 제자로서 예수님을 처음 만난 날을 기억하며, 그때 이미 인생의 큰 결심이 일어났기 때문입니다. 그래서 그때가 자신이 예수님의 제자가 된 날이라고 여기고 그때 있었던 일을 다 기억하고 있었던 것 같습니다.[14]

그러나 다른 복음서들이 갈릴리 바닷가를 중요하게 말한 것도 그 나름의 의미가 있습니다. 갈릴리 바닷가 사건의 주인공은 사도 요한이 아니라 베드로이기 때문입니다. 베드로는 안드레를 통해 예수님을 소개받았고 그를 따라다니며 말씀을 듣고 기적도 보았습니다.[15] 그러나 그는 가족을 부양하기 위해 물고기를 잡아야 하는

---

14 이것은 요한복음의 특징 중에 하나이다. 요한복음은 가장 마지막에 쓰여진 복음서로 다른 복음서들과 달리 예수님과 사람들과의 만남을 중심으로 기술했고, 그 만남들의 표면적 이야기보다 이면의 복합적이고 깊이 있는 내용들을 해석적으로 제시한다. 예를 들어, 니고데모와 예수님과의 만남 이후(요 3:16-21)를 보면 알 수 있다. 또한 사람들과의 만남은 특정한 논쟁들과 연결된다. 니고데모(3장)와는 거듭남에 대해, 사마리아 여인(4장)과는 예배의 장소에 대해, 38년 된 병자(5장)를 고치신 일에서는 안식일에 대해, 그리고 날 때부터 맹인인 사람(9장)을 고치신 일에서는 죄의 원인과 책임에 관한 논쟁들이 연결되어 있다. 또한 다른 복음서들이 예수님이 행하신 이적 그 자체를 객관적으로 설명하는 데 반해 요한복음은 매우 사적인 묘사들을 통해 예수님과의 인격적인 사귐의 관계(요일 1:3)를 강조한다. 요한이 스스로를 '그가 사랑하시는 제자'라고 묘사하는 것도 그런 의미가 있다.
15 특히 누가복음은 베드로의 장모를 고치신 사건을 갈릴리에서의 부르심 이전(눅 4:38-41)에 배치한다. 대신 마태와 마가는 모두 제자들을 부르신 사건 이후에 배치한다. 김경진은 이것이 베드로를 부르신 사건, 즉 제자를 부르심에서의 회심을 강조하기 위한 문학적 배열이라고 본다. 김경진, 『누가복음 어떻게 읽을 것인가?』 (서울: 도서출판 대서, 2014) 76-78. Fitzmyer는 장모가 병에서 회복된 뒤 예수님을 섬겼다는 점을 강조하며 누가복음에서의 여성의 역할 강조와 관련이 있다고 본다. Fitzmyer, 『앵커바이블 누가복음 I』 864-865.

어부라는 직업이 바뀐 것은 아니었습니다. 그래서 예수님의 사역 초기에는 예수님을 따르며 말씀을 듣기도 했지만 때로는 집에 돌아가 가족을 돌보는 일도 병행했던 것 같습니다.

그러던 어느 날의 일이 누가복음 5장에 나옵니다. 아마 그날도 낮에는 예수님을 따라다니며 말씀을 듣다 집에 와 보니 여러 가지 일들이 생긴 것 같습니다. 물고기를 잡아 돈을 벌어야 하는 그런 상황말입니다. 그래서 밤에 형제 안드레와 요한과 야고보와 같이 고기를 잡기 위해 갈릴리 호숫가에서 그물을 던졌습니다. 이런 날 저런 날이 있긴 하지만 그날따라 고기가 잡히지 않았습니다. 그렇게 밤새 허탕을 친 뒤 피곤한 몸을 이끌고 아침에 해변에서 그물을 정리하고 있었습니다. 짜증이 밀려왔습니다. 그런 와중에 시끄러운 소리가 들려 보니 많은 사람들이 예수님에게 몰려와 말씀을 들으려 하는 것이 보였습니다. 예수님은 사람들이 너무 많아 바다 쪽으로 오셔서 시몬의 배에 올라탔습니다. 그리고 이렇게 말씀하십니다.

"그물은 그만 정리하고 배를 좀 띄워라."[16]

예수님은 시몬의 배 위에서 사람들을 가르치며 하나님 나라의 복음을 전파하셨습니다. 베드로는 배에서 그분의 말씀을 들었습니다. 어쩌면 베드로는 어젯밤의 피로가 몰려오자 배에서 졸았을지

---

16 눅 5:3 예수께서 한 배에 오르시니 그 배는 시몬의 배라 육지에서 조금 떼기를 청하시고 앉으사 배에서 무리를 가르치시더니

도 모르겠습니다. 설교가 끝나자 예수님은 베드로의 퀭한 눈과 텅 빈 배를 보시고 깊은 데로 가서 그물을 내려 고기를 잡으라고 말씀 하십니다. 분명히 밤새 고기도 못 잡고 일한 베드로의 충혈된 눈을 보신 것 같습니다. 예수님의 말씀에 베드로는 이렇게 말합니다.

> "선생님 우리들이 밤이 새도록 수고하였으되 잡은 것이 없지마는 말씀에 의지하
> 여 내가 그물을 던져 보겠습니다."[17]

그는 예수님을 선생님이라고 불렀습니다. 그는 안드레에게 '메 시아'를 만났다는 말과 함께 예수님을 소개받았으나 그의 입에서 예수님은 아직까지 그리스도가 아니었으며, 주님이 아니었습니 다. 이 갈릴리에서의 만남 전까지 베드로가 주님을 대하는 태도가 바로 이 한 단어 '선생님'에 담겨 있었습니다.

갈릴리에서 나사렛은 그리 멀지 않습니다. 요한과 야고보는 예 수님의 친척이기도 했습니다. 그래서 베드로는 예수님이 그의 아 버지 요셉에게서 목수일을 배워 왔다는 것을 알고 있었습니다. 자 신은 오랫동안 어부로 일했는데 목수이자 어업에 대해 아는 것이 없어 보이는 이 예수님의 말씀을 들을 것인가 잠시 생각했습니다. 그러나 말씀대로 해 보기로 합니다. 그것은 예수님의 말씀이 합리 적이어서가 아니라 그 말씀이 하나님 나라를 선포하시는 예수님이 하신 것이기 때문이었습니다.

---

17 눅 5:5 시몬이 대답하여 이르되 선생님 우리들이 밤이 새도록 수고하였으되 잡은 것이 없 지마는 말씀에 의지하여 내가 그물을 내리리이다 하고

그는 다 씻어 논 그물을 다시 잡고, 깊은 곳으로 가 그물을 던졌습니다. 기대감이 없지는 않았지만 그렇게 크게 기대하지도 않았습니다. 그물을 던진 후 다시 끌어올리려는 순간, 그물이 너무 무겁다는 것을 느꼈습니다. 너무 많은 물고기가 잡힌 것이었습니다. 그는 자신의 힘으로는 잡힌 물고기가 너무 많아 그물을 올릴 수 없어서 옆 배의 요한과 야고보를 불러 도와 달라고 했습니다. 그리고 거의 찢어질 듯한 그물 속에 가득한 물고기를 건져 올렸습니다. 밤새 한 마리도 잡지 못한 고기를 잔뜩 잡게 되니 순간 기분이 너무 좋았습니다. 집에 있는 가족들에게도 좋은 소식을 줄 수 있었고 얼마 동안은 쓸 수 있는 돈을 벌 수 있다는 생각에 걱정을 약간이라도 덜었을 것입니다. 자신뿐 아니라 안드레나 요한, 야고보 모두가 놀라고 기뻐하는 순간이었습니다.

하지만 그 순간 베드로는 예수님을 보았습니다. 자신이 선생님이라고 부른 그의 웃는 모습을 보게 되었습니다. 그리고 메시아를 선생님으로 따르는 제자라고 하면서도 이렇게 물고기를 잡아야 하는 자신의 삶의 모습이 겹쳐 보였습니다.

'나는 무엇을 찾아 다녔던가? 안드레가 나에게 메시아를 만났다고 말할 때 나는 무슨 생각으로 이분을 만났었는가? 나는 그가 물로 포도주를 만드시고 병자들을 고치시며, 하나님 나라의 복음을 전할 때 무슨 생각으로 들었었던가? 오늘 내 배에 올라오셔서 하신 말씀은 과연 무엇이었는가?'

그는 배에 가득한 물고기가 아니라 텅 빈 자신을 보게 됩니다. 베드로는 구약이 약속한 그리스도를 기다리며 로마의 압제가 끝나고 하나님의 나라가 올 것이라고 믿었습니다. 그러던 중 세례 요한을 알게 되고 안드레와 요한, 야고보와 같이 자주 그의 가르침을 들으러 갈릴리에서 멀리까지 가곤 했습니다. 그러나 그는 가족이 있었기에 하나님이 민족에게 주신 약속과 소망을 찾는 일에 모든 것을 쏟을 순 없었습니다. 그는 이상과 현실 사이에서 균형을 맞추려 애썼고, 그래서 어부로서 가족을 부양하려 밤을 새며 물고기를 잡던 일이 처음이 아니었습니다. 그는 잘 버티고 있다고 여겼습니다. 그러나 오늘 자신이 이상과 현실 사이에서 얼마나 무능한지 느끼게 되었습니다. 무기력하게 밤을 보내고 한숨 쉬며 그물을 씻던 그 시간이 방금 전이었는데, 물고기가 갑자기 많이 잡히자 금세 마음이 풍성해지는 자신이 너무 형편없게 느껴졌습니다.

그는 자신의 이런 모습을 견딜 수 없었습니다. 그리고 예수님 앞에 무릎을 꿇습니다. 물고기가 많이 잡힌 기적 때문이 아니라 하나님 나라에 대한 이상과 삶의 현실에 속한 자신의 부조리에 대한 절망 때문에 주님 앞에 엎드렸습니다.

시몬 베드로가 이를 보고 예수의 무릎 아래에 엎드려 이르되 주여 나를 떠나소서. 나는 죄인이로소이다(눅 5:8).

그는 밤새 자신이 노력해도 잡지 못한 고기를 한번에 잡게 해 주신 예수님께 감사하다는 말을 하지 못했습니다. 그보다는 자신이 얼마나 무기력한지를 발견하고 자신은 더 이상 제자로서 살아갈 수 없음을 고백하게 됩니다. 그동안 자신이 말로는 하나님 나라를 좇았지만 실제로는 인생의 먹고사는 문제에 얼마나 얽매여 있었는지 깨달았음을 엎드려 고백합니다. 그리고 이제 그는 선생님이라고 부르지 않고 주님이라고 부릅니다.

'아, 나는 이런 사람이었습니다. 저는 죄인이며 제자가 될 만한 사람이 아닙니다. 주님이 계시니 저의 모습이 더 분명히 보여 견딜 수 없습니다.'

예수님은 이런 베드로에게 말씀합니다.

예수께서 시몬에게 이르시되 무서워하지 말라. 이제 후로는 네가 사람을 취하리라 하시니(눅 5:10).

이 순간이 베드로가 예수님을 만난 순간이었습니다. 안드레가 자신에게 메시아를 만났다고 이야기하며 소개해 준 그때가 예수님을 만난 날이 아니었습니다. 먹고사는 일로 고민하던 어느 날, 밤새 일하고도 아무것도 얻지 못한 채 텅 빈 배에서 삶의 무기력함에 빠져 있던 날, 쑥스럽게도 자신의 배로 찾아오셔서 깊은 곳에 그물을 던지라고 말씀하신 그날, 그날이 바로 베드로가 그리스도이신 예수님을 만난 날이었습니다. 그때부터 그는 결심했습니다.

그들이 배들을 육지에 대고 모든 것을 버려 두고 예수를 따르니라(눅 5:11).

그는 거기서 사람을 낚는 어부가 되었습니다. 더 중요한 것을 위해 살기로 했습니다. 거기서 모든 것을 버려두고 예수님을 좇는 사람이 되었습니다.

이후에 분명 마태는 베드로에게 언제 예수님을 처음 만났냐고 물었을 것입니다. 베드로는 안드레가 소개해 주었던 그때를 말하지 않고 바로 그날, 밤새 물고기를 잡지 못했지만 말씀대로 깊은 곳에 그물을 던져 물고기를 잡은 그날이 예수님을 만난 날이자 제자로 부르심을 받은 날이라고 고백했을 것입니다.

기억하지 못한 말씀들

이후로 베드로의 결심은 정말 대단했습니다. 그는 모든 일에 예수님과 함께했으며, 언제나 강한 믿음의 모습을 보였습니다. 그는 제자들의 이름 중 가장 먼저 호명되는 사람이 되었고 예수님도 중요한 순간마다 그를 데리고 가셨습니다. 그는 대담하게도 물 위로 걸어도 보았습니다. 물고기 두 마리와 보리떡 다섯 개로 오천 명이 먹는 자리에서 떡을 나누어 주기도 했습니다. 회당장 야이로의 딸이 죽었을 때 야고보, 요한과 함께 예수님과 그 집에 들어가 죽은 아이가 살아나는 것을 보기도 했습니다. 수많은 병자들이 낫는 것을 보았고, 귀신 들린 자들에게서 귀신이 나가는 것뿐 아니라 자신이 직접 마을에 들어가 전도하면서 주님이 주시는 능력으로 놀라운 일을 하는 경험을 하기도 했습니다.

뿐만 아니라 그는 언제나 믿음의 고백을 하는 사람이었습니다. 오병이어의 기적이 일어난 다음 날 예수님이 자신이 생명의 떡이라는 말을 하시며 내 살과 내 피를 먹어야 한다는 말씀을 했을 때 많은 사람들이 이해하지 못하고 예수님을 떠났습니다(요 6:66). 그때 예수님이 제자들에게도 물으셨습니다.

예수께서 열두 제자에게 이르시되 너희도 가려느냐(요 6:67).

이 질문에 베드로는 모든 제자를 대표하여 다음과 같이 대답했습니다.

> 시몬 베드로가 대답하되 주여 영생의 말씀이 주께 있사오니 우리가 누구에게로 가오리이까(요 6:68).

이런 멋진 고백은 언제나 베드로의 입에서 나왔습니다. 예수님이 마지막 공생애를 보내며 예루살렘으로 가시던 도중 제자들에게 사람들이 자신을 어떻게 부르냐고 물으신 적이 있습니다. 그리고 제자들에게도 "너희는 나를 누구라고 생각하냐"고 물으셨습니다. 그때 그는 모든 교회의 신앙고백과 같은 말을 성령의 인도하심에 따라 고백했습니다.

> 시몬 베드로가 대답하여 이르되 주는 그리스도시요 살아 계신 하나님의 아들이시니이다(마 16:16).

이 대답에 예수님은 베드로를 축복하십니다.

> 예수께서 대답하여 이르시되 바요나 시몬아, 네가 복이 있도다. 이를 네게 알게 한 이는 혈육이 아니요 하늘에 계신 내 아버지시니라. 또 내가 네게 이르노니 너는 베드로라. 내가 이 반석 위에 내 교회를 세우리니 음부의 권세가 이기지 못하리라. 내가 천국 열쇠를 네게 주리니 네가 땅에서 무엇이든지 매면 하늘에서도 매일 것이요 네가 땅에서 무엇이든지 풀면 하늘에서도 풀리리라(마 16:17-19).

그런데 이 말씀을 들을 때 베드로는 자신에게 반석이 될 것이라고 말씀하셨던 첫 만남을 기억했을까요?[18] 그가 갈릴리에서 자신을 발견하고, 메시아이자 하나님의 아들이신 예수님을 고백한 그날들은 그의 인생과 신앙의 변곡점과도 같은 날들이었습니다. 이후에 베드로는 예수님의 말씀대로 자신이 베드로(반석, 바위)가 되어 있는 것 같았습니다.

그는 정말 예수님을 위해 목숨을 바칠 각오가 되어 있다고 스스로 생각했습니다. 그분을 세상 누구보다 사랑한다고 말하였고, 그래서 주님을 괴롭히는 대제사장과 서기관들과 싸울 각오가 되어 있다고 생각했습니다. 그러나 그는 자신이 생각하고 확신에 차 있던 정점에서 너무 쉽게 미끄러졌습니다. 예수님은 때가 되었을 때 베드로와 제자들을 보시고 그동안 깊게 말씀하지 못했던 한 가지 사실을 말씀해 줍니다.

> 이때로부터 예수 그리스도께서 자기가 예루살렘에 올라가 장로들과 대제사장들과 서기관들에게 많은 고난을 받고 죽임을 당하고 제삼일에 살아나야 할 것을 제자들에게 비로소 나타내시니(마 16:21).

그러자 베드로는 이렇게 말합니다.

> 베드로가 예수를 붙들고 항변하여 이르되 주여 그리 마옵소서. 이 일이 결코 주께 미치지 아니하리이다(마 16:22).

---

18 원래 이름은 시몬(Simon)이었으나 예수가 그에게 아람어로 반석이라는 뜻의 케파(כיפא, kepa, Cepha)라는 새 이름을 지어 주었으며, 이를 소리 나는 대로 고대 그리스어문자로 '케파스'(Κηφας)로 적고 낱말 뜻을 고대 그리스어 단어인 페트로스(돌, 바위)로 표기한 이름이다. (출처: 위키피디아)

베드로는 자신이 무슨 말을 하는지 몰랐습니다. 예수님은 그런 베드로에게 하나님의 일을 생각하지 못한다고 크게 주의를 줍니다. 그리고 다시 중요한 말씀을 해 줍니다.

> 이에 예수께서 제자들에게 이르시되 누구든지 나를 따라오려거든 자기를 부인하고 자기 십자가를 지고 나를 따를 것이니라(마 16:24).

자기를 부인하고 자기 십자가를 지고 따라오라는 말씀을 그때는 잘 이해하지 못했습니다. 그는 자신 안의 소리에 묻혀 주님의 말씀을 놓쳐 버립니다. 그날이 지나고 얼마 안 되어 베드로는 모세와 엘리야 사이에서 예수님이 밝게 변화되는 모습을 보게 됩니다 (마 17:1-13). 그는 그 순간이 영원히 지속되었으면 좋겠다고 생각했습니다. 그렇게 다시 베드로는 들뜬 마음으로 예수님과 함께 있게 됩니다. 모든 것이 순조롭고 상황은 좋은 쪽으로만 갈 것 같지만 모든 만남에는 위기가 찾아오며, 결심과 각오는 언제나 시험대에 오르게 됩니다.

예수님과 제자들은 드디어 예루살렘에 도착합니다. 나귀를 타고 호산나를 외치는 사람들의 열광적인 환호 속에 예루살렘에 도착한 제자들은 들떠 있었습니다. 그러나 예수님만큼은 이상하리만치 슬픔에 가득 차 있었습니다. 장사꾼들로 인해 더럽혀진 성전을 청결하게 하신 것처럼 예수님은 로마 제국을 몰아내고 타락한 왕과 제사장들을 끌어내리고 하나님의 나라를 이룩하실 것 같아 보였지만 사실 그것은 제자들의 기대일 뿐이었습니다. 예수님은 오히려 제자들을 걱정하고 있었습니다.

그리고 유월절이 다가오자 예수님과 제자들은 특별한 식사 자리를 갖게 됩니다. 그때 예수님은 자신이 죽을 것이며 모두가 나를 버릴 것이라고 다시 말씀해 줍니다. 베드로는 이전과 같이 이렇게 말합니다.

베드로가 대답하여 이르되 모두 주를 버릴지라도 나는 결코 버리지 않겠나이다(마 26:33).

그러나 예수님은 얼마 전 일을 기억하지도 못하는 베드로를 슬픔 어린 눈으로 보시며 이렇게 말씀합니다.

예수께서 이르시되 내가 진실로 네게 이르노니 오늘 밤 닭 울기 전에 네가 세 번 나를 부인하리라(마 26:34).[19]

모든 제자들 앞에서 예수님은 충격적인 말을 합니다. 모두가 그 말을 들었습니다. 그런데 베드로는 그것을 크게 생각하지 않고 기억해 두지 않았습니다. 그리고 주님의 말을 부정합니다.

베드로가 이르되 내가 주와 함께 죽을지언정 주를 부인하지 않겠나이다 하고 모든 제자도 그와 같이 말하니라(마 26:35).

사람들은 자신이 기억하고 싶어 하는 것만 기억하는 나쁜 습관이 있습니다. 그래서 기억은 사람마다 다르게 적히고, 모든 것이

---

19 "나를 따라오려거든 자기를 부인하라"(마 16:24)와 "네가 세 번 나를 부인하리라"(마 26:34)는 묘한 문학적 대칭이 있다. 나를 부인하지 않는 사람은 주님을 부인하게 되어 있다.

지나간 후에야 간과하고 있었던 기억들이 되살아납니다. 베드로 뿐 아니라 모든 제자들이 그러했습니다.

지나고 나서야 기억나는 것들

식사 후 예수님은 전과 같이 제자들과 기도하러 산에 가시며 언제나 그렇듯이 베드로와 요한과 야고보 세 명을 더 가까이 두시고 기도했습니다. 그리고 기도를 부탁했습니다.

> 이에 말씀하시되 내 마음이 매우 고민하여 죽게 되었으니 너희는 여기 머물러 나
> 와 함께 깨어 있으라(마 26:38).

그러나 베드로는 잠이 들었습니다.

> 제자들에게 오사 그 자는 것을 보시고 베드로에게 말씀하시되 너희가 나와 함께
> 한 시간도 이렇게 깨어 있을 수 없더냐(마 26:40).

이것은 베드로에게 죽기 전 마지막으로 하신 부탁이었습니다. 그러나 베드로는 이 마지막 부탁을 놓쳤습니다. 그저 전과 다를 바 없는 날이라고 생각했습니다. 하지만 그 순간이 왔습니다. 예수님이 기도를 끝내고 가자고 하시는 순간 칼과 몽둥이를 든 군인들이 예수님을 잡으러 왔습니다. 베드로는 감정에 사로잡혀 칼을 뽑아 대제사장의 종 말고의 귀를 베어버렸습니다. 예수님은 말고의 귀를 고쳐 주시며 베드로에게 이렇게 말씀합니다.

> 예수께서 베드로더러 이르시되 칼을 칼집에 꽂으라 아버지께서 주신 잔을 내가

마시지 아니하겠느냐 하시니라(요 18:11).

베드로는 이 상황을 받아들이기 어려웠습니다. 예수님은 얼마 전까지도 성전에서 바리새인들과 심각한 수준의 대화를 하다가 그들이 돌로 치려 할 때 잘 피하셨습니다. 그분은 논쟁을 하다가도 사람들에게 붙잡히지 않고 자리를 쉽게 떠나셨습니다. 그런 예수님이 이제는 전과 달리 자리를 피하지도 않고 어떤 말씀이나 저항도 없이 순순히 잡혀가셨습니다. 순간 베드로는 아무것도 할 수 없었습니다. 그리고 자신을 두르고 있던 거품이 완전히 꺼지는 것을 느끼게 되었습니다. 헛된 열정과 다짐이 꺼진 순간 그는 완전히 불안과 두려움에 사로잡혔습니다.

로마 군인들에게 예수님이 끌려가자 다른 제자들은 다 도망쳤습니다. 오직 자신과 요한만이 대제사장의 집으로 끌려가는 예수님의 뒤를 몰래 따라갔습니다. 전부터 대제사장과 아는 사이인 요한은 집으로 쉽게 들어갔지만 베드로는 들어가지 못하고 그저 문밖에 서 있었습니다(요 18:15). 이때 요한이 문 지키는 여자에게 말해 그를 집 안으로 들어오게 해 줍니다(요 18:16). 요한은 베드로와 오래 있지 못하고 예수님을 심문하는 가야바의 법정으로 들어갔습니다. 베드로는 이 당황스럽고 혼란한 상황 속에서 간신히 집안으로 들어왔지만 여러 사람들 속에 섞여 모닥불을 쬐고 있었을 뿐, 그 심문하는 자리로 가까이 가지 못했습니다. 그때 그를 집 안으로 들어오게 한 여자가 그에게 이렇게 묻습니다.

문 지키는 여종이 베드로에게 말하되 너도 이 사람의 제자 중 하나가 아니냐

(요 18:17).

여종은 베드로가 누구인지 익히 알고 있었습니다. 그러나 베드로는 순간적으로 아니라고 대답합니다. 베드로는 밀려오는 두려움과 불안 앞에 본능적으로 움츠러들었습니다. 여자는 고개를 갸우뚱하며 그냥 갑니다. 그러나 좀 있다 다른 사람이 또 묻습니다.

시몬 베드로가 서서 불을 쬐더니 사람들이 묻되 너도 그 제자 중 하나가 아니냐 (요 18:25).

당황한 베드로는 다시 아니라고 합니다. 그러나 그렇게 묻던 사람은 베드로가 귀를 자른 대제사장의 종의 친척이었습니다. 그가 이렇게 말합니다.

대제사장의 종 하나는 베드로에게 귀를 잘린 사람의 친척이라. 이르되 네가 그 사람과 함께 동산에 있는 것을 내가 보지 아니하였느냐(요 18:26).

어두운 밤 불빛 속에서 베드로가 말고의 귀를 자르는 것을 본 사람이 있었습니다. 그러나 베드로는 강하게 아니라고 말합니다.[20]

"당신 사람을 잘못 보았소."

누가복음은 이 순간을 이렇게 묘사합니다. 베드로가 주님을 모른다고 말하는 순간, 대제사장의 집 뜰 안에서 심문을 받던 예수님

---

20 마가복음에서 베드로는 예수님을 저주하며 맹세하였다고 말한다(막 14:71).

은 고개를 돌려 밖에 서 있는 베드로를 쳐다봅니다. 순간 베드로는 예수님과 눈이 마주치고 그가 하신 말씀이 기억났습니다.[21]

> 주께서 돌이켜 베드로를 보시니 베드로가 주의 말씀 곧 오늘 닭 울기 전에 네가 세 번 나를 부인하리라 하심이 생각나서 밖에 나가서 심히 통곡하니라(눅 22:61-62).

그는 더 이상 그곳에 있을 수 없었습니다. 도망쳤고, 숨었습니다. 자신에게 절망했고, 그토록 비겁한 자신을 용서할 수 없었습니다. 베드로는 예수님이 십자가에 달리신 그 자리에 가지 못했습니다. 아니 갈 수 없었습니다. 도저히 예수님과 다시 눈을 마주칠 자신이 없었습니다. 대제사장의 집 뜰에서 마주친 그분의 눈을 다시 볼 수 없었습니다.

다시 주님을 만나다

이후에 그날 함께 있었던 요한이 예수님의 어머니 마리아와 예수님의 이모, 그리고 막달라 마리아와 같이 예수님이 십자가에 못박힌 그 자리까지 갔다는 이야기를 들었을 때 그는 더 절망했습니다.

'내가 그곳에 있었어야 했는데….'

그는 자신이 어떤 사람인지 다시 깨달았습니다. 갈릴리의 배에

---

21 브리검 영 대학교 미술관(Brigham Young University Museum of Art)에 소장된 칼 하인리히 블로흐(Karl Heinrich Bloch)의 〈베드로의 부인〉(The Denial of Peter)이라는 작품에서는 화가 가 예수님을 부인하는 베드로와 이를 멀리서 쳐다보는 예수님의 모습을 그렸다.

서 자신이 죄인 되었음을 고백했던 날 이후 자신이 아무것도 달라지지 않은 여전한 죄인임을 깨달았습니다. 아무리 자신의 입으로 믿음의 고백을 하고 수없는 맹세를 했더라도 자신의 결심과 각오와 주님을 따르는 열정이 아무것도 아님을 알게 되었습니다.

이날이 베드로에게는 잊지 못할 또 다른 날이었습니다. 베드로는 자신의 무능력함과 스스로에 대한 배신감에 좌절했습니다. 요한을 통해 아리마대 요셉과 예수님의 시체를 받아 무덤에 장례를 치렀다는 이야기를 들었습니다. 니고데모도 그 자리에 왔다는 것도 들었습니다. 그 이야기를 듣는 동안 그는 얼굴을 들지 못했습니다.

그는 떠나지도 못하고, 나서지도 못하는 다른 제자들과 함께 어느 집에 모여 문을 닫고 숨어 있었습니다. 예수님이 무덤에 있는 동안 그 스스로도 무덤에 있는 자와 같은 절망을 느꼈습니다. 계속해서 자신에게 질문하며 대답하는 시간이 이어졌습니다. 그런 절망 가운데 안식일을 숨어서 보내던 중 몇몇 여자들이 안식일이 끝나면 예수님의 무덤에 다시 가겠다고 말하는 것을 들었습니다. 하지만 빌라도가 경비병들을 배치했다는 이야기가 있어 걱정이 되기도 했습니다. 또 이미 죽은 그분에게 가겠다는 여자들과 같이 가고 싶은 마음은 없었습니다.

안식일이 지난 아침 베드로는 허겁지겁 달려온 막달라 마리아에게 이상한 말을 듣습니다. 예수님의 무덤에는 경비병도 없었고, 무덤 문이 열려 있다는 것이었습니다. 그는 요한과 그 무덤으로 뛰어갔습니다. 정말 무덤 문이 열려 있는 모습을 보고 흠칫 놀라 멈춰 서 있는데, 요한이 먼저 무덤 안을 들여다봅니다. 베드로는 안을 들여다보는 요한을 지나 무덤 안으로 들어가 보았습니다.

시몬 베드로는 따라와서 무덤에 들어가 보니 세마포가 놓였고 또 머리를 쌌던 수건은 세마포와 함께 놓이지 않고 딴 곳에 쌌던 대로 놓여 있더라(요 20:6-7).

'예수님이 무덤에 없다니... 무슨 일일까?'

그들은 성경에 그가 죽은 자 가운데서 다시 살아나야 하리라 하신 말씀을 아직 알지 못하더라(요 20:9).

그러나 베드로는 일어나서 무덤으로 달려가, 몸을 굽혀서 들여다보았다. 거기에는 시신을 감았던 삼베만 놓여 있었다. 그는 일어난 일을 이상히 여기면서 집으로 돌아갔다(눅 24:12, 표준새번역).[22]

베드로는 이 상황을 아직 이해하지 못했고, 예수님이 이전에 하신 말씀도 아직 기억하지 못했습니다. 한 주일 동안 일어난 일들은 여전히 혼란스러웠습니다. 베드로와 요한은 돌아와 다른 사람들에게 있었던 일을 이야기합니다. 그러던 중 막달라 마리아가 돌아와 예수님이 부활하셨다고 하면서 자신이 예수님을 만났다고 말합니다. 베드로와 요한이 먼저 돌아간 뒤 자신이 예수님을 만났다며 예수님이 하신 말씀을 전해 줍니다.

예수께서 이르시되 나를 붙들지 말라. 내가 아직 아버지께로 올라가지 아니하였노

---

[22] 이 두 구절이 없는 사본들이 있다. 다음을 참조하라. Fitzmyer, 『앵커바이블 누가복음 II』 2553.

라. 너는 내 형제들에게 가서 이르되 내가 내 아버지 곧 너희 아버지, 내 하나님 곧 너희 하나님께로 올라간다 하라 하시니(요 20:17).

베드로는 이 말을 듣고 여러 가지 생각이 들었습니다. '정말 예수님이 살아나셨나? 생각해 보니 전에 고난을 당한 후 삼일 만에 살아나신다고 하지 않았던가?(마 16:21) 내가 잊고 있었던 그 일이 일어난 것인가?' 그는 반신반의하면서 말을 아꼈습니다.

소란스럽던 그날이 지나가고 저녁이 되었습니다. 벌써 예루살렘에는 예수님의 무덤이 열렸고, 그가 살아났다는 소문이 돌았습니다. 제자들은 여전히 두려워 문을 잠그고 집에 있었습니다. 그때 부활하신 예수님께서 문을 잠그고 모여 있던 제자들과 베드로에게 나타나셨습니다. 제자들은 너무 당황해하면서도 기뻐하면서 여러 가지 감정들이 뒤섞여 눈물을 흘렸습니다. 그런데 그 광경을 보고도 예수님께 쉽게 다가가지 못한 한 사람이 있었습니다. 바로 베드로였습니다. 예수님이 겟세마네 동산에서 잡혀가실 때 다 도망가 대제사장의 집 뜰에 가 보지도 못한 제자들도 예수님을 만지며 기뻐하고 있었는데, 그들과 달리 예수님을 쫓아갔음에도 예수님을 부인하고 더욱 죄인 됨을 알게 된 베드로는 선뜻 주님의 손을 붙들지 못하고 그냥 뒤에 서 있을 수밖에 없었습니다.

주님이 다시 떠나시고 며칠이 지났습니다. 처음 부활하신 주님이 오셨을 때 만나지 못했던 도마는 계속해서 자신은 도저히 믿을 수가 없다는 말을 되풀이했습니다. 그런데 주님이 다시 나타나셨습니다. 그리고 도마에게 손을 내밀며 믿음 없는 자가 되지 말라고 하셨습니다(요 20:27). 그 의심 많은 도마마저도 예수님의 부활의 몸을 만지며 기뻐하는 모습을 베드로는 지켜보았습니다.

그는 주님의 부활이 기쁘면서도 슬픈 이중적인 감정에 놓였으며, 이내 죄책감과 좌절감이 더 깊어졌을 뿐이었습니다. 예수님이 그들을 떠나시고 무교절이 지나자 그들은 갈릴리로 돌아가기로 합니다.[23] 그리고 며칠이 걸려 갈릴리에 도착한 뒤[24] 어느 날 함께 모여 있는 가운데 베드로가 예전에 예수님의 도움으로 물고기를 많이 잡았던 일을 기억합니다. 그러다 물고기를 잡으러 가겠다고 다른 제자들에게 말합니다.

시몬 베드로와 디두모라 하는 도마와 갈릴리 가나 사람 나다나엘과 세베대의 아들들과 또 다른 제자 둘이 함께 있더니 시몬 베드로가 나는 물고기 잡으러 가노라 하니 그들이 우리도 함께 가겠다 하고(요 21:2).

베드로의 말에 함께 있던 다른 제자들도 같이 가겠다며 모두 집을 나서게 됩니다. 밤에 바닷가에 도착한 베드로는 아무 말 없이

---

23 제자들이 갈릴리로 돌아간 배경에는 몇 가지를 생각할 수 있다. 첫째는 예수님이 부활하셨지만 그들과 매일 같이 있지 않았다는 것이다. 예수님은 제자들과 갈릴리에서 다시 만날 때까지 그들에게 두 번 나타나셨을 뿐이다. 그래서 그들은 예루살렘에서 계속적으로 있기에는 불안했을 것이라 보인다. 둘째는 마 28:7에 근거하여 예수님이 먼저 갈릴리로 가셨기 때문이라고 볼 수 있다. 셋째는 그들이 아직 성령을 받지 않은 상태라 예루살렘에서 예수님을 증거하는 일을 하기에는 어려운 상태라는 것이다. 김병국, 『요한복음 이야기』 239-240.

24 현대 기준으로 예루살렘에서 갈릴리까지는 도보로 최소 30에서 35시간이 걸린다(구글맵 기준). 과거의 도로 환경으로 볼 때 이보다 더 걸릴 것으로 예상되는데, 하루 8시간씩 걷는다고 할 때 최소 4일을 꼬박 걸어야 예루살렘에서 갈릴리로 갈 수 있다. 따라서 요한복음 21장은 무교절이 끝나고 이미 갈릴리로 돌아간 상황에서 벌어진 일을 말하고 있다고 할 수 있다. Carson, 『PNTC 요한복음』 1245.

배에 올라 그물을 던졌습니다. 그러나 과거의 그 어느 날처럼 아무것도 잡히지 않았습니다. 그물을 끌어올릴 때마다 그는 옛날 생각이 났습니다. 아무것도 잡지 못하고 공허감에 사로잡혔던 그날이 기억났습니다. 아마도 슬픔과 괴로움과 절망과 온갖 생각이 그를 사로잡았을 것입니다. 몇 번의 허탕질 후에 그는 뱃머리에 기대어 똑같은 질문과 답을 되뇌었을 것입니다. '어디서부터 잘못된 것일까….' 다들 베드로처럼 허탈함에 배에 누워 버렸습니다. 그러던 중 날이 밝아오기 시작합니다. 저 멀리 하늘이 밝아오려는 그때 어디선가 친근한 목소리가 들렸습니다.

얘들아 너희에게 고기가 있느냐(요 21:5).

"얘들아"라고 부르는 목소리가 들립니다. '우리를 이렇게 부를 사람이 누가 있겠는가?' 하고 생각하는데 고기가 없다고 누군가 말합니다. 그러자 그 친근한 목소리는 전과 같이 말합니다.

이르시되 그물을 배 오른편에 던지라. 그리하면 잡으리라 하시니 이에 던졌더니 물고기가 많아 그물을 들 수 없더라(요 21:6).

언젠가 경험했던 것 같은 데자뷰가 일어납니다. 요한이 베드로에게 말해 줍니다. 예수님이라고….

예수께서 사랑하시는 그 제자가 베드로에게 이르되 주님이시라 하니(요 21:7).

베드로는 옷을 벗고 있다가 성급히 겉옷을 두르고 바다로 뛰어

내려 첨벙거리며 예수님께로 달려갔습니다. 한 90미터쯤²⁵ 뛰어가니 예수님이 마치 자녀들의 식사를 준비하듯 먹을 것을 해 놓고 기다리고 계셨습니다. 예수님이 웃으면서 지금 잡은 생선 좀 가져오라고 말씀합니다.

예수께서 이르시되 지금 잡은 생선을 좀 가져오라 하시니 (요 21:10).

베드로는 뭐라 말하지 못하고 배에 가서 물고기를 가져옵니다. 제자들이 다 모여 예수님이 미리 피워 놓은 모닥불 주변에 앉았습니다. 예수님이 먹을 것을 나누어 주는데 어느 제자도 어쩐 일이시냐고, 여기 있는 것은 어떻게 아셨냐고, 반갑다고 말하지 못합니다. 농담도 하지 못합니다. 침묵만 흐르고 접시만 쳐다보며 밥을 먹고 있었습니다. 옛날 생각이 납니다. 아마 예수님도 제자들이 소화가 안될까 봐 밥 먹을 때는 뭐라고 말씀을 안 하셨을 것 같습니다. 그렇게 아침 식사가 끝났을 때 다른 제자들이 다 있는 자리에서 예수님이 분위기를 깨며 베드로에게 이렇게 물으십니다.

요한의 아들 시몬아 네가 이 사람들보다 나를 더 사랑하느냐 (요 21:15).

식사를 하면서 온갖 생각을 다해 본 베드로가 전혀 예상하지 못한 질문이었습니다. 갑자기 들어온 질문에 당황했습니다. 차라리 "너 왜그랬냐? 너 전에 나한테 한 말은 뭐였냐? 난 너에게 실망이다"와 같은 말씀이었다면 변명이라도 해 보고 잘못했다고도 해 볼

---

25 성경에는 한 오십 칸쯤 된다고 나온다. NIV는 100야드(yd)라고 번역한다.

텐데 예수님의 질문은 대답하기에는 목이 꽉 메는 질문이었습니다. 베드로는 간신히 대답합니다.

내가 주님을 사랑하는 줄 주님께서 아시나이다(요 21:15).

자신도 모르게 나온 이 말에 예수님은 "내 어린양을 먹이라"고 말씀합니다. 그렇게 끝나나 싶었는데 연거푸 두 번 더 같은 질문을 하십니다.

요한의 아들 시몬아 네가 나를 사랑하느냐(요 21:16, 17).

네가 나를 사랑하느냐

요한복음은 이때가 부활 후 예수님이 제자들에게 모습을 드러내신 세 번째 일이라고 말합니다(요 21:14). 그런데 베드로에게 이 순간은 예수님을 진정으로 만난 순간이었을 것입니다.

'나는 무엇을 위해 예수님을 따라다녔는가? 나는 왜 그 대제사장의 집 뜰에서 도망쳤는가? 나는 왜 부활하신 주님을 만나고도 다시 바다로 고기를 잡으러 왔는가?'

이 모든 질문은 하나의 질문으로 바뀝니다.

'…나는 예수님을 사랑하는가?'

베드로는 자신이 누구인지 알게 되었습니다. 결심하고 결단하면 대단한 주님의 제자가 될 줄 알았는데 알고 보니 아무것도 아닌, 여전히 갈릴리 바닷가에서 그물을 던지며 아무것도 건지지 못하는 그런 사람이라는 것을 깨달았습니다. "주여 나를 떠나소서. 나는 죄인이로소이다"(눅 5:8)라고 말할 때보다 더 절망적이고 무능력하며 아무런 힘이 없는 자신을 발견하고 뭐라 대답해야 할지 몰라 고민하며 예수님께 이렇게 말합니다.

> 주님, 주님께서는 모든 것을 아십니다. 그러므로 내가 주님을 사랑하는 줄을 주님께서 아십니다(요 21:17).

이때의 베드로는 속으로 이렇게 말했을 것입니다.

> '주님, 당신은 내 절망도 알고 내 무능력함과 무기력함과 나약함과 어찌 할 수 없는 나의 한계를 아십니다. 그러나 그럼에도 내가 주님을 사랑한다고 고백하는 것도 아시지 않습니까? 주님, 날 아시지 않습니까…'

이날이 베드로가 주님을 정말로 만난 날이었습니다. 그때서야 그는 주님이 하신 모든 말씀이 기억났습니다. "네가 나를 배반하리라"고 하셨던 그 말씀보다 더 그에게 깊이 되새겨지는 말씀은 이것이었습니다.

> 이에 예수께서 제자들에게 이르시되 누구든지 나를 따라오려거든 자기를 부인하고 자기 십자가를 지고 나를 따를 것이니라(마 16:24).

베드로가 그때 주님이 하신 말씀을 듣고 결코 십자가에 달리실 수 없다고, 그 로마 군인들과 대제사장의 졸개들을 다 막겠다고 말했던 그날 주님이 하셨던 말씀은 "너는 나를 부인하게 될 것이다"였습니다. 그러나 이제는 다른 말씀을 해 주십니다. "너는 십자가를 지고 나를 따를 것이다. 이제 네가 그런 사람이 될 것이다."

> 내가 진실로 진실로 네게 이르노니 네가 젊어서는 스스로 띠 띠고 원하는 곳으로 다녔거니와 늙어서는 네 팔을 벌리리니 남이 네게 띠 띠우고 원하지 아니하는 곳으로 데려가리라(요 21:18).

이 말씀은 마치 예수님이 베드로를 처음 만났을 때 반석이 될 것이라고 말씀해 주신 것과 같습니다. 그분은 다시 베드로의 미래의 모습에 기대를 합니다. 그 미래의 베드로는 자기를 부인한 사람이며, 자기 십자가를 지고 주님을 따르는 사람을 낚는 어부의 모습입니다. 베드로와 만난 주님은 다시 사명을 주시고, 다시 그가 살아갈 길을 이야기해 주셨습니다.

우리의 신앙생활에는 여러 번의 계기들이 있습니다. 때로는 결심하며 열정을 가지고 생활하다가, 때로는 우리 자신에게 실망하며 주님을 바라볼 수 없다고 느낍니다. 그러나 그분은 언제나 우리를 찾아오셨고, 우리를 만나 주셨습니다. 그리고 물으십니다. '왜냐고, 왜 그렇게 살았냐'고 물으시지 않고 단지 그분은 "나를 사랑하냐?"라고 물으십니다.

우리는 이제 그분에게 대답해야 합니다. "주님 당신이 나를 잘 아시지 않습니까? 내 모든 것 아시지 않습니까? 이 엉망이고 절망적인 나지만 그래도 당신을 사랑한다는 것, 그것도 아시지 않습니까?" 그럴 때 그분이 말씀하십니다.

"이제 너희는 나를 위해 십자가를 질 것이다. 그렇게 살 수 있을 것이다."

베드로가 만난 이 부활의 주님을 우리도 만나 이제 자기를 부인하고 자기 십자가를 지고 그분을 따르는 자들이 되기를 바랍니다. 그분이 끝까지 우리를 붙들어 주실 것입니다.

말씀의 적용을 위한 묵상

1. 내가 주님을 처음 만났을 때 나는 어떤 사람이었습니까? 내가 신앙을 갖고자 했을 때 예수님에 대한 나의 기대는 무엇이었습니까? 지금의 나의 신앙과 첫 신앙의 모습은 어떻게 달라졌는지 생각해 봅시다.

2. "너희는 나를 누구라 하느냐?"라는 질문에 지금의 나는 무엇이라고 답할 수 있습니까? 그분은 우리에게 어떤 분입니까? 나만의 신앙고백을 주님 앞에서 해 봅시다.

3. 베드로는 예수님을 따르며 열심과 절망을 모두 경험했습니다. 그러나 그는 끝내 포기하거나 떨어지지 않았습니다. 나의 신앙의 가장 열정적인 때와 반대로 가장 절망적인 상태였던 때를 기억해 봅시다. 나의 신앙생활 가운데서 닭 울음 소리를 듣고 절망했었다면, 그 후 어떻게 다시 회복될 수 있었습니까?

03 나다나엘
소개로 만난 사이

> 나다나엘이 이르되 어떻게 나를 아시나이까. 예수께서 대답하여 이르시되 빌립이 너를 부르기 전에 네가 무화과나무 아래에 있을 때에 보았노라 (요 1:48)

케빈 베이컨(Kevin Bacon)의 6단계 법칙

아놀드 슈왈제네거(Arnold Schwarzenegger)라는 보디빌딩 선수 출신인 근육질의 배우는 미국의 캘리포니아주 주지사였으며, 〈터미네이터〉(The Terminator, 1984)라는 영화 시리즈 주인공으로 유명합니다. 그는 오스트리아 출신이라 약간 어색한 영어 발음을 가지고 있으며 '터미네이터'에서 그가 했던 "I'll be back"이라는 대사는 그의 트레이드마크(trademark)와 같습니다. 재미있는 것은 우리 모두가 몇 다리만 거치면 이 배우와 연결이 된다는 것입니다. 못 믿는 사람들이 있을지 모르지만 이것은 널리 알려진 케빈 베이컨의 6단계 법칙을 따른 것입니다. [26]

---

[26] 아놀드 슈왈제네거와 이병헌은 같은 영화에 출연한 적이 있다. 이병헌은 나의 고등학교 후배와 같은 영화에 출연하였고, 그 후배의 담임선생님이 나의 담임이기도 하였다. 이런 식으로 6단계를 거치기 전 모든 사람이 다 연결된다는 이론이다.

사람들이 쉽게 연결될 수 있을 거라는 이 재미있는 법칙은 1929년 헝가리의 작가 프리제시 카린시(Frigyes Karinthy)가 쓴 소설의 한 구절에서 유래했는데 1967년 미국의 사회심리학자 스탠리 밀그램(Stanley Milgram)이 좁은 세상 실험이라는 것을 하면서 이 이론을 실험으로 보여 주었습니다. 처음 명칭은 '6단계 분리 이론'이었는데 이후에 미국의 음악채널 MTV의 존 스튜어트 쇼에 나온 세 명의 괴짜 대학생이 케빈 베이컨이라는 미국 배우가 우주의 중심이라며, 몇 단계만 거치면 사람들이 케빈 베이컨과 서로 연결되는지 보여 줌으로써 세상의 주목을 받았습니다. 그래서 요즘은 '케빈 베이컨의 6단계 법칙'이라고 합니다.[27]

요즘은 페이스북이나 카카오톡 같은 소셜 네트워크가 이 법칙을 더 확실하게 보여 주는 도구가 되기도 합니다. 스마트폰이 보편화 되면서 소셜 네트워크는 더 강력한 힘을 갖게 되었는데 많은 사람들이 이 소셜 네트워크를 통해 친구를 사귀거나 일자리를 구하고, 물건을 사고팔기도 합니다. 또 소셜 네트워크를 통해 복음을 전하며 선교가 이루어지기도 합니다. 그런데 요한복음 1장에는 이런 소셜 네트워크의 원조격인 이야기가 등장합니다. 바로 예수님과 나다나엘에 관한 이야기입니다.

---

27 https://oracleofbacon.org/에 가서 헐리우드 배우 이름을 입력하면 그가 케빈 베이컨과 어떻게 연결되는지를 계산해서 보여 준다. (출처: 위키피디아)

소개로 만난 사이

예수님이 본격적으로 사역을 시작하시면서 가장 먼저 찾아간 곳은 세례 요한이 있는 곳이었습니다. 그리고 세례 요한은 자신의 제자들에게 예수님을 소개해 주었고, 거기서 사도 요한과 안드레가 예수님을 따르는 첫 번째 제자가 됩니다. 이후 안드레는 베드로에게 예수님을 소개해 주었습니다.[28] 그리고 그다음 날 예수님과 제자들은 갈릴리로 가고 있었는데 거기서 빌립을 만납니다.

> 이튿날 예수께서 갈릴리로 나가려 하시다가 빌립을 만나 이르시되 나를 따르라 하시니(요 1:43).

우리나라 성경을 보면 예수님이 빌립을 만난 것으로 보이는데, 원어를 보면 예수님이 갈릴리로 간 것과 빌립을 만난 사건과는 주어를 동일하다고 특정하기가 어렵습니다. 오히려 앞서 나온 본문에 안드레가 주어로 더 적합한 것처럼 보입니다. 그래서 학자들은 빌립과 한동네 사람이었던 안드레가 빌립을 예수님에게 소개해 주었다고 봅니다.[29] 예수님은 빌립에게도 나를 따르라고 말씀합니다. 그리고 빌립은 자신의 친구 나다나엘을 찾아 그에게 예수님을 소개해 줍니다.

그러고 보니 예수님과 나다나엘의 관계는 소셜 네트워크처럼

---

28 이 사건은 교회사에서 중요한 위치를 차지한다. 서방교회의 수장인 교황이 베드로의 후계임을 자처하자 동방교회는 베드로를 예수님께 소개한 안드레의 후계임을 주장하였기 때문이다.

29 이 부분은 학자들마다 약간 다른 견해를 가지기도 한다. Carson, 『PNTC 요한복음』 276. Brown, 『앵커바이블 요한복음 I』 346.

여러 사람이 연결되어 있습니다. 예수님과 세례 요한, 다시 안드레, 그리고 빌립, 마지막이 나다나엘입니다. 4단계를 거쳐 예수님과 나다나엘의 만남이 이루어졌습니다. 그러나 이 과정이 순탄하지는 않았습니다. 어쩌면 빌립에서 끊어졌을지도 모릅니다. 빌립이 나다나엘을 만났을 때 이런 말을 합니다.

> 빌립이 나다나엘을 찾아 이르되 모세가 율법에 기록하였고 여러 선지자가 기록한 그이를 우리가 만났으니 요셉의 아들 나사렛 예수니라(요 1:45).

빌립은 예수님을 처음 만났을 때 그가 어떤 분인지 확신이 왔습니다. 그래서 그는 예수님이 바로 구약에서 약속한 메시아라고 나다나엘에게 말했습니다. 모세의 율법과 선지자가 기록한 분, 그분이 바로 예수님이라고 말해 줍니다. 그런데 마지막 설명이 나다나엘에게 미심쩍은 생각을 갖게 했습니다.

'요셉의 아들 나사렛 예수…'

빌립의 이런 설명은 그가 복음의 소셜 네트워크에서 처음 예수님을 소개받은 메시지와는 다릅니다. 처음에 세례 요한은 예수님에 대해 자신의 제자들에게 이렇게 증언합니다.

> 나를 보내어 물로 세례를 베풀라 하신 그이가 나에게 말씀하시되 성령이 내려서 누구 위에든지 머무는 것을 보거든 그가 곧 성령으로 세례를 베푸는 이인 줄 알라 하셨기에 내가 보고 그가 하나님의 아들이심을 증언하였노라 하니라(요 1:33-34).

그는 분명히 하나님의 아들이라 증언하였다고 합니다. 안드레는 세례 요한에게 예수님을 소개받고 나중에 그의 형제 베드로에게 이렇게 말합니다.

그가 먼저 자기의 형제 시몬을 찾아 말하되 우리가 메시아를 만났다 하고 (요 1:41).

안드레가 세례 요한에게 들은 '하나님의 아들'은 다시 '메시아'로 표현됩니다. 이 둘에는 아주 큰 차이가 있는 것 같지 않습니다. 그러나 빌립은 좀 다른 표현을 합니다.

요셉의 아들 나사렛 예수니라(요 1:45).

아마도 예수님을 만난 제자들은 자신이 가장 깊은 인상을 받은 것을 말했는지 모릅니다. 그러나 전하는 과정에서 말은 점점 변해 갔습니다. 아마도 빌립이 '요셉의 아들'이라는 말을 한 것은 '다윗의 자손'이라는 뜻이었을 것입니다. 그러나 듣는 나다나엘은 그 말이 그렇게 들리지 않았던 것 같습니다. 게다가 '나사렛 예수'라는 말은 그를 더 혼란하게 했습니다.

'베들레헴의 예수라면 구약의 예언의 성취로 이해할 수 있을텐데 나사렛이라구?'

왜냐하면 나사렛은 같은 갈릴리 지역에서도 별로 좋은 곳이 아니라고 알려져 있던 곳입니다. 그래서 나다나엘은 빌립에게 반문합니다.

나다나엘이 이르되 나사렛에서 무슨 선한 것이 날 수 있느냐(요 1:46).

이 말을 지역차별적 발언이라고 생각할 수도 있습니다. 하지만 그런 의미가 아니더라도 나사렛은 구약의 예언과는 거리가 먼 곳이라는 뜻이라고 볼 수 있습니다. 나다나엘의 이런 반론에 빌립은 자신의 말보다는 예수님을 직접 만나는 것이 더 확실할 것이라고 말합니다.

빌립이 이르되 와서 보라 하니라(요 1:46).

"내 말은 내가 만난 그분을 다 표현하지 못하는 것 같다. 그러니 와서 보라. 네가 직접 확인해 보라."

빌립은 자신의 의도가 바르게 전달되지 못했다는 것을 알았습니다. 그러나 자신이 가진 믿음만은 확실했습니다. 그래서 나다나엘의 반문에도 강하게 그를 설득하여 주님에게로 이끌었고 결국 나다나엘은 주님을 만나 제자가 됩니다.

본문을 보면 우리가 주님을 만나는 과정을 보여 주는 것 같습니다. 주님의 복음을 처음 듣기까지 얼마나 많은 사람들이 그 사이에 있었을까 하는 생각을 해 봅니다. 그들은 우리보다 먼저 주님을 만났고 복음의 확신에 찼습니다. 그러나 때로는 서투른 말로 전도를 했습니다. 성경을 잘 모르거나 교리를 잘 몰라서, 약간은 과장되게 약간은 신비적으로 말하기도 합니다. 혹은 그 자신이 그 뜻을 잘 이해하지 못해서 말을 전하는 데 어려움이 있었습니다. 그러나 하나님은 복음을 전하는 일에 있어서 세상의 지혜나 능력이 있는 사람들의 입이 아니라 오히려 세상에서는 어리석어 보이는 사람들을 통해 전하게 하셨습니다. 왜냐하면 세상의 지혜는 오히려 복음을 방해하기 때문입니다.

> 하나님의 지혜에 있어서는 이 세상이 자기 지혜로 하나님을 알지 못하므로 하나님 께서 전도의 미련한 것으로 믿는 자들을 구원하시기를 기뻐하셨도다(고전 1:21).

그러나 전도의 미련한 것이라고 할지라도 확실한 한 가지가 우리를 그리스도에게로 이끌었습니다. 그들이 포기하지 않았다는 것입니다. 그들은 자신이 전한 복음을 듣는 자들의 무시와 경멸에도 포기하지 않았습니다. 복음을 듣는 자들이 자신의 지식과 경험과 생각에 맞지 않는다고 무시하는 상황에서도 전도자들은 멈추지 않았습니다.

> "나는 다 표현할 수 없는 그분을 네가 직접 만나길 원한다. 네가 직접 보면 나의 어 리석어 보이는 말이 무슨 뜻인지 알 수 있을 것이다."

한국 땅에 수많은 십자가가 있기까지 얼마나 많은 사람들이 이 일을 감당했는지 모릅니다. 그들 중에는 좋은 환경과 삶을 버리고 먼 이국땅에 온 푸른 눈의 선교사들도 있었습니다. 그들은 말이 잘 통하지 않았고, 예수 그리스도를 향한 그들의 믿음과 소망과 사랑을 설명하는 것이 쉽지는 않았습니다. 그러나 그들은 멈추지 않았고 포기하지 않았습니다. 때로는 칼과 질병과 죽음이 그들을 위협하며 막았지만 멈추지 않았습니다. 그래서 복음이 우리에게 오게 되었습니다.

또한 그들의 복음을 들은 사람들도 그러했습니다. 복음을 들은 사람들 중에는 가난하고 배운 것이 없어 어렵게 사는 사람들이 더 많았습니다. 그래서 그들의 말은 정교하거나 논리적이지 못한 것처럼 보였습니다. 어떤 이들은 죄를 회개하고 악한 길에서 돌아선 후 복음을 전했습니다. 그들의 말은 거칠고, 때로는 너무 강한 것처럼 들렸지만 그 안에는 그리스도의 사랑이 풍성히 넘쳤습니다. 어떤 이들은 복음을 받아들였다는 이유로 가족에게 버림을 받았고, 어떤 이들은 남편으로부터 학대를 받거나 버려진 사람들도 있었습니다. 그러나 그들은 자신의 삶의 모습이 어떠하든지 그들의 환경이나 배경이나 학식 때문에 전하는 복음이 전달되는 것이라고 생각하지 않고, 오직 성령이 역사하실 것이라는 믿음만을 가지고 우리에게 복음을 전했습니다. 그렇게 복음이 우리에게 왔습니다.

우리는 이 놀라운 역사를 기억하고 하나님께 감사하는 자들이 되어야 할 것입니다. 우리와 하나님 사이에 다리를 놓았던 수많은 사람들의 수고와 전도를 기억해 봅시다. 그리고 우리도 이제 그 복음의 네트워크에 한 연결고리가 되어 봅시다.

나보다 먼저 기다리고 계신 분

나다나엘이라는 사람은 성경에 자주 등장하는 사람이 아닙니다. 요한복음에는 첫 장에 나오고 마지막 장에 베드로가 물고기 잡으러 갈릴리로 갈 때 다시 나옵니다. 사람들은 나다나엘이란 이름이 누구를 가르키는지 고민해 왔습니다. 많은 경우 그가 바돌로매라는 이름으로 불렸다고 여깁니다. 그 이유 중 첫 번째는 바돌로매가 이름이라기보다 돌로매의 아들이란 뜻이기 때문입니다. 맹인 바디매오가 디매오의 아들이라는 뜻인 것과 같습니다. 그래서 나다나엘이 그의 이름이고 바돌로매는 돌로매의 아들이라는 별칭이라고 이해할 수 있습니다.[30] 또 공관복음에 예수님의 제자의 이름이 나올 때 빌립 다음에는 항상 바돌로매가 나온다는 것을 들 수 있습니다. 마지막 이유로는 요한복음 1장은 예수님과 제자들의 초기 만남의 사건들을 기록하고 있는데 유일하게 나다나엘만 열두 제자가 아닌 사람으로 끝을 맺을 수 없다고 생각됩니다. 게다가 제자들을 부르신 이야기의 끝이 베드로가 아니라 나다나엘이라는 점에서 그가 열두 제자 중 한 사람일 거라는 합리적 추론을 할 수 있습니다. 이러한 이유로 많은 사람들은 그가 예수님의 제자 바돌로매와 동일인이라고 생각합니다.

빌립의 강력한 권고에 그를 따라나선 나다나엘이 빌립의 안내를 따라 예수님에게 가는데, 그때 마침 멀리서 오는 나다나엘을 보고 예수님이 이렇게 말씀합니다.

> 예수께서 나다나엘이 자기에게 오는 것을 보시고 그를 가리켜 이르시되 보라 이는 참으로 이스라엘 사람이라. 그 속에 간사한 것이 없도다(요 1:47).

예수님은 마치 오래전부터 아는 사람인 것처럼 말씀합니다. 처음 보는데 이런 말을 들은 나다나엘은 의아했을 것입니다. 그는 예수님의 말에 다음과 같이 묻습니다.

---

30 Carson, 『PNTC 요한복음』 278–279.

나다나엘이 이르되 어떻게 나를 아시나이까(요 1:48).

그러자 예수님은 이렇게 말씀합니다.

예수께서 대답하여 이르시되 빌립이 너를 부르기 전에 네가 무화과나무 아래에 있
을 때에 보았노라(요 1:48).

특별히 예수님은 나다나엘에게 네가 무화과나무 아래에 있을 때
너를 보았다고 말씀합니다. 무화과나무 아래서 도대체 무슨 일이 있
었길래 예수님은 이 말씀을 하셨을까요? 어쩌면 나다나엘보다 옆에
있던 빌립은 예수님과 나다나엘과의 대화에 더 당황했을지도 모르
겠습니다.

이 일에 대해서 말하기 전에 우리는 예수님의 제자들이 어떤 사
람들인지 살펴볼 필요가 있습니다.[31] 모든 제자의 직업이 무엇인지
알 수는 없지만 적어도 다수의 제자들은 어부였고, 세리도 있었습
니다. 그리고 특이한 설명이 붙은 제자로는 '셀롯'(zealot)이란 수식
어가 붙은 시몬인데 이것은 열심당원을 의미합니다. 예수님 시대
의 유대의 역사가 요세푸스(Josephus)에 따르면 '열심당원'들은 이스
라엘을 점령하고 있는 로마 제국을 종교적, 민족적 열심과 무력으
로 물리치고 하나님께서 다스리시는 '신정국가'를 세우는 것을 목
표로 활동했다고 합니다. 이런 점에서 로마 입장에서는 '열심당원'
들이 오늘날 이슬람권에서 흔히 볼 수 있는 '알카에다'나 '탈레반'과

---

31 공관복음에는 마 10:1-4, 막 3:13-19, 눅 6:12-16에 제자들의 이름이 등장한다.

같은 과격한 민족, 종교 무장 세력처럼 보였을 것입니다. 그리고 열심당원들은 마태와 같은 세리가 민족의 배신자나 매국노 같이 보였을 것입니다. 이런 사람들이 모두 예수님의 제자가 되었다는 것이 신기해 보입니다. 그런데 사실 직업보다 더 중요한 것이 여기에 있습니다. 이들에게는 공통된 하나의 키워드가 있었기 때문입니다.

앞서 본 세례 요한은 제사장의 아들로서 광야에서 자라고 훈련받았으며 오실 메시아를 준비하는 자였습니다. 그렇기에 그는 제자들에게 그리스도를 가르쳤습니다. 그래서 그의 제자들은 구약에서 예언된 메시아, 즉 그리스도에 대해 잘 알고 있었고 세례 요한이 예수님을 가리켜 말할 때 금방 반응을 하고 예수님의 제자가 되었습니다. 또 예수님의 제자가 된 안드레는 베드로에게 그리스도를 만났다고 말하고 베드로는 그에 반응을 했으며 빌립도 나다나엘에게 '구약과 율법에 기록된 자'라고 말합니다. 이처럼 모든 제자들에게는 하나의 공통분모가 있었는데 그것은 바로 '메시아'였습니다. 다시 말하면, 그들은 모두 구약에서 그토록 이야기했던 메시아이신 그리스도에 대한 열망으로 가득 찬 사람들이었다는 것입니다. 그 공통점은 그들이 가진 차이를 모두 잊게 하고 예수님의 제자로 하나가 되게 하였습니다.

생각해 보면 주님은 아무 생각 없는 사람들을 모아 제자로 삼지 않으셨습니다. 로마가 지배하고 악한 헤롯 일가와 타락한 종교지도자들이 다스리던 시대에 아무 생각 없이 되는대로 살던 사람을 불러 제자로 삼지 않으셨습니다. 그들은 바로 자신들이 살고 있는 시대와 공간 안에 역사하시는 하나님의 섭리를 찾는 자들이었으며, 하나님의 약속이 실현될 것이라 믿고 기다리는 자들이었습니다. 더 나아가 그들은 단지 앉아서 기다리는 것에 그치지 않고 나서서 진리를 찾는 사람들이었습니다. 그리스도를 찾는 자들이었습니다.

요한복음 1장에서 사도 요한은 이 점을 분명하게 말합니다. 예수님의 제자들이 갈릴리 바닷가에서 물고기를 잡다가 우연히 예수님의 제자가 된 것이 아니라는 것입니다. 그들 중에 일부는 세례 요한을 만나 제자가 되어 장차 오실 메시아와 하나님의 나라에 대해 배웠던 사람들이었습니다. 진리의 말씀, 참된 말씀이 있다면 멀리 길을 떠나며 가족을 두고라도 떠나서 그 말씀을 들으러 가는 사람들이었으며, 참된 선생이라면 밤중이라도 찾아가는 사람들이었습니다.

성경은 나다나엘이 무화과나무 아래에서 무엇을 했는지 직접적으로 말하지 않습니다. 그러나 우리는 충분히 알 수 있습니다. 그가 나라와 시대를 생각하며 하나님의 약속의 성취를 기다리고 또한 기도하며 간절히 그리스도를 찾는 자였기에 예수님은 이미 그를 거기서 보신 것이며, 같은 마음을 가진 여러 사람을 거쳐 그를 부르신 것입니다.

생각해 보면 요한복음에서 주님이 만나는 사람들은 다 그런 사람들이었습니다. 한밤에 찾아와 예수님을 만난 니고데모는 중년의 위기에 빠져 인생을 상담하러 온 사람이 아니었습니다. 수가성에서 만난 남편이 다섯이나 되는 여자의 고민은 제대로 남편 구실을 할 남자를 과연 다시 만날 수 있는가가 아니었습니다. 그들은 거듭 남과 구원이 무엇인지, 예배가 무엇인지 고민하던 사람들이었습니다. 그런 고민이 있던 자들은 모두 다 그들 자신만의 무화과나무 아래 있는 사람들이었습니다.

모든 시대에 모든 사람에게는 자신만의 무화과나무가 있습니다. 어떤 이들에게는 일제강점기의 나라와 민족의 현실을 고민하던 무화과나무가 있었고, 어떤 이들에게는 6·25 전쟁으로 폐허가 된 현실에서 어떻게 신앙을 지키고 살아야 하는가 고민했던 무화과나무가 있었습니다. 독재정권이 오랫동안 나라를 지배하던 시절을 견디며 "진리가 너희를 자유롭게 하리라"(요 8:32)는 말씀을 붙들고 나라와 민족을 위해 기도하며 '참된 자유'를 갈망했던 무화과나무가 있었습니다.

지금도 그렇습니다. 혼란하고 어두운 시대에 '나는 누구이며, 왜 이 세상을 살고 있는가? 하나님은 계시는가? 그렇다면 이 시대는 왜 이리 혼란하고 어둡고 여기저기서 환란과 질병과 전쟁의 소리가 들리는가?' 하는 신앙의 고민을 하는 사람들, 시대의 참된 진리를 갈망하는 자들이 고민하고 깨어 무화과나무 아래에서 기도하고 있다면, 예수 그리스도가 보고 계심을 믿으십시오.

나를 기다리신 그분을 만나다

나다나엘은 자신이 세례 요한의 제자였던 안드레를 통해 빌립을 거쳐 예수님을 만난 것인 줄 알았습니다. 원래 여러 사람을 거쳐 소개를 받으면 처음 들은 것과 다른 것처럼 그는 큰 기대를 하지 않고 예수님을 만났을 것입니다. 그런데 막상 예수님을 만나니 그분의 말은 전혀 달랐습니다. 여러 단계를 거쳐 소개받은 줄 알았는데, 이미 그분은 오랫동안 자신을 기다렸다는 것을 알게 됩니다. 그렇습니다. 나다나엘은 그리스도를 기다렸지만 그리스도 역시 그를 만나길 기다리셨습니다.

많은 사람들이 나다나엘 같은 경험을 합니다. 전도를 받고 결심하여 교회에 나왔을 때는 알 수 없었는데, 어느 날 회개가 나오고 믿음이 생기면 깨닫게 되는 것이 있습니다. 내가 교회에 나오기 전, 아니 내가 전도를 받기 오래전에 그분은 나를 알고 나를 기다리셨다는 것입니다. 나에게 복음이 오기까지의 과정은 하나님이 계획하신 일이었으며, 그 복음이 깨어지지 않게 변질되지 않도록 수많은 사람들을 통해 하나님이 일하셨음을 알게 됩니다. 내가 진리와 생명을 찾아왔는 줄 알았는데, 알고 보니 진리와 생명이신 그분이 오히려 우리를 찾고 기다리고 계셨다는 것입니다. 에베소서 1장은 이렇게 말합니다.

찬송하리로다 하나님 곧 우리 주 예수 그리스도의 아버지께서 그리스도 안에서 하늘에 속한 모든 신령한 복을 우리에게 주시되 곧 창세 전에 그리스도 안에서 우리를 택하사 우리로 사랑 안에서 그 앞에 거룩하고 흠이 없게 하시려고 그 기쁘신 뜻대로 우리를 예정하사 예수 그리스도로 말미암아 자기의 아들들이 되게 하셨으니 이는 그가 사랑하시는 자 안에서 우리에게 거저 주시는 바 그의 은혜의 영광을 찬송하게 하려는 것이라(엡 1:3-6).

에베소서는 우리를 구원하시려는 하나님의 뜻이 세상이 창조되기 전에 있었다고 말합니다. 그리고 그 뜻을 이루기 위해 그리스도를 보내시고 그 복음을 수많은 사람들을 거쳐 우리에게 전하게 하셨습니다. 그 과정에서 수많은 사람들이 환란과 핍박을 당하고 사람들 사이에서 모멸과 질타를 받으면서 복음을 전했고, 수많은 순교자가 피를 흘렸습니다. 죽을 수밖에 없는 죄인인 우리가 교만함으로 복음을 거절했음에도 그 거절을 견디고 복음을 전한 사람들이 있었습니다. 그것은 우리를 아시는 그분의 계획이었으며, 수많은 사람을 희생하면서까지 나를 살리려 하신 그분의 은혜였습니다.

그분은 우리를 택하시고 오래 기다리셨습니다. 우리가 태어나고 사람들 사이에서 사랑과 희망과 기쁨을 느끼며 또 좌절과 고통과 배신과 미움 속에 놓이며 살아가기 위해 고향을 떠나고 힘들게 일하는 그 모든 삶을 보시고 우리 가까이에 복음을 전할 사람들을 두셨습니다. 때로는 전혀 모르는 사람이, 혹은 친구요 친척이요 가족이 복음을 전해 주었습니다. 혹은 내가 무시하던 사람이, 내가 벌레처럼 여기던 사람이 나에게 복음을 전했습니다. 그러던 어느한 순간, 내가 고통의 눈물을 흘리며 어두운 터널을 지날 때, 어두운 방 안에서 혼자 울고 있을 때, 어떻게 해야 할지 몰라 방황하고 좌절하는 그 순간 복음을 기억나게 하시고 그분에게 부르짖게 하시고 그의 음성을 듣게 하셨으며 십자가로 구원의 길이 있음을 믿게 하셨습니다. 내가 알기 전에 그가 나를 먼저 아셨기에 복음이 우리에게 온 것입니다.

"주 예수 내가 알기 전 날 먼저 사랑했네

그 크신 사랑 나타나 내 영혼 거듭났네

주 내 맘에 늘 계시고 나 주의 안에 있어

저 포도 비유 같으니 참 좋은 나의 친구"

_찬송가 90장

우리가 아직 죄인 되었을 때에 그리스도께서 우리를 위하여 죽으심으로 하나님께서 우리에 대한 자기의 사랑을 확증하셨느니라(롬 5:8).

아주 오래전부터 그분이 우릴 기다리고 있었습니다.

야곱의 사다리

예수님이 무화과나무 아래에 있을 때에 보았다는 말씀에 나다나엘은 요셉의 아들 나사렛 예수에 대해 이렇게 고백합니다.

나다나엘이 대답하되 랍비여 당신은 하나님의 아들이시요 당신은 이스라엘의 임금이로소이다(요 1:49).

나다나엘은 선한 것이 날 수 없다고 여긴 나사렛에서 온 예수님을 하나님의 아들이시요 이 세상의 참된 왕이시라고 고백하게 됩니다. 그러자 예수님은 이 나다나엘에게 더 큰 것을 보게 될 것이라고 말씀합니다.

예수께서 대답하여 이르시되 내가 너를 무화과나무 아래에서 보았다 하므로 믿느냐. 이보다 더 큰 일을 보리라. 또 이르시되 진실로 진실로 너희에게 이르노니 하늘이 열리고 하나님의 사자들이 인자 위에 오르락내리락하는 것을 보리라 하시니라(요 1:50-51).

51절 말씀을 보면 떠오르는 말씀이 있습니다. 창세기 28장에는 아브라함의 손자이자 이삭의 아들인 야곱이 고향을 떠나 하란이라는 곳으로 떠나는 길에 벧엘에서 잠시 노숙을 하는 장면이 나옵니다. 그는 돌을 베고 잠을 자는데 거기서 꿈을 꿉니다.

꿈에 본즉 사닥다리가 땅 위에 서 있는데 그 꼭대기가 하늘에 닿았고 또 본즉 하나님의 사자들이 그 위에서 오르락내리락하고(창 28:12).

여기서 사닥다리라고 하는 것은 계단으로 이해해도 좋습니다. 야곱은 땅과 하늘이 이어진 계단에서 하나님의 사자들이 오르내리고 있는 것을 보았습니다. 예수님은 그 말씀을 인용하시는데 약간 차이가 있습니다. 야곱은 사닥다리 위로 하나님의 사자들이 오르내리는 것을 보았다면 요한복음 1장 51절에서는 "하나님의 사자들이 인자 위에 오르락내리락하는 것을 보리라"라고 말씀합니다. 즉, 예수님이 하늘과 땅을 이어주는 사닥다리와 같다고 말하는 것입니다.

사실 나다나엘의 이야기는 처음부터 야곱의 이야기와 여러 가지 연관성을 갖습니다. 예수님은 나다나엘을 처음 만날 때 이렇게 말씀하셨습니다.

예수께서 나다나엘이 자기에게 오는 것을 보시고 그를 가리켜 이르시되 보라 이는 참으로 이스라엘 사람이라. 그 속에 간사한 것이 없도다(요 1:47).

70인역에는 이삭이 에서에게 "네 아우가 와서 속여 네 복을 빼앗았다"라고 말하는데, 여기서 '속임수'라는 말은 '간사함'(dolos, δόλος)과 같은 어원을 갖습니다. 또 이스라엘이란 이름은 야곱이 하나님과 씨름하여 이겼다는 의미에서 부여받은 이름입니다.[32]

> 그가 이르되 네 이름을 다시는 야곱이라 부를 것이 아니요 이스라엘이라 부를 것이니 이는 네가 하나님과 및 사람들과 겨루어 이겼음이니라(창 32:28).

원래 야곱이란 이름에는 속임, 간사함의 뜻이 있기 때문입니다. 그런데 하나님이 그에게 이스라엘이란 이름을 주셨고 그 이후로 그의 후손들은 이스라엘 민족이 됩니다. 그래서 '참으로 이스라엘 사람이다, 간사한 것이 없다'는 말은 새로운 사람, 땅에 속하지 않고 하늘에 속한 사람, 참된 하나님의 백성을 의미합니다. 이름만 이스라엘 사람이고 야곱과 같이 사는 사람들이 많지만 나다나엘은 진짜 이름 그대로 이스라엘 사람이란 말입니다.

그렇기에 나다나엘이 만난 예수님은 야곱이 꿈에서 본 사닥다리와 같습니다. 야곱이 보았던 그 사닥다리 이야기를 마저 봅시다.

> 꿈에 본즉 사닥다리가 땅 위에 서 있는데 그 꼭대기가 하늘에 닿았고 또 본즉 하나님의 사자들이 그 위에서 오르락내리락하고 또 본즉 여호와께서 그 위에 서서 이르시되 나는 여호와니 너의 조부 아브라함의 하나님이요 이삭의 하나님이라. 네가 누워 있는 땅을 내가 너와 네 자손에게 주리니 네 자손이 땅의 티끌같이 되어 네가

---

32 Carson, 『PNTC 요한복음』 281-282.

서쪽과 동쪽과 북쪽과 남쪽으로 퍼져 나갈지며 땅의 모든 족속이 너와 네 자손으로 말미암아 복을 받으리라. 내가 너와 함께 있어 네가 어디로 가든지 너를 지키며 너를 이끌어 이 땅으로 돌아오게 할지라. 내가 네게 허락한 것을 다 이루기까지 너를 떠나지 아니하리라 하신지라(창 28:12-15).

사닥다리 위에서 하나님은 약속을 주십니다. 땅의 모든 족속이 너와 네 자손으로 말미암아 복을 받을 것이라고 말씀합니다. 야곱은 잠에서 깨어 놀라 이렇게 말합니다.

야곱이 잠이 깨어 이르되 여호와께서 과연 여기 계시거늘 내가 알지 못하였도다. 이에 두려워하여 이르되 두렵도다 이곳이여. 이것은 다름 아닌 하나님의 집이요 이는 하늘의 문이로다 하고 야곱이 아침에 일찍이 일어나 베개로 삼았던 돌을 가져다가 기둥으로 세우고 그 위에 기름을 붓고 그곳 이름을 벧엘이라 하였더라(창 28:16-19).

자신이 사닥다리를 본 곳이 바로 하나님의 집이자 하늘의 문이라고 했습니다. 그곳은 벧엘이고 거기에 나중에 성전이 세워집니다. 요한복음에서 예수님은 그 사닥다리가 곧 인자라고 말씀합니다. 다시 말하면, 하늘의 문으로 통하는 그 길이 곧 예수 그리스도라고 말씀해 줍니다. 성전, 곧 예배드리는 자들과 하나님이 계신 곳을 연결하는 길이요 그들의 기도를 들고 하나님께로 향하는 모든 하나님의 사자들은 예수 그리스도를 통해서만 갈 수 있음을 보여 줍니다.

나다나엘에게 하신 예수님의 말씀이 바로 이것입니다. 무화과나무 아래서 고민하면서 기도하며 메시아이신 그리스도를 기다리던 나다나엘에게 그 모든 것이 해결될 야곱의 사닥다리와 같은 그리스도가 왔다는 것입니다. 이 세상과 하늘을 연결하는 길이요 천국의 문인 그리스도가 왔다는 것입니다.

> 예수께서 이르시되 내가 곧 길이요 진리요 생명이니 나로 말미암지 않고는 아버지께로 올 자가 없느니라(요 14:6).

하늘의 문으로 가는 계단이 곧 그리스도입니다. 하나님의 성전으로 향하는 길이 곧 예수 그리스도입니다. 야곱이 꿈에 본 환상이 나다나엘에게는 현실이 되었습니다. 그가 기다리는 그리스도가 오셨고, 그의 나라가 이루어지며 하나님의 영광이 드러나게 된 것입니다. 이 길에 하나님의 사자들이 오르락내리락한다고 했는데 그들이 무엇을 가지고 오르겠습니까? 요한계시록에는 이런 말씀이 있습니다.

> 또 다른 천사가 와서 제단 곁에 서서 금 향로를 가지고 많은 향을 받았으니 이는 모든 성도의 기도와 합하여 보좌 앞 금 제단에 드리고자 함이라. 향연이 성도의 기도와 함께 천사의 손으로부터 하나님 앞으로 올라가는지라(계 8:3-4).

이 말씀을 보면 그리스도를 통해 우리의 기도가 하늘에 전달된다는 것을 알 수 있습니다. 우리가 그래서 예수님의 이름으로 기도하는 것입니다. 우리의 기도가 그리스도를 통해 하늘로 올라간다면, 하나님의 축복도 그리스도를 통해 내려올 것입니다. 하나님의 뜻이 그리스도를 통해 우리 가운데 이루어질 것입니다. 이 땅에 이루어지며, 이 세계 가운데 이루어질 것입니다.

나다나엘은 하나님의 나라를 열망하고 그리스도의 오심을 기다리던 사람이었습니다. 여러 사람을 통해 예수님을 만나게 되었지만 그가 오기 전 이미 예수님은 그를 아셨고, 기다리셨고, 안드레와 빌립을 통해 그를 부르셨습니다. 그리고 그가 그토록 간절히 기다리는 하나님의 나라로 가는 계단이 자신임을 밝히셨습니다. 하나님의 나라를 간절히 바라며 무화과나무 아래에서 하던 그 기도가 예수 그리스도를 통해 하나님의 보좌로 올라가고 있었다는 것을 주님은 그에게 가르쳐 주셨습니다.

예수님은 오래전부터 나다나엘을 알고 기다리셨지만 그 만남이 이루어지는 과정에는 여러 제자의 전도가 있었습니다. 우리에게 복음이 전해질 때도 이런 복음의 전달자들이 있었고, 복음의 네트워크가 있었습니다. 그 모습은 기술의 발달로 점점 달라지겠지만 그 안에서 참된 그리스도의 복음이 전해지고 이를 통해 수많은 나다나엘들에게 예수 그리스도와의 귀한 만남이 계속 지속되기를 소원합니다.

말씀의 적용을 위한 묵상

1. 혹시 당신은 처음 주님을 만날 수 있도록 전도해 준 사람을 기억하고 있습니까? 그는 당신에게 어떻게 주님을 소개했었나요? 처음 복음을 들었을 때 당신은 뭐라고 대답했습니까?

2. 우리는 예수님을 잘 알고 또 믿는다는 생각을 합니다. 그러나 누군가 질문을 할 때 막상 대답을 하려면 머리가 하얗게 되고 말이 뒤죽박죽 나오는 어려움을 겪기도 합니다. 혹시 예수님을 소개하려다 말문이 막힌 적은 없습니까? 그럼에도 불구하고 나의 진실한 마음을 보여 주며 다른 사람을 전도한 경험을 나누어 봅시다.

3. 내가 주님을 알기 전 이미 주님이 나를 알고 계신다는 것을 느껴 본 적이 있습니까? 내가 주님을 찾아왔다고 생각했지만 오래전부터 이미 주님이 나를 기다리고 계셨다는 것을 깨닫게 되었을 때 어떻게 주님 앞에 기도했는지 떠올려 봅시다.

04 결혼식의 주인공
누구의 믿음을 위한 기적인가

예수께서 이 첫 표적을 갈릴리 가나에서 행하여 그의 영광을 나타내시매 제자들
이 그를 믿으니라 (요 2:11)

포도주 이야기

인간의 역사와 술의 역사는 꽤 오랜 연관성이 있습니다. 거의 모든 신화나 설화에는 술이 등장하며 역사의 중요한 사건에는 술이 빠지질 않습니다. 성경에서 명시적으로 술의 이야기가 등장한 것은 창세기 9장의 노아 이야기입니다. 창세기 9장에는 노아가 포도주를 먹고 취해서 실수를 한 장면이 묘사되어 있는데 포도주를 이때 처음 만든 것인지 혹은 홍수 이전 인간의 타락 가운데 이미 술이 있었는지는 확실치 않습니다.

고고학적 연구에 의하면, 포도주는 기원전 6000년경 조지아라는 나라에서 시작되었다고 알려져 있습니다. 터키의 북동쪽이자 흑해 연안에 있는 이 나라는 모든 발효음식들이 그러하듯 포도를 항아리 같은 곳에서 보관하는 과정에서 포도주를 발견하지 않았나 생각됩니다. 포도주는 기원전 5000년경에는 이란으로, 4100

년경에는 아르메니아로 퍼지고 이후 중동 일대와 이집트까지 번져 나갔습니다. 이후 문명지역에는 항상 포도주가 있었고, 이것은 점차 무역에도 중요한 영향을 주었습니다. 로마는 기원전 270년경 이탈리아 남부를 점령하면서 포도주 담그는 기술을 습득했다고 하는데 이후 기원전 146년에 카르타고가 멸망할 때 카르타고의 농업 전문가의 책 26권을 약탈해서 로마의 포도주 발전에 기여했다고 합니다.

당시에는 물을 정수하고 보관하는 기술이 높지 않아서 포도주는 중요한 음료인 동시에 식수 보관에 이용되기도 했는데, 요즘과 달리 와인을 그냥 마시지 않고 물에 섞어 마셨습니다. 보통은 3:1이나 2:1 비율로 섞었습니다. 위생적인 측면도 있고 알코올 도수를 낮추는 효과도 있었을 것입니다. 또한 포도주를 만들 때 소금, 밀가루, 송진, 허브, 향신료 등을 넣기도 했는데 이렇게 하면 포도주를 오래 보관하는 것뿐만 아니라 포도주의 풍미를 더하고 약용효과를 가져오려고 한 것으로 보입니다. 우리나라에서 술에 여러가지를 넣어 약주를 만드는 것과 유사하다 할 수 있습니다. 바울은 디모데에게 포도주를 쓰라고 한 적이 있는데 이런 점에서 이것은 일종의 처방이라고 할 수 있을 것입니다.

> 이제부터는 물만 마시지 말고 네 위장과 자주 나는 병을 위하여는 포도주를 조금
> 씩 쓰라(딤전 5:23).

이런 점에서 중동지방에서 포도주란 지금의 우리가 생각하는 것과는 다릅니다. 이 술은 일종의 문화이고, 삶의 기초적인 요소라

고 할 수 있습니다. 그래서 결혼식에 포도주가 떨어진 사건은 단순히 술이 부족한 사건이 아닙니다. 삶에서 꼭 필요하고 중요한 것이 없는 상황을 의미합니다. 요한복음 2장은 이처럼 반드시 꼭 필요한 것이 부족한 상황에서 예수님을 만난 사람들의 이야기가 나옵니다.

여자여! 나와 무슨 상관이 있습니까?

물을 포도주로 바꾼 이 이야기는 공관복음에는 나오지 않습니다. 사도 요한은 이 사건을 기록하는 과정에서 시간을 일부러 명시했던 것 같습니다. 즉, 세례 요한이 예수님을 소개해 준 그날로부터 사흘째 되던 날이라는 것을 명시했는데 사도 요한은 이 일이 매우 기억에 남았던 것 같습니다.[33]

이 이야기의 배경은 가나라는 곳입니다. 먼저 혼인 잔치가 있던 가나는 나사렛의 북쪽에 가까운 마을이며, 갈릴리 인근 지역입니다. 아마도 이 결혼식은 친척이나 동네 잔치였을 수도 있는데, 갈릴리에 살던 제자들도 아는 사람의 결혼식이었는지 그들도 초대를 받았습니다. 유대인들은 전통적으로 밤에 결혼을 했습니다. 결혼식이 정해지면 신랑은 자기 집에 잔치를 준비해 놓고 신부를 데리러 몇몇 친구들과 신부의 집으로 찾아갑니다. 이때 신부는 들러리들과 함께 신랑이 올 때를 기다리고 있는데 정확히 언제 올지 몰라

---

[33] 요 1:29-2:12에는 계속해서 날짜의 변화를 가리키는 말들이 등장한다. 요한은 의도적으로 이 일련의 사건들이 자신이 예수님을 만난 그 시점부터 순차적으로 일어난 일임을 증거한다.

준비를 잘하고 있어야 합니다.[34] 그리고 혼인 잔치는 보통 일주일, 길게는 2주일 정도 계속되었다고 합니다. 동네 사람들이나 친척들이 모이기에 이 기간 동안 먹을 것을 넉넉하게 준비하는 일이 잔치를 벌이는 사람들이 반드시 해야 할 일인데, 보통은 남자측에서 재정을 담당했다고 합니다.

그런데 본문의 혼인 잔치에서는 포도주가 떨어지는 문제가 생깁니다. 우리나라의 현재 상황과 비교한다면, 결혼식장의 뷔페에 음식이 떨어져 온 사람들이 먹을 것이 없다고 말하는 것과 유사한 상황이라고 할 수 있을 것입니다. 문제는 음식은 한 종류가 없어도 다른 것을 먹을 수 있지만 포도주가 없다는 것은 물과 같이 마실 것이 없다는 것이고, 그렇게 되면 잔치 자체에 문제가 생길 수 있는 것입니다. 이런 상황에서 잔치에 초대를 받았던 예수님의 어머니는 예수님에게 이 사실을 이야기합니다. 예수님은 아직 자신의 때가 되지 않았다고 말하면서도 이 문제를 해결할 방법을 가르쳐 줍니다. 그리고 그의 말씀대로 순종한 사람들을 통해 물로 포도주를 만드는 기적을 베푸십니다. 그렇게 곤란에 빠질 뻔한 혼인 잔치는 해피엔딩으로 끝이 난다는 것이 본문의 표면적인 이야기입니다.

오래전부터 이 본문은 알레고리적으로 해석되어 왔습니다. 예를 들어, 물이 담긴 돌 항아리는 6개인데 이것은 불완전한 것이며 그래서 그리스도로 말미암아 완전해졌다는 생각입니다. 그러나 예수님은 항아리를 만들지 않고 물을 포도주로 변화시켰기에 약간은

---

34 이런 상황을 배경으로 한 비유가 마태복음 25장에 나오는 열 처녀의 비유이다.

부자연스러운 해석으로 보입니다.[35] 그보다는 이 사건이 요한복음의 시작과 함께 제7일에 일어난 사건이라는 점을 주목하면서 이것이 창조와 안식에 관한 사건이라고 보는 해석이 있습니다. 요한복음 1장 19절부터는 사건이 연속적으로 기록되어 있는데 세례 요한이 제사장들이 보낸 사람을 만난 날부터 계속해서 시간 표시가 되어 있는 것을 볼 수 있습니다. 그냥 보면 6일째 같다고 볼 수 있지만 요한과 안드레가 예수님을 만난 39절과 베드로가 예수님을 만난 40절 사이에는 하루가 포함되어 있습니다. 따라서 7일째가 바로 이 결혼식 날이 됩니다. 그래서 이 사건이 복음을 통해 새로운 창조를 선포하는 주님의 의도가 담긴 사건으로 이해될 수 있다고 봅니다. 아마도 복음서를 깊이 있게 읽다 보면 이런 부분들이 보여지는 것 같습니다.[36] 이런 알레고리적인 관점은 흥미롭기는 하지만 이 사건을 본 요한의 시각을 따라 사건의 중심이 되는 사람들의 대화를 살펴보는 것이 좋을 것 같습니다.

이 사건에서 가장 처음 등장하는 인물은 예수님의 어머니입니다. 마리아란 이름이 흔하기 때문일지도 모르지만 요한복음에서는 예수님의 어머니의 이름을 직접 쓰지 않았습니다. 예수님의 어머니는 이 혼인 잔치와 관련이 있었던 것으로 보이며, 아마도 친척의

---

35 김병국은 몇 가지를 더 소개한다. a. 포도주가 모자란 것은 구약이 필요를 충족시키지 못한 것이다. b. 유대인들의 결례가 지적된 것은 그들이 구약을 준수했지만 문제를 해결하지 못함을 말한다. c. 좋은 포도주와 질 낮은 포도주는 구약과 신약의 차이를 말한다. 김병국, 『설교자를 위한 요한복음 강해』 120.
36 다음을 참조하라. Carson, 『PNTC 요한복음』 294-295. Brown 『앵커바이블 요한복음 I』 376-378.

혼인 잔치가 아닐까 생각됩니다. 게다가 포도주가 떨어진 일에 대해 굳이 예수님에게 말을 한 것이나 하인들에게 명령을 내리는 것을 보면 적어도 이 혼인 잔치를 벌이는 사람과의 관계가 먼 사람은 아닌 듯합니다.

혼인 잔치가 무르익어 갈 무렵 포도주가 떨어지는 대참사가 생깁니다. 성경에는 결혼식의 당사자나 주인이 걱정하고 염려했다는 것은 나오지 않는 대신 마리아가 문제를 예수님께 말하는 것만 나옵니다. 그런데 마리아는 그냥 사실을 전달한다기보다는 이 문제를 해결할 방법이 예수님에게 있다는 것을 알고 부탁에 가까운 말을 한 것 같습니다. 게다가 예수님은 어쨌든 육체적으로는 자신의 아들이기에 충분히 그런 부탁을 할 수 있다고 여긴 것 같습니다. 그런데 예수님의 반응이 매우 특별합니다.

'여자여'

헬라어 '귀나이'(gynai, γύναι)라고 부르는 이 표현은, 공손한 표현이지만 애정이 담긴 표현은 아닙니다. 분명히 높여 부르는 말이지만 자신의 어머니를 부를 때 사용하기에도 선호되는 표현이 아닙니다.[37] 다시 말해, 예수님은 마리아의 요청에 아들로서 이 일에 대해 반응하지 않겠다는 것을 표현한 것입니다.

그다음 말씀은 이것을 더 확실하게 보여 줍니다.

---

37 이 어조에 대해서는 각기 다른 해석이 있다. 그러나 이 말의 뉘앙스를 정하는 것이 내러티브 전체의 방향을 바꾸지는 못한다.

'나와 무슨 상관이 있나이까?'

이 말의 원어를 직역하면 '나와 당신에게 무엇?'이라고 할 수 있습니다. 현대어로 보면 완전히 예의가 없어 보이는 이 말 역시 당시 언어적으로도 무례하지는 않지만 퉁명스러운 표현이라고 볼 수도 있고, 질문한 사람에게 약간의 책망이나 항의가 담겨 있는 표현이 되기도 합니다. 원어에 가까운 직역을 하는 영어 성경 중 NRSV는 '당신과 나와 무슨 상관이 있습니까?'(what concern is that to you and to me?)라고 번역했는데 이 뜻은 '당신과 나 사이에 공통적인 관심이 있는가'를 묻는 것입니다. 이런 의미에서 좀 더 의역을 한 성경들은 이렇게 번역했습니다.

'당신은 나에게 무엇을 하라고 말하시면 안 됩니다
(You must not tell me what to do, CEV).'

'왜 당신은 나를 끌어들이는 건가요(why do you involve me, NIV).'

그 시점은 예수님이 세례 요한에게 세례를 받은지 4일밖에 지나지 않은 날이었습니다. 그래서 예수님이 아직 하나님의 아들로서 특별한 사역을 하지 않은 시점이었습니다. 그러나 마리아는 예수님이 누구인지 항상 생각했을 것입니다. 그래서 분명 마리아가 이런 부탁을 쉽게 꺼낸 것은 아니라고 보여집니다. 하지만 반대로 예수님에게 이런 대답이 나올 거라고도 생각하지 않았을 것입니다. 어쩌면 마리아의 마음은 약간 상처를 받았을지 모릅니다.

그러나 생각해 보면 마리아는 이런 일이 있을 거라는 예언을 받은 것 같습니다. 예수님이 어릴 적에 모세의 율법대로 정결 예식의 날에 예루살렘에 올라갔을 때 거기서 시므온이라는 사람이 성령의 감동으로 예언을 한 일이 있었습니다. 그때 그가 마리아에게도 이런 예언을 했습니다.

> 시므온이 그들에게 축복하고 그의 어머니 마리아에게 말하여 이르되 보라 이는 이스라엘 중 많은 사람을 패하거나 흥하게 하며 비방을 받는 표적이 되기 위하여 세움을 받았고 또 칼이 네 마음을 찌르듯 하리니 이는 여러 사람의 마음의 생각을 드러내려 함이니라 하더라(눅 2:34-35).

예수님은 공생애 사역을 하는 동안 마리아가 등장할 때마다 어찌보면 일부러 거리를 두는 것 같은, 혹은 정말 거리를 둔 말씀을 하십니다. 마태복음 12장에서 어머니와 동생들이 찾아왔을 때도 이렇게 말씀했습니다.

> 말하던 사람에게 대답하여 이르시되 누가 내 어머니이며 내 동생들이냐 하시고 손을 내밀어 제자들을 가리켜 이르시되 나의 어머니와 나의 동생들을 보라. 누구든지 하늘에 계신 내 아버지의 뜻대로 하는 자가 내 형제요 자매요 어머니이니라 하시더라(마 12:48-50).

이런 구절들은 성경 번역의 문체적 특성으로 인해 완전히 이해하는 것이 쉽지 않습니다. 특히 언어가 가지는 뉘앙스는 헬라어 원문을 읽지 않으면 잘 파악하기 어려울 뿐 아니라 번역된 단어의 영향을 받아 우리의 문화나 관습을 따라 오해하기 쉽습니다. 따라서 말씀의 내용을 단순하게 평가하여 예수님을 불효자나 예의가 없어서 그런 것이라고 보는 것에 주의해야 할 것입니다.

예수님의 공생애, 즉 모든 사람을 위한 복음을 전하는 기간은 확실히 한 여자의 아들이 아니라 하나님이 보내신 구원자로서 사역을 하는 것임을 분명히 했습니다. 그리고 그 누구도 예수님을 만나기 위해 특별한 권리를 행사할 수 없음을 보여 주었습니다. 아무리 가까운 사람이라도 그러했고, 수제자인 베드로조차도 예수님에게 항변하다 혼이 난 적이 있을 뿐 아니라 예수님의 이모인 요한과 야고보의 어머니가 와서 부탁을 할 때에도 분명히 드러냈습니다. 예수님의 생애는 모든 사람들, 더 명확히 말하자면 이미 태어났거나 혹은 아직 태어나지 않은 사람들까지 포함하는 모든 사람들을 위함이라는 것입니다. 그래서 그 공생애 기간의 이적이나 말씀은 개인적인 관계로 행해질 수 없었습니다. 예수님이 어머니 마리아에게 이것이 무슨 상관이냐고 말씀한 것은 기적에 대한 요구가 개인적인 목적으로는 이루어질 수 없다는 점을 분명히 표현한 것입니다. 그러나 마리아가 그 시점에 그런 교훈을 얻는 것은 쉽지 않은 일입니다.

나는 특별한가?

사실 우리는 부모와 자식 관계가 아니더라도 누군가와 가까워지면 특별한 권리를 가진다고 여깁니다. 그래서 자신과 가까운 사람이 가진 권리를 자신이 누리는 권리처럼 생각하기도 합니다. 그런 사람들은 잘못을 저질러 놓고도 "내가 누군지 아냐? 내가 누구랑 가깝다. 전화 한번이면 ○○○가 내 이야기 할 거다"와 같은 말들을 늘어놓습니다. 사람들 사이에서도 그런 말은 허풍스럽거나 과장되었다고 생각합니다. 그런데 하나님 앞에서 자신이 특별하니 내 기도를 들어주어야 한다고 하는 사람이 있을 수 있겠습니까?

성경에도 자신과 하나님의 관계가 특별하다고 여긴 사람이 종종 등장하는데 그중에 한 명이 엘리야입니다. 열왕기상 19장에는 엘리야가 갈멜산에서 아세라 선지자들을 죽인 후 이세벨이 자신을 죽이겠다고 한 말에 광야로 들어간 이야기가 나옵니다. 그 이전에 가뭄으로 인해 그릿 시내로 갈 때는 하나님의 지시가 있었지만 이번에는 자신의 생각대로 광야로 갔습니다. 그리고 사십주야를 지나하나님의 산 호렙에 이릅니다. 거기서 하나님은 엘리야에게 "네가 어찌하여 여기 있느냐"고 물으십니다. 그때 그는 이렇게 말합니다.

> 그가 대답하되 내가 만군의 하나님 여호와께 열심이 유별하오니 이는 이스라엘 자손이 주의 언약을 버리고 주의 제단을 헐며 칼로 주의 선지자들을 죽였음이오며 오직 나만 남았거늘 그들이 내 생명을 찾아 빼앗으려 하나이다(왕상 19:10).

그런데 잠시 후 하나님이 똑같은 질문을 다시 하십니다. 그때도 엘리야는 마찬가지로 대답을 합니다.

> 그가 대답하되 내가 만군의 하나님 여호와께 열심이 유별하오니 이는 이스라엘 자손이 주의 언약을 버리고 주의 제단을 헐며 칼로 주의 선지자들을 죽였음이오며 오직 나만 남았거늘 그들이 내 생명을 찾아 빼앗으려 하나이다(왕상 19:14).

그는 자신이 특별하다고 여겼으며, 하나님 앞에 특별한 주장이나 권리가 있다고 여겼던 것 같습니다. 물론 그는 위대한 선지자였으며, 역사에 남을 만한 사람이었습니다. 그러나 하나님은 그에게 이렇게 말씀합니다.

> 여호와께서 그에게 이르시되 너는 네 길을 돌이켜 광야를 통하여 다메섹에 가서 이르거든 하사엘에게 기름을 부어 아람의 왕이 되게 하고 너는 또 님시의 아들 예후에게 기름을 부어 이스라엘의 왕이 되게 하고 또 아벨므홀라 사밧의 아들 엘리사에게 기름을 부어 너를 대신하여 선지자가 되게 하라. 하사엘의 칼을 피하는 자를 예후가 죽일 것이요 예후의 칼을 피하는 자를 엘리사가 죽이리라. 그러나 내가 이스라엘 가운데에 칠천 명을 남기리니 다 바알에게 무릎을 꿇지 아니하고 다 바알에게 입맞추지 아니한 자니라(왕상 19:15-18).

마지막 말씀은 "너만 남았다고 생각하는 것은 너의 착각이다"라고 말씀하는 것 같습니다. 엘리야는 자신만 있다고 여겼으나 하나님은 "이스라엘 가운데 칠천이나 남길 것이다"라고 분명히 말씀해 주십니다. 그 앞의 말씀은 더 명확합니다.

> 아벨므홀라 사밧의 아들 엘리사에게 기름을 부어 너를 대신하여 선지자가 되게 하라(왕상 19:16).

자신이 특별하다고 말하는 엘리야에게 하나님은 엘리사가 너를 대신할 선지자가 될 것이라고 말씀합니다. 즉, 엘리야의 사명은 거기서 끝이 납니다.

이 말씀 이후에 엘리야는 하나님의 말씀대로 엘리사를 만나 제자로 삼습니다. 그러나 아합이 나봇의 포도원을 빼앗고 이세벨이 나봇을 죽일 때도 엘리야는 특별한 일을 하지 않습니다. 아합이 죽게 되는 전쟁에 나가는 일에도 이전에는 이름도 등장하지 않았던 미가야라는 선지자가 나올 뿐 엘리야는 나오지 않습니다. 엘리사를 만난 이후 엘리야가 한 마지막 일은 유다왕 여호사밧의 죽음에 대해 하나님의 말씀을 전한 열왕기하 1장의 일이었습니다.

하나님이 특별히 어떤 사람을 두고 쓰시지만 누구든 자신을 특별한 사람이라고 스스로 생각하는 것은 별로 바람직하지 않은 것 같습니다. 예를 들어, 어떤 사람이 하나님의 특별한 은혜로 많은 일을 했어도 그에게 무슨 특별한 권리가 주어진 것은 아니었습니다. 그런 특별한 은혜를 받은 사람은 마치 왕이 타고 가는 말과 같을 뿐이었습니다. 그런데 얼마나 많은 사람들이 은혜로 얻은 능력이 자신의 특별한 능력이자 권리라고 착각했는지 모릅니다. 그러다 이단도 되고, 어리석은 일을 범해 교회와 사회 속에서 하나님의 영광을 가렸습니다. 한국 교회의 성장에 그런 사람들이 정말 많았습니다. 그들은 엘리야와 같이 불 같은 능력을 보여 주었습니다. 그런데 어떤 이들은 자신이 정말 대단하다고 여겼던 것 같습니다. 그러자 그 불이 오히려 그들을 태우는 일이 생겼습니다.

성경 말씀과 교회사적인 사건들이 보여 주는 것은 분명합니다. 예수님 앞에서 특별한 권리를 주장할 사람은 아무도 없습니다. 자신이 지금까지 어떤 일을 했는지, 무슨 노력과 헌신이 있었는지, 얼마나 많은 기적과 이적을 행했는지, 지금까지 믿음이 좋았는지 아닌지 그런 것으로 하나님 앞에 특별한 빽을 쓸 수 있는 사람은 없습니다. 자신이 한 일을 근거로 하나님께 무엇인가를 구하는 것은 정말 조심해야 할 일입니다. 사실 하나님의 사람들은 하나님의 뜻이 무엇인지가 중요하지 자신의 요구가 중요하다고 생각하지 않습니다. 그래서 항상 하나님의 뜻을 구하고자 하는 사람에게는 성령이 하나님의 뜻에 맞는 것을 구할 수 있도록 우리의 마음과 생각을 주장하게 됩니다.

마리아는 착각한 것이 분명합니다. 혼인 잔치에 필요한 포도주를 만드는 일이 어떻게 하나님께 영광이 되는지, 그것이 하나님 나라의 복음을 전하고 예수가 그리스도임을 드러내는 일인지 생각하지 못한 채 그 일을 도와달라고 한 것입니다.

누가 주인공인가?

예수님의 단호함에 마리아는 뒤로 물러섰습니다. 그것은 그녀가 예수님이 자신의 아들이 아닌 하나님의 아들로서 일하고 있음을 파악했다는 것입니다. 그리고 그는 겸손함으로 무엇이든 순종하며 인내하겠다는 자세를 보입니다.

> 그의 어머니가 하인들에게 이르되 너희에게 무슨 말씀을 하시든지 그대로 하라 하니라(요 2:5).

여기서 중요한 것은 "무슨 말씀을 하시든지" 입니다. 무엇이든 시키는 대로 하겠다는 순종의 자세를 보입니다. 분명 마리아는 예수님의 어머니로 시작해 요청했지만, 이제는 믿음의 사람으로 순종하기로 했다는 것입니다. 문제를 해결하기 위해 자신의 방식으로 접근한 것에서 이제는 뒤로 물러서 예수님의 방식대로 이 일이 진행될 수 있도록 한 것입니다.

여기서 한 가지 더 생각해 볼 것이 있습니다. "무슨 말씀을 하시든지"에는 아무 말씀도 안 하시는 것도 포함됩니다. 즉, 혹시 아무 일도 하지 않기를 원하시면 그것도 받아들이겠다는 것입니다. 순종이란 꼭 무엇을 하라는 것만 포함하지 않습니다. 때론 하나님이 응답하지 않으시거나 아무것도 시키지 않으실 때가 있습니다. 진정한 순종은 이 모든 것에 따르는 것입니다. 나에게 무엇을 말씀하셔도 아멘, 안 하셔도 아멘이 되는 삶이 되어야 합니다.

그렇게 마리아가 자신의 생각을 버리고 뒤로 물러나자 예수님은 이 일을 해결해 주십니다. 예수님은 하인들에게 정결 예식을 위해 둔 항아리에 물을 채우라고 하십니다. 정결 예식이란 손발을 씻는 행위입니다. 즉, 이 항아리들은 식수통이 아니라 손발을 씻는 물을 담아 둔 것입니다. 전후 상황을 모르는 하인들은 명령대로 물을 채웁니다. 그런데 이제 예수님은 그 물을 떠다 잔치를 맡은 사람에게 주라고 하십니다. 하인들은 황당했을 것입니다.

'아니 먹는 물도 아니고 손발 씻는 물을 연회장에게 갖다 주라니, 이래도 되는 건가?'

그들은 의아했지만 책임지는 사람은 자신들이 아니기에 하라는 대로 합니다. 문제가 생기면 예수님이 시켰다고 하면 되기 때문입니다. 그런데 잔치를 책임진 연회장은 포도주 맛이 아주 좋다고 신랑을 불러 칭찬을 합니다. 포도주는 예수님이 만들었는데 이상하게도 칭찬은 신랑이 받습니다.

이 사건은 예수님이 일으키신 기적 가운데서도 특이한 점이 많은 사건입니다. 이 본문을 사용한 어린이들을 위한 설교들 중에는 예수님 덕분에 혼인 잔치가 행복해졌다고 끝을 맺습니다. 분명 혼인 잔치는 행복하게 끝났을 것입니다. 그러나 하인도, 잔치를 맡은 연회장도, 신랑도 혹은 그 어떤 사람도 엎드려 예수님에게 죄인임을 고백하거나 하나님께 영광을 돌리며 감사하지 않았습니다. 성경에 나오는 기적들 중에 이런 반응은 없었던 것 같습니다.

이 기적은 과연 누구에게 의미가 있는 기적이었을까요? 연회장이나 신랑일까요? 아닐 겁니다. 그들은 무슨 일이 있었는지도 모르는 사람들이니까요. 하인들은 어떨까요? 하인들은 예수님을 만나 순종했으니 그들이 주인공일지 모릅니다. 그러나 그들의 순종이 기적을 일어나게 했다고 할 수도 있겠지만 이것은 좀 궁색한 설명입니다. 그들은 하인이며 이미 순종하라는 명령을 받은 종들입니다. 하인들은 자신의 생각과 다르다고 안 할 수 있는 그런 위치에 있는 사람들이 아닙니다.

그렇다면 마리아입니까? 우리는 마리아처럼 예수님께 구하는 것이 중요하다고 강조할 수 있을 것입니다. 그러나 기적을 베푸는 것은 전적으로 예수님의 권한이며, 그분이 하시고 싶을 때 하시는 일이지 누가 시켜서 하는 일이 아닙니다. 아무리 육신의 어머니라고 해도 예수님을 움직일 수 없다는 것을 성경이 더 명확히 보여 준다는 것을 우리는 이미 알고 있습니다. 마리아도 예수님을 만나긴 했지만 그 일이 마리아로 하여금 예수님을 메시아로 완전히 믿고 영광을 돌리게 되었다고 보기는 어렵습니다.[38]

---

[38] 요한복음 2장의 사건을 마리아의 믿음과 연결 짓는 해석들이 종종 있다. 그러나 그가 기

이 기적에서 예수님을 만난 진짜 주인공은 따로 있었습니다. 11절을 보면 알 수 있습니다.

> 예수께서 이 첫 표적을 갈릴리 가나에서 행하여 그의 영광을 나타내시매 제자들이 그를 믿으니라(요 2:11).

물이 포도주로 변한 사건이 요한복음에만 등장한다는 것은 앞에서 말했습니다. 나름 이유가 있다고 생각됩니다. 물이 변하여 포도주가 된 기적은 다른 복음서 기자들의 기억에는 그리 중요하게 기록할 일은 아닌 것 같다고 여겼는지 모릅니다. 병자가 살아난 것도 귀신이 나간 것도 아니며, 물고기 두 마리와 보리떡 다섯 개로 오천 명이 먹는 엄청난 사건도 아니었기에 그랬을지도 모릅니다.

하지만 아무도 물로 포도주를 만드는 기적에서 그리스도의 영광을 보지 못했는데 오직 예수님의 제자들, 사도 요한과 안드레, 베드로와 빌립, 나다나엘은 그 일로 인해 예수님을 믿게 됩니다. 그들은 예수님이 하나님의 아들임을 확신하고 그를 따르기로 합니다. 특히 요한에게 이 사건은 예수 그리스도에게서 하나님의 영광을 본 중요한 사건이었습니다.

> 말씀이 육신이 되어 우리 가운데 거하시매 우리가 그의 영광을 보니 아버지의 독

적을 통해 영광을 드러낼 때 믿은 자들은 제자들이었고(요 2:11) 이후 예수님의 사역 중에 찾아온 마리아와 형제들에 관한 기사를 볼 때 그녀가 믿음의 기도로 기적의 주인공이 되었다고 보기는 힘들다. 그리고 복음서의 모든 기적에 관한 기사를 대할 때 우리가 최종적으로 도달해야 할 결론은 "그 사람의 믿음을 본받자"가 아니라 "예수 그리스도가 하나님이시다"이어야 한다.

생자의 영광이요 은혜와 진리가 충만하더라(요 1:14).

요한복음에서는 예수님이 기적을 베푸실 때마다 소위 무리라고 불리는 사람들과 제자들 사이에 큰 간극이 있음을 보여 줍니다. 사람들은 혼인 잔치가 행복하게 끝난 것에 관심이 있습니다. 그러나 예수님은 사람들이 자신을 믿고 회개하고 구원을 얻는 것에 관심이 있습니다. 왜냐하면 혼인 잔치가 잘되는 것은 구원과 상관이 없지만, 예수님을 믿는 것은 구원의 핵심이기 때문입니다.

사람들은 어떤 기도나 간구가 축복을 이끌어 내는지 관심이 많습니다. 축복받는 기도의 비결 같은 것을 알고 싶어 합니다. 그래서 마리아의 간구가 물을 포도주로 바꾸었다고 믿으며 하인들의 순종을 배우자고 합니다. 그러나 예수님은 믿음이 없으면 구원받지 못한다는 그 사실을 알려 주고 싶어 하십니다. 어떤 기도의 응답도 그가 참 하나님이며 우리의 구원자라는 믿음을 이끌어 내지 못한다면 아무 소용이 없는 일입니다.

사람들은 무슨 일에든지 아멘으로 순종하는 것이 축복의 비결이라고 생각합니다. 그러나 예수님은 아멘으로 그를 믿는 것이 구원의 비결이라는 것을 말해 주시고자 합니다. 순종은 축복의 비법이 아니라 믿음을 가진 자들의 태도여야 합니다. 믿지 않고 순종하여도 혹시 기적을 볼 수 있을지 모르지만, 그것이 예수님이 우리에게 요구하시는 본질은 아닐 것입니다. 예수님이 어떤 기도에 응답하시거나 어떤 순종에 기적을 베푸시는 것은 오직 한 가지 때문입니다. 그의 영광을 보고 그를 믿어 구원을 받는 것입니다. 우리가 제자라면 우리의 관심은 축복이나 문제 해결이 아니라 하나님의 영광이어야 합니다. 예수를 믿는 믿음이 되어야 합니다.

어쩌면 우리의 삶은 포도주가 떨어진 혼인 잔치와 같습니다. 좋은 일이 있는데 뭔가 중요한 것이 빠져 엉망이 되어 버릴 듯한 상황 말입니다. 그럴 때 우리는 예수님이 우리의 문제를 해결해 주시길 구하고, 또 때로는 주님이 우리의 문제를 해결해 주시는 경험을 하게 됩니다. 그런데 혹시 우리 삶에서 역사하시는 예수님의 영광을 본 기억이 있습니까? 그 일 때문에 주님에 대한 믿음이 확실해졌습니까? 아니면 혹시 그냥 어디서 난 것인지 모르는 맛 좋은 포도주에 취해 그저 잊고 넘어가게 되었습니까? 우리 모두는 축복이나 응답의 비결을 찾아 문제를 해결하는 데 바쁘지 말며, 축복에 취해 어디서 났는지 모르는 그런 사람이 되지 말고 예수님의 영광을 보고 믿음에 이르는 사람들이 되기를 바랍니다.

말씀의 적용을 위한 묵상

1. 인생의 가장 기뻐야 할 시기에 겪은 모자람과 어려움을 기도로 극복한 적이 있습니까? 걱정과 두려움이 많았지만 주님의 도움으로 잘 지나갔던 일들을 기억해 보며 그때 기도했던 마음을 다시 떠올리며 나누어 봅시다.

2. 혹시 나의 방법이나 결과를 미리 정해 놓고 기도한 적은 없나요? "주님이 명령하시는 것은 무엇이든 순종하겠습니다"라고 기도하면서도 내가 생각한 방법이 아니면 순종하기를 주저한 적은 없었는지 돌이켜 봅시다.

3. 혹시 다른 사람들은 크게 관심을 갖지 않은 일이 나에게는 큰 신앙의 경험인 적이 있습니까? 다른 사람들은 크게 생각하지 않지만 나에게는 소중한 주님의 은혜가 있었다면 나누어 봅시다.

05 니고데모
하나님 나라의 비밀

예수께서 대답하시되 진실로 진실로 네게 이르노니 사람이 물과 성령으로 나지 아니하면 하나님의 나라에 들어갈 수 없느니라 (요 3:5)

중간기의 이야기[39]

구약에서 신약으로 넘어오면 몇 가지 눈에 띄는 변화를 읽을 수 있습니다. 대표적으로는 '지파'라는 개념입니다. 이스라엘은 열두 지파라는 일종의 민족 내 구분이 있었는데 신약에 와서는 유대인이라는 말로 모두 통칭됩니다. 이 유대인이라는 말은 유대 지파에서 나온 것인데, 다른 지파들의 이름은 사람을 소개할 때도 많이 등장하지 않습니다. 이 지파라는 구분 대신 신약에 많이 등장하는 것은 '바리새인, 사두개인'과 같은 새로운 계층의 사람들입니다. 이들이 어떻게 등장하게 되었는지는 구약과 신약 사이, 즉 중간기라고 불리는 시대의 사건들을 조금 이해할 필요가 있습니다.

북이스라엘이 기원전 722년에 멸망한 뒤 유다가 바벨론에 의

---

39 김병국, 『신구약 중간사 이야기』(도서출판 대서, 2013)를 참고하라.

해 망한 것은 기원전 586년이라고 알려집니다. 그리고 이사야 선지자의 예언(사 44:28; 45:1-3)과 예레미야 선지자의 예언(렘 25:11-12; 29:10,14)대로 고레스 왕이 칙령을 공포함으로 이스라엘 사람들이 포로에서 돌아오기 시작하는데 기원전 444년 느헤미야를 통해 3차 귀환까지 이루어집니다. 그 뒤 거의 백 년이 지나면서 페르시아는 약해져 갔고, 결국 기원전 336년에 마케도니아의 왕이 된 알렉산더가 다리오 3세를 이기면서 페르시아 제국은 몰락하고 세계는 마케도니아 제국의 시대가 됩니다. 대제국을 이룬 알렉산더는 31살에 자식이 없이 죽었는데 이후 나라는 그의 신하들에 의해 4개의 왕국으로 분열됩니다. 이때 유대 지역은 처음에는 톨레미(Ptolemy, 혹은 프톨레마이오스라고 부름) 왕조가 다스리다가 이후 셀류시드(Seleucid, 혹은 셀레우코스라고 부름) 왕조가 톨레미 왕조를 물리치고 유대를 다스리게 됩니다.

톨레미 왕조가 다스리던 시절 중요한 하나의 일이 있었다면 그것은 70인역으로 불리는 구약성경의 헬라어 번역본이 나왔다는 것입니다. 이후 셀류시드 왕조는 처음에 유대에 종교적 자유를 주었지만 점차 유대 지역에 헬라 문화를 이식하기 위해 강한 종교적 탄압을 강행했습니다. 이런 와중에 유대 땅에는 하시딤(Hasidim)이라는 경건한 사람들이 나타났습니다. 이들은 당시 안티오쿠스 4세의 종교탄압을 하나님의 진노라고 보고 율법 준수와 경건운동으로 하나님의 은혜를 구했던 자들입니다. 이런 분위기 속에서 '맛다디아'라는 사람이 주도한 일종의 독립 항전운동이 일어나 셀류시드 왕조에 대항하였으며, 무너진 회당을 다시 세우고 율법을 준수하도록 했습니다.

이후 맛다디아의 아들 중 하나인 '마카비'가 유다의 군사 지도자가 되어 예수님이 오시기 170년 전쯤에 독립운동을 적극적으로 전개해 성전을 탈환하고 유대민족의 신앙적 회복을 꾀했습니다. 이것을 '마카비 혁명'이라고 부릅니다. 이 일로 인해서 이스라엘에 '하누카'라는 빛의 축제의 명절이 생겨났고, 성전은 안티오쿠스 4세에 의해 모욕당한지 4년만에 회복이 됩니다.[40] 이후 이 마카비의 후손 중 한 명이 하스몬 왕조를 세우게 되는데, 이 무렵 바리새파와 사두개파가 등장하기 시작합니다.

이 왕조는 나름 독립을 추구했지만 최고 지도자이면서 대제사장의 직분을 가지고 있었기에 문제가 있다고 보는 사람들이 있었고, 또 경제적 회복을 위해 헬라 문화를 많이 도입하여 저항이 많았습니다. 그래서 이들에게 대항한 사람들이 나왔는데 이들이 바리새인들입니다. 반대로 이 하스몬 왕조의 정책을 지지하는 정치 세력들도 있었는데 이들은 사두개파입니다. 바리새파와 사두개파가 대립하면서 바리새파가 일반 사람들에게 율법 준수를 강조했는데 결국 이것도 형식주의화 되어 가자 보다 금욕적이고 엄격한 경건운동을 하려는 사람들이 생겨났습니다. 이 사람들을 에세네파라고 합니다.

이러던 와중에 하스몬 왕조는 점점 타락해 갔고, 로마의 번성과

---

40 개신교는 정경으로 보지 않는 외경에 '마카베오 상하(1,2권)'가 있으며, 위경에 '마카베오 3,4권'이 있다.

함께 헤롯이라는 에돔 사람이 로마를 등에 업고 예루살렘에 들어와 이스라엘의 왕이 되어 다스리게 됩니다. 헤롯은 정치적으로나 외교적으로 수완이 탁월했는데 하스몬 왕가의 딸과 결혼함으로써 유대인들의 환심을 샀고, 로마에도 신뢰를 주면서 이스라엘을 통치해 나갔습니다. 또 기원전 20년, 즉 예수님이 오시기 24년 전부터 성전을 재건했는데 이 성전은 헤롯이 죽은 뒤인 기원후 64년에 완공됩니다.

예수님이 태어난 시대에 이스라엘 사람들은 정치적인 입장과 종교적 태도에 따라 나뉘어져 있었지만 그들에게는 모두 공통적인 면이 있었습니다. 바로 메시아에 대한 기대와 그 징조를 찾는 것이었습니다. 이것은 당시 사두개파로 알려진 제사장들과 서기관들이나 율법을 가르치는 바리새인들, 그리고 경건운동의 후예인 에세네파뿐 아니라 헤롯 왕이나 그 일가, 로마의 총독과 지배자들의 관심사였습니다.

하지만 생각과 고민의 주제는 같을지 모르지만 그 목적은 조금씩 달랐습니다. 헤롯 왕가는 정치적 목적을 위해, 제사장들은 계속해서 종교적 권력을 지키기 위해서였고, 바리새인들은 제사장들과는 다른 방식으로 유대인들에 대한 종교적 영향력을 유지하고 싶어 했습니다. 헤롯과 로마는 이전의 마카비 혁명과 같은 일이 벌어지지 않을까 고민했습니다.

사인(Sign)을 찾는 사람들

제사장이나 서기관들이나 바리새인들은 구약성경을 잘 알았고,

성경에서 말하는 예언들에 대해 연구를 많이 했습니다. 그래서 그들은 시대에 어떤 일이 일어나면 그것이 구약에 예언된 것이 실현되는 것이 아닌가 생각했습니다. 요한복음에는 이처럼 시대적인 사인을 찾는 사람들의 이야기가 처음부터 나옵니다.

> 유대인들이 예루살렘에서 제사장들과 레위인들을 요한에게 보내어 네가 누구냐 물을 때에 요한의 증언이 이러하니라(요 1:19).

제사장들과 레위인들이 왜 세례 요한에게 관심을 두었을까요? 그가 혹시 성경에서 말하는 어떤 예언과 관련되지 않을까 생각했기 때문입니다. 거기에는 바리새인들도 있었습니다.

> 또 말하되 누구냐 우리를 보낸 이들에게 대답하게 하라. 너는 네게 대하여 무엇이라 하느냐. 이르되 나는 선지자 이사야의 말과 같이 주의 길을 곧게 하라고 광야에서 외치는 자의 소리로라 하니라. 그들은 바리새인들이 보낸 자라(요 1:22-24).

이들뿐 아닙니다. 우리가 아는 바와 같이 예수님의 제자들도 하나님의 나라의 회복과 함께 성경이 말하는 메시아를 찾았습니다. 그래서 세례 요한의 제자가 되었고, 또 예수님의 제자가 된 것입니다. 요한복음 2장에는 당시 유대인들이 가지고 있는 이런 관심들이 잘 나타나 있습니다. 예수님은 유월절을 맞아 예루살렘에 올라가셨습니다. 그런데 거기서 눈에 띄는 일을 하게 됩니다. 그것은 예루살렘에서 성전을 청결하게 하신 일입니다.[41] 이 일에 대해 유

---

[41] 성경에는 예수님이 성전을 깨끗하게 하신 사건이 두 번 나온다. 한 번은 요한복음에 나오

대인들은 예수님께 이렇게 묻습니다.

> 이에 유대인들이 대답하여 예수께 말하기를 네가 이런 일을 행하니 무슨 표적을
> 우리에게 보이겠느냐(요 2:18).

이 말을 잘 보면 유대인들의 관점이 나옵니다. 네가 무슨 권리로
이렇게 하냐고 말하지 않고, 이런 일을 할 수 있는 표적(sign)을 보
이라고 말합니다. 다시 말하면, 유대인들은 예수님의 행동에 문제
가 있다고 여긴 것이 아니라 그 일의 정당성을 부여할 수 있는 특
별한 표식을 제시하라는 것입니다. 이것은 곧 예수 그리스도가 하
시는 일이 어떤 구약의 예언과 관련된 것인가를 묻는다고 볼 수 있
습니다. 이때 예수님은 이렇게 말씀합니다.

> 예수께서 대답하여 이르시되 너희가 이 성전을 헐라. 내가 사흘 동안에 일으키리
> 라. 유대인들이 이르되 이 성전은 사십육 년 동안에 지었거늘 네가 삼 일 동안에
> 일으키겠느냐 하더라(요 2:19-20).

는 것처럼 공생애 초기에 있었던 일이며, 다른 하나는 공생애 후기, 즉 예수님이 마지막으
로 죽기 전에 있었다. 참고로 마태복음 21장, 누가복음 19장에 나오는 사건은 십자가에 달
리기 직전의 일인데 요한복음 2장에 나오는 사건과는 차이가 있다. 그 이유는 인용하는 말
씀의 구절이 다르다는 점과 예수님의 말씀이 다르다는 점이다.
십자가에 달리기 전에 하신 일에는 "그들에게 이르시되 기록된 바 내 집은 기도하는 집이라 일
컬음을 받으리라 하였거늘 너희는 강도의 소굴을 만드는도다 하시니라"(마 21:13)와 같이 이사
야서를 인용한다. "내가 곧 그들을 나의 성산으로 인도하여 기도하는 내 집에서 그들을 기쁘게
할 것이며 그들의 번제와 희생을 나의 제단에서 기꺼이 받게 되리니 이는 내 집은 만민이 기도하
는 집이라 일컬음이 될 것임이라"(사 56:7). 그러나 요한복음에서는 장사하는 집을 만들지 말라
고 하셨다. "비둘기 파는 사람들에게 이르시되 이것을 여기서 가져가라 내 아버지의 집으로 장사
하는 집을 만들지 말라 하시니 제자들이 성경 말씀에 주의 전을 사모하는 열심이 나를 삼키리라
한 것을 기억하더라"(요 2:16-17).
다음을 참고하라. Carson, 『PNTC 요한복음』 310-315. 김병국, 『설교자를 위한 요한복음 강해』
135-142.

앞서 말한 대로 헤롯 왕은 유대인의 환심을 사기 위해 성전을 증축하고 있었습니다. 그 일은 시작한 지 사십육 년이 지났지만 여전히 다 완성되지 않았기에 유대인들은 예수님의 말씀을 이해하지 못했습니다.[42]

이런 일들로 사람들은 더욱 관심이 높아져 갔습니다. 그러면서 사람들은 예수님이 행하시는 표적들을 보고 점점 예수님을 믿기 시작했습니다. 그러나 주님은 사람들의 마음을 알고 계셨습니다. 놀라운 일을 보여 주어도 사람들의 마음은 자신들의 입장에서 이런 기적을 해석했기 때문에 예수님은 그들을 믿지도 않고, 또 그들의 증언을 받지도 않으셨습니다.

> 예수는 그의 몸을 그들에게 의탁하지 아니하셨으니 이는 친히 모든 사람을 아심이요 또 사람에 대하여 누구의 증언도 받으실 필요가 없었으니 이는 그가 친히 사람의 속에 있는 것을 아셨음이니라(요 2:24-25).

어쨌든 예루살렘에서 하신 일은 당시 제사장이나 바리새인 지도자들에게 큰 반향을 일으켰습니다. 사람들은 갈릴리에서 온 어떤 젊은이가 오랫동안 정치 권력과 종교 권력에 의해 타락한 성전에 큰 혁신을 일으켰다는 소문을 듣습니다. 그들은 이것이 어떤 사인이지 않을까 생각했습니다. 물론 제사장들은 상인들에게 자신들

---

42 나중에 유대인들은 빌라도의 법정에서 예수님이 성전을 헐고 다시 지을 것이라고 했다고 거짓 증언을 하는데, 예수님은 유대인들에게 성전을 헐라고 말씀하신 것이지 자신이 성전을 헐겠다고 말하지 않았다. 그리고 이것은 유대인들이 자신을 죽이면 삼일 만에 다시 살아나실 것을 예언하신 것이다.

이 돈을 주고 자리를 내주었던 일이 타격을 받아 화가 났을테지만 바리새인들은 앞서 세례 요한에게 관심을 둔 것과 같이 예수님을 주목해서 봤습니다.

그런 상황에서 예수님이 하신 일을 주목하여 본 한 사람이 있었습니다. 그는 유대인의 지도자였고, 바리새인이었습니다. 요즘말로는 국회의원쯤 되는 직책의 사람이라고 할 수 있을 것 같습니다.

> 그런데 바리새인 중에 니고데모라 하는 사람이 있으니 유대인의 지도자라
>
> (요 3:1).

앞서 바리새인들은 세례 요한에게도 사람을 보낼 정도로 시대의 변화 속에서 하나님의 증거가 나타나는 것을 살폈습니다. 그러나 많은 경우 그들은 자신들의 종교적 권위가 훼손되지 않기를 바랐을뿐 진리를 구하는 자들이 아니었습니다. 그러나 바리새인인 니고데모는 좀 달랐습니다. 예수님의 기적과 행적을 계속 보면서 '그가 정말 이 시대에 나타난 하나님의 증거인가 혹은 구약이 말하는 그 분인가, 아니면 어떤 신호인가?' 하고 생각했습니다. 그는 자신과 같은 생각을 하는 여러 바리새인들과 이야기를 했을 것입니다. 그리고 결심이 선 어느 날 그는 사람들을 보내는 대신 자신이 한밤에 예수님을 찾아갔습니다.

> 그가 밤에 예수께 와서 이르되 랍비여 우리가 당신은 하나님께로부터 오신 선생인
>
> 줄 아나이다. 하나님이 함께하시지 아니하시면 당신이 행하시는 이 표적을 아무도
>
> 할 수 없음이니이다(요 3:2).

사람들은 니고데모가 개인적으로 예수님에 대해 관심이 있었지만 지도자격인 사람이라 사람들의 눈을 두려워하여 밤에 왔을 것이라고 추측하기도 합니다. 그러나 그가 나중에 바리새인들 사이에서 예수님에 대해 말한 것을 보면 그렇게 소심한 사람이라고는 생각되지 않습니다.[43] 그보다 니고데모는 예수님을 주목하여 본 여러 바리새인들 중 예수님에 대해 긍정적이고 호의적으로 생각하는 사람들을 대표하여 온 것 같습니다. 니고데모는 예수님을 랍비라고 말하면서 '우리'라는 표현을 씁니다. 이것만 봐도 예수님께 찾아왔을 때 완전히 개인적으로 온 것 같지 않습니다. 또 11절에 예수님이 답변을 하실 때 이런 표현을 씁니다.

> 진실로 진실로 네게 이르노니 우리는 아는 것을 말하고 본 것을 증언하노라. 그러나 너희가 우리의 증언을 받지 아니하는도다(요 3:11).

이것을 보면 예수님은 니고데모가 대표하는 어떤 바리새인들의 무리들이 가지고 있는 생각의 문제를 지적하는 것으로 보입니다.

확실한 것은 니고데모의 생각은 종교지도자들이나 다른 바리새인들과 달랐다는 것입니다. 그의 관심은 종교적 지도력을 유지하는 것이 아니었습니다. 그는 유대인들에게 선생이라 불리는 자였

---

43 "그중의 한 사람 곧 전에 예수께 왔던 니고데모가 그들에게 말하되 우리 율법은 사람의 말을 듣고 그 행한 것을 알기 전에 심판하느냐"(요 7:50-51).
니고데모가 왔을 당시에는 예수님의 공생애 초기로 보인다. 앞선 성전청결사건과 연결해 보면 공생애 첫 해 처음으로 예루살렘에 오신 것이며, 아직 많은 사람들이 예수님이 누구인지 잘 알지 못하는 상태였기에 처음부터 바리새인들이 예수님을 적대적으로 대했다고 생각할 이유가 없다.

지만 오히려 예수님을 선생님이라고 불렀습니다. 그리고 예수님이 행하시는 일을 봤을 때 거기에는 하나님의 특별한 사인이 있을 것이라고 생각했습니다. 그는 예루살렘에서의 예수님의 행적을 볼 때 정확히 예수님이 어떤 분인지는 몰랐지만 분명 무엇인가 그에게 특별한 것이 있다고 여겼던 것입니다.[44]

이 니고데모의 첫 말에 예수님은 그에게 거두절미(去頭截尾)하고 이렇게 말씀합니다.

> 예수께서 대답하여 이르시되 진실로 진실로 네게 이르노니 사람이 거듭나지 아니
> 하면 하나님의 나라를 볼 수 없느니라(요 3:3).

어떤 서론도 없이 본론으로 직행한 예수님의 말씀을 듣고 니고데모는 그 말씀 안에서 '거듭난다'라는 단어에 주목했습니다. 그는 분명 예수님의 말씀에 포함된 하나의 핵심 포인트를 보았습니다.

> 니고데모가 이르되 사람이 늙으면 어떻게 날 수 있사옵나이까. 두 번째 모태에 들
> 어갔다가 날 수 있사옵나이까(요 3:4).

하지만 그는 안타깝게도 말씀을 너무 직접적이고 표면적으로 해석했습니다. '다시 태어나는 것? 그것이 무엇이지? 엄마 뱃속으로 다시 들어가라는 건가?' 거듭나야 한다는 말에 니고데모는 관심을 보였지만 그의 반문은 너무 어린아이와 같았습니다.

---

44 니고데모가 예수님을 찾아온 이유가 예수님을 함정에 빠트리기 위해서라는 시각도 있다. Brown, 『앵커바이블 요한복음 I』 430–431. 그러나 요한복음의 전개구조를 볼 때 이런 시각은 그리 설득력이 있어 보이지 않는다.

그러자 예수님은 다시 말씀해 줍니다.

예수께서 대답하시되 진실로 진실로 네게 이르노니 사람이 물과 성령으로 나지 아
니하면 하나님의 나라에 들어갈 수 없느니라(요 3:5).

예수님의 첫 번째 말씀과 두 번째 말씀 모두에는 크게 두 가지 키워드가 들어있습니다. 하나는 '하나님의 나라'이며, 다른 하나는 '거듭남'입니다.

하나님의 나라와 거듭남

먼저 우리는 예수님이 니고데모의 마음속에 '하나님의 나라'에 대한 깊은 갈망이 있다는 것을 드러내셨다는 것에 주목해야 할 것 같습니다. 이 '하나님의 나라'는 '구속사'나 '언약'과 같은 성경 전체의 큰 메타내러티브(Metanarrative)라고 할 수 있습니다. 특히 이 '하나님의 나라'는 구약의 예언서에 나오는 이스라엘의 회복과 관련된 중요한 주제였습니다. 예를 들어, 이사야서에는 이스라엘이 회복될 것을 약속하신 하나님의 말씀이 나옵니다.[45] 그런데 이 이스라엘의 회복은 단순히 과거로 돌아가는 회복이 아니었습니다. 또한 유대인들만의 나라의 회복도 아니었습니다. 하나님이 자신의 이름과 영광을 위하여 이스라엘 백성들을 회복시키시고 다시 세우실 나라와 성전은 모든 열방이 하나님께로 돌아오는 진정한 '하나님의 나라'라는 것입니다.

---

45 특히 이사야의 후반부라고 할 수 있는 40-66장에서는 더 두드러진다.

또한 이 '하나님의 나라'는 예수님이 선포하신 복음의 중심 주제였습니다. 그는 처음부터 '하나님의 나라'의 도래를 가르쳤고, 그 나라가 이제 시작되었음을 선포하셨습니다. 마태복음에서는 예수님의 공생애 시작을 하나님의 나라와 연결 짓습니다.[46]

이때부터 예수께서 비로소 전파하여 이르시되 회개하라 천국이 가까이 왔느니라 하시더라(마 4:17).

예수께서 온 갈릴리에 두루 다니사 그들의 회당에서 가르치시며 천국 복음을 전파하시며 백성 중의 모든 병과 모든 약한 것을 고치시니(마 4:23).

마가복음에서도 같은 증언을 하고 있습니다.

이르시되 때가 찼고 하나님의 나라가 가까이 왔으니 회개하고 복음을 믿으라 하시더라(막 1:15).

예수님은 '하나님의 나라'가 도래할 것을 기다리고 갈망하던 자들을 제자로 부르셨고 또 그들에게 하나님의 나라가 도래하였다는 것을 전하라고 가르치셨습니다.

예수께서 이 열둘을 내보내시며 명하여 이르시되 이방인의 길로도 가지 말고 사마리아인의 고을에도 들어가지 말고 오히려 이스라엘 집의 잃어버린 양에게로 가라.

---

[46] 마태복음에는 '하나님의 나라'라는 표현보다 '천국'이란 표현이 많이 등장한다. 또한 '그의 나라'(마 4:23), '주의 나라'(마 6:10), '인자의 나라'(마 13:41; 16:28; 20:21), '아버지의 나라'(마 13:43) 등의 표현도 등장한다.

가면서 전파하여 말하되 천국이 가까이 왔다 하고(마 10:5-7).

그런데 예수님은 니고데모와의 만남에서 바로 '하나님의 나라'에 들어가는 방법을 말씀합니다. 그것은 바로 니고데모가 '하나님의 나라'에 대해 깊은 고민을 하고 있다는 것을 드러냅니다.

당시 다른 바리새인들과 제사장들, 사두개인들은 예수님이 말씀하시는 '하나님의 나라'에 대한 관심보다는 자신들의 이익에 더 관심이 많았습니다. 예루살렘에 오신 예수님이 성전 안에서 장사하는 사람들을 내쫓을 때 제사장들은 그로 인한 경제적 손실을 생각했을 것입니다. 바리새인들은 자신들의 성경해석과 다른 예수님의 해석에 신경을 곤두세우고 있었을 것입니다. 또 사두개인들이나 헤롯 왕가, 로마 군인들은 예전의 마카비 가문이 했던 민란이나 폭동이 일어나는 것은 아닐까 생각했을 것입니다. 그런데 니고데모는 구약의 선지자들이 예언한 그 '하나님의 나라'가 예수님과 관계가 있다는 생각을 했다는 것입니다. 그리고 이것이 그가 밤중에 예수님을 찾아온 이유였습니다.

그런데 예수님은 니고데모에게 '하나님의 나라'가 무엇이고 누가 그 나라를 세우고 다스리는지, 그 나라는 어떻게 나타나는지에 대해서는 말씀하지 않습니다. 대신 예수님은 '하나님의 나라'에 주목하고 있던 니고데모에게 더 중요한 사실을 알려 주십니다. 그것은 이미 도래한[47] 그 나라에 들어가는 방법입니다. 그것은 바로 '거

---

[47] 마태복음, 마가복음과 달리 누가복음과 요한복음의 하나님의 나라에 대한 논조는 조금 다르다. 이것은 복음서 간의 종말론에 대한 차이와도 연관된다. 마태와 마가는 임박한 종말

듭남'입니다.

> 예수께서 대답하여 이르시되 진실로 진실로 네게 이르노니 사람이 거듭나지 아니하면 하나님의 나라를 볼 수 없느니라(요 3:3).

> 예수께서 대답하시되 진실로 진실로 네게 이르노니 사람이 물과 성령으로 나지 아니하면 하나님의 나라에 들어갈 수 없느니라(요 3:5).

이것은 니고데모에게 큰 충격이었을 것입니다. 그가 기대한 하나님의 나라는 적어도 다른 유대인처럼 다윗의 후손이 왕으로 와서 유대땅에 새로운 이스라엘을 세우고 로마를 몰아내며, 새로운 성전이 건축되어 예전 솔로몬 시대와 같이 하나님의 영광으로 가득 차는 것을 생각했을 것입니다. 그런데 예수님은 '하나님의 나라'를 육으로 난 자가 살아가는 이 세상의 물리적인 나라가 아니라 영으로 난 자가 살아가는 영적인 나라[48]라고 말씀해 주고 있습니다.

특히 예수님은 '물'과 '성령'으로 거듭나야 들어갈 수 있다는 말씀을 합니다. 여기서 물과 성령으로 거듭나야 한다는 말에 대해 어떤 사람들은 물로 받는 세례와 성령으로 받는 세례라고 해석하기도 합니다. 그런데 보다 포괄적인 의미로 해석한다면, 이것은 우리

론적 시각을 바탕으로 '하나님의 나라'와 '회개'를 강하게 연결 짓는다. 반면 누가와 요한은 지연된 종말론, 혹은 실현된 종말론적 시각을 더 많이 가지고 있다. Brown, 『앵커바이블 요한복음 I』166-175. Fitzmyer, 『앵커바이블 누가복음 I』357-362.

[48] 빌라도의 법정에서도 예수님은 이렇게 말씀하셨다. "예수께서 대답하시되 내 나라는 이 세상에 속한 것이 아니니라 만일 내 나라가 이 세상에 속한 것이었더라면 내 종들이 싸워 나로 유대인들에게 넘겨지지 않게 하였으리라 이제 내 나라는 여기에 속한 것이 아니니라"(요 18:36). 요한복음에서 '하나님의 나라'는 확실히 이 땅의 가시적 국가가 아니다.

의 본성이 성령으로 새롭게 변화되어야 한다는 것입니다. 우리가 새롭게 변화되지 않으면 하나님의 나라는 보지도 못할 것이고 들어가지도 못한다는 것입니다.

그러나 이것은 완전히 새로운 말씀이 아닙니다. 이미 구약의 예언서에는 새로운 하나님의 나라의 도래와 함께 하나님의 영이 새롭게 우리에게 부어질 것을 말씀하셨습니다.

> 나는 목마른 자에게 물을 주며 마른땅에 시내가 흐르게 하며 나의 영을 네 자손에게, 나의 복을 네 후손에게 부어 주리니(사 44:3).

> 맑은 물을 너희에게 뿌려서 너희로 정결하게 하되 곧 너희 모든 더러운 것에서와 모든 우상숭배에서 너희를 정결하게 할 것이며 또 새 영을 너희 속에 두고 새 마음을 너희에게 주되 너희 육신에서 굳은 마음을 제거하고 부드러운 마음을 줄 것이며 또 내 영을 너희 속에 두어 너희로 내 율례를 행하게 하리니 너희가 내 규례를 지켜 행할지라(겔 36:25-27).

> 그 후에 내가 내 영을 만민에게 부어 주리니 너희 자녀들이 장래 일을 말할 것이며 너희 늙은이는 꿈을 꾸며 너희 젊은이는 이상을 볼 것이며 그때에 내가 또 내 영을 남종과 여종에게 부어 줄 것이며 내가 이적을 하늘과 땅에 베풀리니 곧 피와 불과 연기 기둥이라(욜 2:28-30).

이런 말씀들[49]은 모두 하나님의 나라의 도래가 마지막 때의 일

---

49 그밖에 에티오피아 정교회가 정경으로 인정하는 문서 중 주전 2년경의 '희년서' 1장 23-25절에는 영을 주심과 하나님의 자녀가 되는 연결이 발견된다. "내가 그들 속에 거룩한 영을 창조하고 그들을 씻길 것이며…나는 그들의 아버지가 되고 그들은 나의 자녀가

이며, 하나님의 영이 부어지는 일은 곧 종말론적 표증이라는 것을 나타냅니다. 즉, 예수님이 니고데모에게 하신 말씀은 '하나님의 나라'에 대한 예언들이 실현되는 때가 도래하였고, 지금이 곧 성령을 받아 그 하나님의 나라에 들어갈 때라는 것을 말해 주고 있는 것입니다.

니고데모는 이 말씀을 듣고 아무 말도 못하고 깊은 생각에 빠졌습니다. 아마도 니고데모는 성령으로 거듭남이 구체적으로 어떤 현상인지 이해하지 못했던 것 같습니다.

> '성령으로 거듭난다고? 어떻게 이런 일이 생길 수 있지? 하니님의 영으로 다시 태어난다는 것이 어떤 것인가?'

예수님은 그의 속마음을 아시고 이렇게 말씀해 줍니다.

> 내가 네게 거듭나야 하겠다 하는 말을 놀랍게 여기지 말라. 바람이 임의로 불매 네가 그 소리는 들어도 어디서 와서 어디로 가는지 알지 못하니 성령으로 난 사람도 다 그러하니라(요 3:7-8).

예수님은 바람[50]과 같이 불어올 때 그것을 느끼지만 정확히 이

될 것이라." Brown, 『앵커바이블 요한복음 I』 435. 희년서는 사해사본에서도 발견되었는데, 당시 쿰란 에세네파는 하나님의 나라와 하나님의 영의 도래에 대해 알고 있었을 것으로 보인다.

50 구약성경에서 영이란 말은 '루하흐'(חור)인데, 이에 해당하는 헬라어는 '프뉴마'($\pi\nu\epsilon\tilde{\upsilon}\mu\alpha$)이다. 이 둘은 모두 영을 의미하기도 하며 바람이나 숨을 의미하기도 한다. 그래서 바람이 임의로 분다는 말은 성령이 불어온다는 것으로도 이해할 수 있는데, 이것은 문학적 표현이 가미된 이중적 표현이다.
영을 바람과 비교하는 것은 전 11:5에서도 나타난다. "바람의 길이 어떠함과 아이 밴 자의 태에서 뼈가 어떻게 자라는지를 네가 알지 못함 같이 만사를 성취하시는 하나님의 일을 네가 알

해하기 어려운 것처럼, 성령으로 난 사람들도 성령의 역사하심을 느끼지만 그 과정을 정확히 이해하기는 어렵다고 말씀해 줍니다.

니고데모는 머리를 크게 맞은 것처럼 놀랐을 것입니다. 왜냐하면 그는 바리새인이었습니다. 사람들에게 율법을 지키는 것을 강조하는 사람이었습니다. 계명에 대한 순종과 헌신 같은 조건들이 하나님 나라에 들어가는 기준이라고 믿었고, 그것을 사람들에게 가르친 이스라엘의 선생이었습니다. 그런데 예수님은 니고데모가 지금까지 가르치고 믿어왔던 것과는 다른 새로운 조건을 제시하였기에 그는 놀랄 수밖에 없었습니다.

> '우리가 무엇을 하는 것이 아니라 성령이 오셔서 우리를 새롭게 하실 것이다. 그러면 다시 태어난 사람과 같이 되고, 새롭게 태어난 사람에게는 하나님 나라가 보이며, 하나님 나라에 들어갈 수 있게 된다.'

이것이 도대체 무슨 뜻인지 그는 여전히 어려워했습니다. 확실히 이 대화를 통해 예수님은 니고데모의 신앙관을 바꿔 주려고 하십니다. 예수님은 성령으로 거듭남나는 것에 대해 어려워하는 그에게 구약에 나오는 모세의 불뱀 사건을 예시로 들어 설명해 주십니다.

민수기 21장에서 이스라엘 백성은 길을 우회하라는 말에 원망하다가 불뱀에 물리게 됩니다. 거기서 많은 사람들이 죽게 되는데

지 못하느니라."(전 11:5). 이 말씀은 "영이 어떻게 태 속에 있는 **뼈**로 들어오는지를 네가 알지 못함과 같이…"로 해석할 수 있는데 전도자가 '영'을 의미했는지 '바람'을 의미했는지에 대한 모호함은 요 3:8과 유사하다. Brown, 『앵커바이블 요한복음 I』 436.

이때 하나님은 모세에게 놋으로 뱀을 만들어 장대 위에 매달으라고 하시면서 이것을 보는 자들은 살 것이라고 말씀합니다. 예수님은 자신이 이 놋뱀처럼 들려야 한다고 하시면서 이것을 믿는 자는 살 것이라고 말씀합니다.

이것은 예수님의 십자가의 고난이면서 한편으로는 생명을 주시는 은혜로써 높이 들려야 함을 말합니다. 그러나 놋뱀은 아무것도 아닌 상징[51]으로 장대 위에 들려졌지만 예수님은 참된 생명을 우리에게 주시려고 그 위에 달리신 것입니다.

> 모세가 광야에서 뱀을 든 것같이 인자도 들려야 하리니 이는 그를 믿는 자마다 영생을 얻게 하려 하심이니라(요 3:14-15).

물과 성령으로 거듭난 사람의 증거가 무엇입니까? 그것은 예수 그리스도가 높이 들려질 때 그를 믿어 그 안에 있는 영생을 누리는 것입니다. 다시 말하면, 거듭남의 성령의 능력은 오직 예수 그리스도를 믿는 믿음으로 나타납니다. 성령이 어떻게 우리를 변화시켰는지, 어떤 과정으로 우리가 거듭났는지를 정확하게 표현하기는 어려워도 확실한 것은 성령으로 거듭난 자는 예수 그리스도를 주라고 시인하고 그를 믿는 믿음을 갖습니다. 이것이 하나님 나라를 볼 수 있는 증거이고 그 나라에 들어갈 수 있는 능력입니다.

---

51 뱀에 대한 선입견 때문인지 이 구절의 인용을 이해하는 것을 어려워하는 경우가 있다. 그러나 이 구절의 핵심은 '그를 믿는 자마다 영생을 얻게 하려 하심'이라는 데 있다.

만남, 그 이후

니고데모는 로마의 지배와 헤롯이라는 타락한 권력과 그 아래에서 하나님을 섬긴다고 하면서 자신들의 이익만을 챙기는 대제사장들과 서기관들, 그리고 율법으로 백성들을 옭아매면서 자신들은 형식으로만 신앙을 가지는 바리새인들이 있는 세상에서 하나님 나라를 소망했습니다. 예수님을 통해 새로운 시대의 사인이 있음을 보고, 그를 찾아오기를 주저하지 않았습니다. 그래서 그는 거듭남의 비밀을 들었습니다. 성령으로 다시 거듭남이 예수 그리스도를 믿어 영생을 얻는다는 것임을 들었고, 하나님 나라에 들어갈 수 있는 능력임을 들었습니다.

그렇다면 그는 어떻게 되었을까요? 본문은 예수님과 니고데모의 대화의 마무리가 어떻게 되었는지,[52] 또 그가 이후 어떻게 돌아갔는지는 말하지 않습니다. 또 돌아가서 다른 사람들에게 어떤 말을 했는지도 나오지 않습니다. 그러나 그가 예수님의 제자가 된 것은 분명해 보입니다.

요한복음 7장에는 초막절을 맞이하여 다시 예루살렘에 올라온 예수님을 잡으려 한 대제사장들과 바리새인 이야기가 나옵니다. 이때 그들이 예수님과 그를 믿는 제자들을 저주하는 말을 합니다.

---

52 요한복음은 15절까지의 예수님의 말씀 이후 급작스럽게 어조가 변경된다. 그래서 16절에서 21절이 니고데모와의 계속된 대화인지 혹은 그 대화의 요약인지, 더 나아가 요한복음서 기자인 요한의 설명인지에 대한 논쟁이 있다. Carson, 『PNTC 요한복음』 363-364. 하지만 Brown은 전달방식과 상관없이 예수님의 말씀이라고 결론 짓는다. Brown, 『앵커바이블 요한복음 I』 447-449.

당국자들이나 바리새인 중에 그를 믿는 자가 있느냐. 율법을 알지 못하는 이 무리는 저주를 받은 자로다(요 7:48-49).

그런데 이 말을 듣고 반대의 의견을 내는 사람이 있었습니다.

그중의 한 사람 곧 전에 예수께 왔던 니고데모가 그들에게 말하되 우리 율법은 사람의 말을 듣고 그 행한 것을 알기 전에 심판하느냐. 그들이 대답하여 이르되 너도 갈릴리에서 왔느냐. 찾아보라. 갈릴리에서는 선지자가 나지 못하느니라 하였더라 (요 7:50-52).

그는 바리새인들과 대제사장 앞에서 바른말을 합니다. 그들은 니고데모를 무시하였지만 그와 같은 생각을 하는 일부 바리새인들은 예수님의 제자가 되었을 것이 분명합니다.

그의 등장은 불뱀이 장대에 들린 것처럼 예수님이 십자가에 달리신 그 이후에 나옵니다. 예수님이 십자가에 달려 죽으셨을 때 모든 사람들이 두려워하여 예수님을 장례 치르는 것을 주저했지만 니고데모는 아리마대 사람 요셉을 도와 장례를 치렀습니다.

아리마대 사람 요셉은 예수의 제자이나 유대인이 두려워 그것을 숨기더니 이 일 후에 빌라도에게 예수의 시체를 가져가기를 구하매 빌라도가 허락하는지라. 이에 가서 예수의 시체를 가져가니라. 일찍이 예수께 밤에 찾아왔던 니고데모도 몰약과 침향 섞은 것을 백 리트라쯤 가지고 온지라(요 19:38-39).

이것을 보면 니고데모는 분명 알려지지 않은 예수님의 제자였으며, 다른 바리새인이었던 아리마대 요셉과 함께 하나님의 나라를 기다리는 참된 이스라엘 사람이었습니다. 그날 밤의 예수님과의 만남이 그를 변화시켰고, 하나님 나라의 도래를 보는 새로운 눈을 열어 준 것입니다.

시대의 징조를 찾는 사람들에게

모든 시대에는 하나님이 드러내시는 징조들이 있습니다.

> 무화과나무의 비유를 배우라. 그 가지가 연하여지고 잎사귀를 내면 여름이 가까운
> 줄을 아나니 이와 같이 너희도 이 모든 일을 보거든 인자가 가까이 곧 문 앞에 이
> 른 줄 알라(마 24:32-33).

우리는 계절의 변화를 느낍니다. 시대의 변화를 느끼고, 세상이 정말 빨리 변화해 간다는 것을 느낍니다. 그러나 하나님의 나라가 가까이 오고 있다는 것은 느끼는지 모르겠습니다. 만약 이것을 모르고, 혹은 무시하고, 혹은 느끼지만 자신의 생각대로 해석하고 살고 있는 것은 아닌지 생각해 봐야 할 것 같습니다. 예수님은 이런 말씀을 하셨습니다.

> 홍수 전에 노아가 방주에 들어가던 날까지 사람들이 먹고 마시고 장가들고 시집가
> 고 있으면서 홍수가 나서 그들을 다 멸하기까지 깨닫지 못하였으니 인자의 임함도
> 이와 같으리라(마 24:38-39).

노아의 홍수 때에 전혀 사인이 없었다고는 생각하지 않습니다. 단지 그들은 홍수가 나기까지 깨닫지 못하고 살다가 죽은 사람들입니다. 예수님이 오신 이천 년 전에도 그렇습니다. 그들은 '하나

님의 나라'가 오는 징표를 보지 못했습니다. 아니 그들은 사인을 보면서도 그것을 무시하고 계속해서 악한 삶을 이어갔을 뿐입니다. 그리고 앞으로 주님이 다시 오실 날에도 그러할 것입니다. '다 멸하기까지 깨닫지 못하였으니'라는 말이 우리가 얼마나 눈이 어두워 있는지를 깊이 지적합니다.

> 만일 그 악한 종이 마음에 생각하기를 주인이 더디 오리라 하여 동료들을 때리며 술친구들과 더불어 먹고 마시게 되면 생각하지 않은 날 알지 못하는 시각에 그 종의 주인이 이르러 엄히 때리고 외식하는 자가 받는 벌에 처하리니 거기서 슬피 울며 이를 갈리라(마 24:48-51).

이들의 문제는 무엇입니까? 그들은 하나님의 나라의 도래를 보지 못하고 공의와 정의를 버리고 악을 좇으며, 쾌락을 즐기는 것입니다. 심판의 사인이 보여도 아니라고 생각합니다. 세상에 큰 일들이 일어나도 '그런 일은 전에도 있었다'고 생각합니다. 주님이 더디 온다고 말하며, 종말이나 하나님의 나라를 이야기하는 것은 신비주의나 이단일 수 있다고 말합니다. 그러나 하나님의 나라가 가까이 왔음을 보지 못하는 이런 어리석은 자들에게서 우리는 떠나야 할 것입니다.

반대로 특별한 사인을 민감하게 찾는 사람들도 많이 있습니다. 그들은 COVID 19와 같은 질병이 퍼지는 것, 지구 온난화로 인한 일들, 새로운 기술과 환경의 변화 같은 것에서 미래를 예측하며 새로운 일들을 찾습니다. 그러나 그 안을 잘 들여다보면 사람들의 생각은 모두 다릅니다. 정치인들은 여전히 권력을 유지하는 일에 완전히 미쳐 있습니다. 돈을 버는 사업가들은 이런 시대에 돈 잘 버는 일을 찾는 데 광적입니다. 어떤 사람들은 힘든 상황에서도 자신의 재산이 줄어들까 봐, 자신들의 특권이 줄어들까 봐 집단행동을 해 가며 자기 밥그릇 지키기에 혈안이 되어 있습니다. 전 세계적인 환란의 시대가 갖는 의미를 찾고자 하는 사람들이 별로 없어 보입니다. 그러나 시대가 흉흉하고 어려워질수록 이 모든 일이 '하나님의 나라'가 가까이 온다는 사인이자 회개하고 물과 성령으로 거듭나야 할 때라는 것을 느껴야 하지 않을까요?

만약 이런 사인이 느껴지고 니고데모처럼 그 일이 궁금하다면 주님께 나와 물어보기 바랍니다. 기도하기 바랍니다.

'하나님! 이 시대는 도대체 어디로 가는 것입니까? 하나님의 나라는 어떻게 우리에게 오는 것입니까? 심판의 날 앞에 우리는 지금 어떤 모습을 하고 있는 것입니까?'

우리는 기도해야 합니다. 니고데모처럼 주님을 찾아와 하나님의 나라에 대해 묻는 자들에게는 이 말씀과 같이 주님이 주시는 응답이 있을 것입니다. 그것은 물과 성령으로 거듭나는 것입니다. 그 거듭남은 십자가에 달리신 그분을 바라보는 것입니다. 곧 예수 그리스도를 믿는 것이며, 그 안의 영생을 누리는 것입니다. 이보다 더 중요한 것은 없습니다. 이보다 더 명확한 것은 없으며, 시대의 사인을 읽고 하나님 나라를 준비하는 더 좋은 답은 없습니다.

하나님이 세상을 이처럼 사랑하사 독생자를 주셨으니 이는 그를 믿는 자마다 멸망하지 않고 영생을 얻게 하려 하심이라(요 3:16).

우리는 이 어렵고 혼란스러운 시대에 세속적 기회를 찾는 사람이 아니라 하나님 나라의 사인을 찾고 신앙의 본질로 돌아가야 합니다. 하나님이 세상을 사랑하사 이 땅에 보내신 예수님을 믿고 있는지 돌이켜 봐야 합니다. '하나님이 우리를 사랑하시는 증거인 예수님을 믿는가? 그 안에 있는 영원한 생명이 내 안에 있는가? 우리는 성령으로 거듭났는가? 우리의 본질은 새로운 사람이 되었는가?' 이것을 새롭게 살피는 우리 모두가 되어야 할 것입니다.

말씀의 적용을 위한 묵상

1. 성경이나 신앙생활 가운데 너무나 궁금해서 오랫동안 마음에 품고 있다가 목사님이나 교역자들에게 물어본 질문이 있습니까? 혹시 당신이 생각한 것과 전혀 다른 답변을 들었다면 그것은 무엇이었습니까?

2. 성령으로 거듭남에 대하여 지식이 아닌 실제적인 마음의 변화를 경험했습니까? 바람이 어디서 불어 어디로 가는지 알지 못하지만 우리 마음에 찾아온 거듭남의 경험을 함께 나누어 봅시다.

3. COVID 19, 환경오염과 지구 온난화, 지진과 화산, 전쟁과 수많은 분쟁의 소식을 들을 때 이것이 성경에 나오는 어떤 징조와 관련이 있다고 느낀 적이 있습니까? 혹시 무화과나무 잎이 푸른 것을 본 것같이 징조를 느꼈다면 그때 가장 먼저 무엇을 하겠습니까?

06 수가성여인
참된 예배로 나아가는 길

아버지께 참되게 예배하는 자들은 영과 진리로 예배할 때가 오나니 곧 이때라
아버지께서는 자기에게 이렇게 예배하는 자들을 찾으시느니라 하나님은 영이시
니 예배하는 자가 영과 진리로 예배할지니라 (요 4:23-24)

사마리아로 가시다

예수님의 사역은 유대와 갈릴리 이 두 지역을 배경으로 합니다. 갈릴리 지역은 대부분의 제자들이 살고 있는 곳이자 예수님이 자라나신 곳에서도 멀지 않습니다. 유대 지역, 특히 예루살렘과 그 주변 마을은 주로 절기를 맞아 내려가실 때와 마지막으로 십자가에 달려 고난을 받는 과정에서의 배경이 됩니다.

본문에 앞서 예수님은 유월절을 맞아 예루살렘으로 내려가셨습니다. 그리고 거기서 성전을 더럽히고 있던 장사꾼들을 쫓아내셨으며, 많은 이적을 베풀어 사람들이 믿고 따르게 됩니다. 그러나 당시 제사장과 바리새인 지도자들은 예수님을 주시하며 경계하게 됩니다. 그들은 예수님의 말씀과 행적에 특별함이 있다는 것을 깨닫고 세례 요한에게 그러했던 것처럼 예수님을 주목합니다. 그런 사람들 가운데는 예수님의 말씀과 행적에서 '하나님의 나라'의 사

인을 발견한 자들도 있었는데, 예수님에게 찾아와 하나님의 나라에 대해 질문했던 니고데모가 그런 사람이었습니다. 그는 밤에 주님을 찾아와 주님과 대화하면서 물과 성령으로 거듭남에 대해 들었고, 그로 인해 그는 예수님이 메시아임을 믿게 됩니다.

한편, 세례 요한을 따르는 사람들은 점차 줄어들고 많은 사람들이 예수님을 따르게 됩니다. 일부 남아 있던 사람들이 세례 요한에게 이런 사실을 지적하자 세례 요한은 자신은 점차 사라질 것이며, 예수님은 점점 커져야 한다고 말합니다.

예수님이 많은 사람을 제자로 삼았고 그 제자들이 세례 요한처럼 다른 사람들에게 세례를 주어 그 규모가 커지자 제사장들과 바리새인들은 이에 경계심을 더 가졌습니다. 그래서인지 예수님은 이제 유대에서 갈릴리로 돌아가시기로 합니다.

갈릴리는 예루살렘 북쪽에 있었으며, 예루살렘에서 갈릴리로 가는 길은 크게 두 가지 길이 있었습니다. 하나는 요단강 서편을 따라가는 길로 사마리아를 통과하는 길이었으며, 다른 하나는 요단강을 동쪽으로 건너간 후 이방인들의 지역을 지나 갈릴리까지 간 다음 다시 서쪽으로 넘어가는 트란스 요르단이라는 길이었습니다. 예수님은 사마리아로 가는 길을 선택하셨습니다.

> 유대를 떠나사 다시 갈릴리로 가실새 사마리아를 통과하여야 하겠는지라(요 4:3-4).

사마리아를 통과하여 갈릴리로 가는 길은 거리가 짧아서 가는 사람이 많긴 했지만 중간에 사마리아를 통과할 때는 약간의 주의가 필요했습니다. 왜냐하면 소위 지역감정과 같은 것이 있는 곳이기 때문이었습니다. 그러나 예수님은 이 길로 가는 것에 대해 '통하여야 했다'(에데이)라는 말로 단지 이 길이 짧아서가 아니라 가야 할 특별한 이유가 있다는 점을 드러내셨습니다.[53]

여기에는 역사적인 배경이 있습니다. 이스라엘 나라가 남북으로 나누어진 후 사마리아는 북이스라엘의 수도였습니다. 오므리 왕 때 이름을 사마리아라고 지었는데(왕상 16:24) 그 후로는 이 지역, 혹은 북이스라엘 전체가 사마리아라는 이름으로 불리기도 했습니다. 이후 앗시리아는 기원전 722-721년에 사마리아를 점령하고 그곳에 살던 부유한 이스라엘 사람들을 외국으로 이주시켰으며, 반대로 다른 곳에 있던 외국인들을 사마리아에 살게 했습니다. 이 외국인들은 사마리아에 살면서 이스라엘 사람들과 결혼을 했고, 이방의 종교들을 계속 섬겼습니다. 그러다 남유다와 북이스라엘 모두 포로생활이 끝나고 다시 돌아왔을 때 사마리아에 사는 사람들은 정치적 배신자로 여겨졌고, 이방인과 섞인 혼혈이자 온갖 이방 신을 섬기는 악한 자들로 취급되기 시작했습니다.

이런 차별 속에 기원전 400년경 사마리아인들은 예루살렘성전에 대항하기 위해 그리심 산이라는 곳에 성전을 세웠습니다. 그러나 이 성전은 기원전 2세기 말경에 유대의 하스모니안 왕가의 요한 히르카누스에 의해 파괴됩니다. 이런 일련의 사건들은 사마리아인들과 유대인들 간에 강한 적개심이 불타게 만들었습니다. 예수님 시대의 사마리아인들은 모세오경만을 인정했으며, 예루살렘성전

---

53 Carson, 『PNTC 요한복음』 386.

을 인정하지 않고 그리심 산을 예배의 중심으로 삼고 있었습니다. 이런 이유로 유대인들은 사마리아인을 좋아하지 않았으며, 예루살렘에서 갈릴리로 갈 때 사마리아를 지나가는 상황을 아주 싫어하지는 않아도 무조건 편하게 여기지 않았습니다.

말씀을 보면 예수님과 제자들은 거의 6시가 다 되어 사마리아에 있는 수가라고 하는 동네에 도착하게 됩니다. 그곳에는 '야곱의 우물'이라고 불리는 우물이 있었는데 피곤하셨던 예수님은 거기서 쉬고, 제자들은 먹을 것을 사러 마을에 들어갔습니다. 그런데 이때 나이가 어느 정도 들어보이는 한 여자가 물을 길러 옵니다.[54]

요한복음 4장의 배경이 되는 시간에 대한 여러 의견들이 있습니다. 대부분 한낮에 사람들의 눈을 피해 물을 길러 온 여자로 이해하고 있을 것입니다. 이런 가정은 6시를 유대 시간으로 해석했기 때문입니다. 복음서에 나오는 시간들은 때로는 유대 시간을, 때로는 로마 시간을 씁니다. 만약 유대인의 시간으로 보면 본문의 6시는 일출 기점으로 정오쯤 되지만, 로마 시간으로는 오후 6시가 됩니다. 그렇다면 요한복음의 시간은 유대 시간일까요, 아니면 로마 시간일까요? 요한복음은 시간을 로마 시간을 기준으로 썼기에 오후 6시가 맞습니다. 그 이유는 요한복음에서 예수님이 빌라도의 법정에 선 시간을 검토할 때 그렇습니다. 만약 요한복음의 시간을 유대 시간으로 해석하면 날짜가 달라져 문제가 생기기 때문입니

---

54 이 여자가 나이가 어느 정도 있다고 보여지는 이유는 남편이 다섯이나 있었다는 데 있다. 아무리 특별한 사정이 있더라도 20대나 30대에 다섯이나 되는 남자와 결혼을 했다고 보는 것은 약간 무리한 설정이라고 보여진다.

다. 그럼에도 여전히 어떤 학자들의 경우 요한복음 4장의 6시를 유대 시간이며, 정오라고 보기도 합니다.[55]

중요한 것은 정오든 저녁 6시든 우물가에는 예수님과 여자만 있었다는 것입니다. 생각해 보면 유월절이 얼마 안 지난 때이기에 4월 말에서 5월 초쯤 되었을 것이고 그 정도 시간이면 날이 어두워져 가는 시점이며, 지금처럼 가로등이 없기에 물을 길러 오기에는 늦은 시간이라는 것입니다. 확실히 여자는 다른 사람들이 없는 시간에 우물에 온 것이 사실입니다.

통상적이라면 제자들이 물을 떠서 스승인 예수님에게 드렸어야 했지만 제자들은 더 늦기 전에 음식을 사러 마을로 들어가 그 자리에 없었기에 예수님은 이 아무도 없는 우물가에 늦게 물을 길러 온 여자에게 물을 달라고 요청합니다. 그러나 사마리아인과 유대인 사이의 갈등을 인식했는지 여자는 유대인인 예수님의 말을 의아해 합니다. 그리고 이렇게 묻습니다.

> 사마리아 여자가 이르되 당신은 유대인으로서 어찌하여 사마리아 여자인 나에게 물을 달라 하나이까 하니 이는 유대인이 사마리아인과 상종하지 아니함이러라 (요 4:9).

상종하지 않는다는 말은 원래 유대인은 사마리아인이 사용한

---

55 어떤 학자들은 요한복음 안에서 유대 시간과 로마 시간이 함께 쓰였다고 보기도 하지만 한 책에서 일관성이 없다고 보는 것이 더 어색하다. 김병국, 『설교자를 위한 요한복음 강해』 164-166. 반면 Carson은 정오에 왔다는 견해를 지지한다. Carson, 『PNTC 요한복음』 389.

그릇을 사용하지 않는다는 말입니다. 그래서 아무리 목마르더라도 사마리아인이 쓰는 그릇으로 물을 먹을 수 있느냐고 묻는 것입니다. 첫 대화가 그리 상냥하지는 않은 것 같습니다.

냉소적인 첫 대화

문학적으로 보면 요한복음 3장과 4장 사이에는 묘한 대칭이 있습니다. 3장에서는 바리새인이 찾아오지만 4장에서는 사마리아인을 만나러 예수님이 찾아갑니다. 한 사람은 남자고 한 사람은 여자이며, 한 사람은 니고데모라는 이름을 밝히지만 이 여자의 이름은 밝히지 않습니다. 한 사람은 권력층이지만 이 여자는 스스로 물을 길러 늦게 왔을 뿐 아니라 인생 자체가 그리 순탄해 보이지 않는 사람이었습니다. 3장에서는 니고데모가 먼저 예수님께 말을 건네고, 4장에서는 예수님이 먼저 말을 건네십니다.

이런 모든 대칭에도 불구하고 공통점이 있습니다. 그것은 예수님을 찾아왔든 예수님이 찾아갔든, 남자건 여자건 이 두 사람 모두에게는 예수님이 필요했다는 것입니다. 왜냐하면 예수님이 그들에게 필요한 답을 가지고 계셨기 때문입니다.

사실 예수님이 물을 달라고 말한 것은 정말 물이 필요해서가 아니었습니다. 먼 길을 걸어 그녀를 만나기 위해 오신 예수님이 대화를 시작하기 위해 던지신 일종의 스몰토크(small talk)였습니다. 그러나 여자는 예수님이 던진 스몰토크를 부드럽게 넘기지 못합니다. 예수님은 투박하게 대꾸하는 여자에게 자신이 얼마나 그녀에게 필요한 사람인지 말씀해 줍니다.

예수께서 대답하여 이르시되 네가 만일 하나님의 선물과 또 네게 물 좀 달라 하는 이가 누구인 줄 알았더라면 네가 그에게 구하였을 것이요 그가 생수를 네게 주었으리라(요 4:10).

그러자 여자는 다시 반문합니다.

여자가 이르되 주여 물 길을 그릇도 없고 이 우물은 깊은데 어디서 당신이 그 생수를 얻겠사옵나이까(요 4:11).

여자는 예수님이 어디서 생수를 얻을 수 있는지 약간은 비꼬듯 말을 했습니다. "당신은 그릇도 없어서 나한테 물을 달라고 해놓고서는 무슨 생수를 주겠다고 하느냐"고 말하는 것입니다.

우리 조상 야곱이 이 우물을 우리에게 주셨고 또 여기서 자기와 자기 아들들과 짐승이 다 마셨는데 당신이 야곱보다 더 크니이까(요 4:12).

그러면서 그녀는 예수님에게 구약의 야곱보다 당신이 더 위대한 사람이냐고 대놓고 물었습니다. 여자는 예수님이 말하는 생수가 단순한 물이 아닌 것이라는 것을 모르지는 않았습니다. 하지만 갑자기 그렇게 말하는 예수님의 말을 쉽게 받아들이지 않았습니다. 확실히 여자의 대답과 반문을 보면 그녀가 단순한 사람이 아님을 보여 줍니다. 예수님의 말씀의 이중적 의미를 충분히 알면서도 표면적 의미와 함축적 의미 두 가지 면에서 예수님의 질문에 냉소적인 반응을 보입니다. 그런 태도에도 예수님은 여자에게 보다 정확한 의도를 다시 드러내어 말씀해 줍니다.

예수께서 대답하여 이르시되 이 물을 마시는 자마다 다시 목마르려니와 내가 주는 물을 마시는 자는 영원히 목마르지 아니하리니 내가 주는 물은 그 속에서 영생하 도록 솟아나는 샘물이 되리라(요 4:13-14).

예수님은 그녀에게 말을 건 의도를 다시 정확히 말씀해 줍니다.

'나는 너에게 물을 얻고자 하는 것이 아니며, 또 내가 주려는 물은 이 우물에서 얻 는 것이 아니다. 너는 영원히 목마르지 않을 물을 내게서 길러야 한다'

예수님이 굳이 이곳으로 오신 이유, 그리고 그녀가 오기를 기다 리고 그녀에게 물을 달라고 한 대화의 목적이 그렇게 드러났습니 다. 여자는 이렇게 말합니다.

여자가 이르되 주여 그런 물을 내게 주사 목마르지도 않고 또 여기 물 길러 오지 도 않게 하옵소서(요 4:15).

겉으로 보기에는 진짜로 그런 물을 구하는 것처럼 보이지만 그 녀의 태도를 보면 이 말은 그렇게 들리지 않습니다.

"오 진짜로 그런 물을 줄 수 있나요? 그렇다면 나에게 주세요. 그 물을 마시면 나 는 다시는 이곳에 물을 길러 오지 않을 겁니다."

여자는 처음 보는 유대 남자가 영원히 목마르지 않는 물을 주겠 다고 할 때 그것을 마법의 물이라고 믿지는 않았을 것입니다. 그녀 는 마치 그런 물이 있다면 달라고 하지만 사실상 그녀는 마음을 닫 고 대화를 길게 이어 가고 싶어 하지 않는 태도를 보였습니다.

아마도 예수님은 그녀의 냉소적인 태도에 속으로 미소를 지으셨을 것입니다. 그리고 그녀의 마음을 누그러트려야겠다고 여겼습니다. 그래서 앞선 대화와 달리 전혀 다른 주제로 말을 건넵니다.

이르시되 가서 네 남편을 불러오라(요 4:16).

계속해서 냉소적이며 대화를 꼬아가는 여자에게 예수님은 갑자기 남편을 불러오라고 말합니다. 남편이 있다면 '생수'를 주려고 불러오라는 것일까요, 아니면 "너와 이야기하고 싶지 않고 네 남편이랑 이야기하겠다"는 뜻일까요?

과연 이 남편을 데려오라는 말은 무엇일까요? 오래전 교부들은 이 여자의 다섯 남편이 사마리아에 있는 우상들이라고 생각했습니다.[56] 일종의 알레고리적 해석이었습니다. 어떤 사람들은 이 여자가 남편이 다섯이나 있다는 것을 계대결혼(繼代結婚, levirate marriage)의 결과라고 봅니다. 그러나 성경은 그런 이유를 중요하게 다루지 않습니다. 단지 여자의 삶에 그런 문제가 있었다는 이야기를 해 줄 뿐입니다. 그리고 그 문제가 바로 예수님이 이 여자와의 대화를 진지하게 돌려놓을 수 있는 전환점을 만들어 낸 것 같습니다.

마음의 문을 열다

만약 드라마 감독이 이 장면을 찍었다면, 예수님의 "네 남편을 불러오라"는 말과 함께 화면이 정지하면서 음악이 나오고 드라마

---

56 Brown, 『앵커바이블 요한복음 I』 458.

가 끝이 났을 것입니다. 혹 영화라면 아마도 여자의 얼굴을 클로즈 업하면서 긴 공백이 있었을 것입니다.

돌이켜 보면 이렇습니다. 어느 저녁 그녀는 저녁을 준비하기 위해서 오후 6시가 아닌 보다 이른 시간에 나와 물을 길러 와야 했습니다. 그 시각은 이미 해가 저물기 시작하고 물을 길어 가서 식사를 준비하는 시간을 생각해 보면 너무 늦은 시간이었습니다. 여자는 어떤 이유에서인지 늦은 시간에 물을 길러 왔다가 우연히 만난 젊은 유대인 남자와 말을 하게 됩니다. 사마리아 여자인 자신에게 말을 거는 물을 달라던 이 유대 남자는 자신의 퉁명스러운 대답에 오히려 자신이 목마르지 않는 물을 주겠다고 말합니다. 여자는 왠지 모를 분위기를 풍기는 유대 남자의 말에 진지하게 대답할까 생각했지만 자신도 모르게 냉소적인 대답을 던지게 됩니다. 그런데 이 유대 남자는 갑자기 자신의 깊은 상처를 건드리는 질문을 던집니다. 여자는 순간 당황했습니다. 여러 가지 생각이 머릿속을 스치고 지나갔습니다. 잠시 머뭇거리는 시간이 지나고 그녀는 조심스럽게 대답합니다.

여자가 대답하여 이르되 나는 남편이 없나이다(요 4:17).

그러자 예수님은 "네가 남편이 없다 하는 말이 옳도다"라고 말씀합니다. '아니 이 사람은 뭘 알고 있는 거지?' 여자는 놀라서 속으로 생각했습니다.

너에게 남편 다섯이 있었고 지금 있는 자도 네 남편이 아니니 네 말이 참되도다

(요 4:18).

예수님은 이어 남편이 다섯이 있었고 지금의 여섯 번째 남자도 네 남편이 아니라고 말하며, 네 말이 옳다고 말씀합니다.

'지금까지는 냉소적으로 대답하더니 이번에는 네가 참되게 말하는구나.'

예수님은 그녀의 대답에 빙그레 미소를 짓습니다. 모든 사람들은 책과 같이 자신만의 이야기를 가지고 있습니다. 사람들은 그저 책표지만 보고 내용을 읽으려 하지 않는 사람들도 있습니다. 혹은 책을 펼쳐 읽으려 해도 이야기들이 때로는 너무 복잡하고 기괴하고 묘하게 꼬여 있어서 전부 이해하기가 쉽지 않습니다. 물론 당사자도 다른 사람들을 이해시키기 위해 모든 것을 설명하기도 어렵고, 설명해도 잘 받아들여지지 않을 것 같으니 그냥 안고 살아가기도 합니다. 그러나 때로는 그 마음에 품은 이야기를 지니고 살아가기에는 인생은 너무 괴롭습니다. 늦은 시간 혼자 물을 길러 온 여자가 마음속에 꼭꼭 숨기고 살아온 이야기는 그렇게 드러납니다. 한 남자와 만나 행복한 인생을 살아도 아쉬운 것이 인생인데, 다섯 남자를 거쳐 여섯 번째 남자랑 살게 된 이 여자의 인생은 그 이유가 무엇이 되었든 밤새 들어도 다 못들을 이야기임에는 틀림없습니다.

어쩌면 수가성에서 만난 이 여자가 예수님의 질문에 냉소적으로 대답한 이유가 거기 있을지도 모릅니다. 낯선 나그네에게 친절하게 물을 줄 수 있는 삶의 여유가 없는 사람, 누군가에게 상냥하게 대답할 수 있는 삶의 행복이 없는 사람, 그래서 영생하는 샘물을 준다는 말씀을 들었음에도 그런 것이 세상에 어디 있겠냐며 시큰둥하게 반응했는지도 모릅니다.

예수님의 질문은 정말 남편을 데려오라는 질문이 아닌 것 같습니다. 예수님은 그녀가 참 힘든 삶을 살고 있다는 것을 알고 있음을, 그녀의 목마른 인생을 알고 있다고 말하는 것입니다. 그래서 그녀에게 필요한 영원히 목마르지 않을 영생의 샘물을 주고 싶다는 것을 이야기하고 싶었습니다. 그러나 자신의 마음을 닫고 있는 여자에게 참된 생수를 주기 위해서는 먼저 그녀의 닫힌 마음을 열어야 했습니다. 그리고 마음을 열기 위해서는 보다 깊이 다가가야 했기에 그녀의 복잡하고 아픈 인생에 질문을 했던 것입니다. 자신의 삶을 단단히 잠가 두고 살 수밖에 없었던 여자의 강한 의지는 예수님이 하시는 말씀을 냉소적으로 받아들였기에 예수님은 여자가 자신의 궁색하고 고통스러운 삶의 진솔한 모습을 드러낼 수밖에 없는 그런 질문을 하셨던 것입니다.

어렵고 힘든 삶은 우리 마음을 강하고 단단하게 만듭니다. 그렇지 않으면 세상을 살기 어렵기 때문입니다. 그래서 삶의 어려움을 오랫동안 겪으며 많은 사람들 속에서 상처를 받으며 살아올수록 우리 마음은 나무에 박힌 옹이같이 됩니다. 이런 사람들은 한편으로는 위로를 원하고 마음을 열고 이야기를 나눌 친구를 찾습니다. 복음과 은혜의 말씀에 관심이 있습니다. 그러나 한편으로는 인생은 어차피 내가 열심히 살아야 하는 것일 뿐이라고 생각하며 사람을 믿어봐야 상처뿐임을 되새깁니다. 그리고 복음과 은혜를 전하는 사람들을 보며 신앙은 그저 자기 위안의 한 행동에 지나지 않는다고 말합니다. 그렇게 되면 그의 마음은 닫혀서 아무런 말도 들리지 않게 됩니다. 영원히 목마르지 않게 되는 물을 주신다는 말을 들어도 믿지 않고 그저 "그렇군요. 참 좋을 것 같네요. 하지만 저는 바빠서…"라고 말하며 지나가게 됩니다.

영원한 생명의 물, 영혼의 참된 평안과 구원의 복음을 들으려면 먼저 하나님께 마음을 열어야 합니다. 하나님 앞에 부드러운 마음, 애통하는 마음, 부서진 마음을 드러내지 않으면 우리의 목마름을 해결해 주실 그 사랑을 결코 받아들일 수 없습니다. 예수님은 우리의 마음을 열고 과거를 들춰내어 무엇인가를 지적하려는 분이 아닙니다. 우리가 우리 자신을 돌아보고 회개의 고백을 하게 하시는 이유는 우리가 영원한 생명의 물에 목마른 사람이라는 것을 스스로 깨닫게 해 주기 위해서입니다. 우리가 얼마나 영생에 대한 갈증으로 목말라하는 사람인지 스스로 알기를 원해서입니다.

예배, 진정한 하나님과의 만남

여자는 자신을 이미 다 알고 있는 것 같은 예수님 앞에서 확실히 이분이 무엇인가 다르다는 것을 느꼈습니다. 어쩌면 아까 말한 그 '영생하는 샘물'을 정말로 줄 수 있는 분이라는 생각이 들었습니다. 그녀는 조심스럽게 이렇게 말합니다.

여자가 이르되 주여 내가 보니 선지자로소이다(요 4:19).

그녀는 예수님을 선지자라고 생각했습니다. 그렇지 않고서는 자신이 어떤 인생을 살고 있는지 단번에 알지 못했으리라고 생각했습니다. 그리고 그녀는 자신이 오랫동안 마음에 두고 있는 한 가지 질문을 던집니다. 그녀가 그토록 삶의 문제들을 해결하기 위해 찾아다녔던 질문, 그 질문을 던집니다. 대화의 전개를 보면 여자가 물을 수 있는 질문은 자신의 기구한 인생에 관한 것이 아닐까 추측하게 됩니다. "왜 내 인생은 이처럼 힘든가요? 왜 나는 한 남자와 행복하게 살 수 없나요?"와 같은 질문일 거라 예측하게 됩니다. 그러나 그녀의 질문은 뜻밖의 것이었습니다. 그것은 예배에 대한 질문이었습니다.

> 우리 조상들은 이 산에서 예배하였는데 당신들의 말은 예배할 곳이 예루살렘에 있
> 다 하더이다(요 4:20).

드디어 깊게 닫힌 그녀의 마음에 숨겨진 하나의 상자가 열리며 그 간절함이 드러납니다. 복잡한 인생을 살았던 그녀가 가진 진짜 목마름은 사람과의 만남이 아니라 하나님과의 진정한 만남, 즉 예배였습니다. 아마도 옆에 우리가 앉아서 예수님과 이 여자와의 대화를 듣고 있었다면 도대체 왜 이런 대화를 하는지 알 수 없었을 것입니다.

> '남편이 다섯이나 있었던 여자의 내면에 있는 것 치고는 너무 종교적이지 않은가?
> 이 여자는 도대체 누구길래 어떤 영적인 것을 고민하며 살던 사람이었을까?'

우리는 이 여자의 마음 깊은 곳에 있던 예배에 대한 갈망을 살펴볼 필요가 있습니다.

예배란 무엇입니까? 예배는 좀 어렵게 말하면 우리의 창조주이자 구원자이며 심판자이신 삼위 하나님께 영광을 돌리는 행위입니다. 그러나 예배는 우리가 무엇을 그분에게 전달하는 일방향적 예식일 수 없습니다. 예배는 상호적이며 관계적입니다. 이것을 좀 쉽게 말하면 예배란 하나님을 만나는 것입니다. 하나님을 만나 내 모든 것을 쏟아놓는 것이 예배입니다. 따라서 하나님께 영광을 돌리는 것과 나의 아픈 마음을 쏟아놓는 것은 구별되지 않습니다. 전능하신 하나님은 사랑이 많으신 하나님이시며, 창조주이신 하나님은 곧 나의 아버지이시기에 그분을 찬양하는 것과 내 삶을 드러내는 것은 모두 예배라고 할 수 있습니다.

사무엘상에는 자녀가 없어 무시당하며 괴로운 삶을 살던 한나가 성전에 와 기도하는 모습이 나옵니다. 제사장 엘리는 한나가 마치 술에 취한 사람과 같이 보였다고 말합니다. 그러나 한나는 이렇게 말합니다.

> 한나가 대답하여 이르되 내 주여 그렇지 아니하니이다. 나는 마음이 슬픈 여자라 포도주나 독주를 마신 것이 아니요 여호와 앞에 내 심정을 통한 것뿐이오니 (삼상 1:15).

여호와 앞에 심정을 통하는 것, 그것이 진정한 기도이고 예배입니다. 마음을 쏟아내는 것, 그것이 인생이 슬픈 이 여자의 가슴속에 있었던 하나의 열망이었습니다.

우리는 이 수가성의 여자가 예배할 곳을 묻는 이유를 알 수 있을 것 같습니다. 그렇다면 예수님이 왜 사마리아로 굳이 오겠다고 하셨고, 그 우물에서 그녀를 기다리셨는지 알 수 있습니다. 예수님의 말씀에 마음의 빗장을 걸어 잠그고 냉소적으로 대답하는 이 사마리아 여자를 버리지 않고 끝까지 대화를 이어 가며 내면 깊은 곳에 있는 하나님에 대한 갈망과 참된 예배에 대한 갈망에 답을 해 주시려고 "사마리아로 가야만 한다"고 말씀하신 것입니다.

영과 진리로 예배하는 자

그녀는 하나님 앞에 마음을 쏟아놓고자 했습니다. 그러나 사마리아 여자로서 예루살렘성전에 가서 제사를 드릴 수는 없었을 것입니다. 게다가 지금 있는 남편은 남편이라고도 할 수는 없으니 자신을 데리고 예루살렘에 가지도 않을 것이며, 가자고 하지도 않았을 것입니다. 그녀는 그리심 산에 있는 성전이 참된 예배를 드릴 수 있는 곳인지 궁금해 했습니다. 그녀는 정말로 하나님을 만나고 싶었지만 어디로 가야 할지 몰랐습니다. 한 곳은 가기에는 자신의 삶의 모습이 허락하지 않았고, 다른 한 곳은 믿음의 확신이 서지 않았습니다. 여자의 질문에 예수님은 이렇게 답하십니다.

> 예수께서 이르시되 여자여 내 말을 믿으라. 이 산에서도 말고 예루살렘에서도 말고 너희가 아버지께 예배할 때가 이르리라(요 4:21).

예수님은 장소의 문제가 아니라고 하시면서 이제 참된 예배를 드릴 수 있는 때가 왔다고 말씀합니다. 이것은 단지 그녀에게만 말씀하신 것이 아니었습니다. 유대인뿐 아니라 사마리아인들에게도 아버지께 예배할 때가 이른다고 말씀해 주십니다. 그리고 친절하게도 그때가 언제인지 말씀해 주십니다.

> 아버지께 참되게 예배하는 자들은 영과 진리로 예배할 때가 오나니 곧 이때라. 아버지께서는 자기에게 이렇게 예배하는 자들을 찾으시느니라(요 4:23).

지금이 바로 참되게 예배할 때이며, 영과 진리로 예배할 때라는 것입니다.[57] 하나님은 그런 사람들을 찾고 계시다고 말씀해 줍니다.

> "나는 네가 참되게 예배하고자 하는 사람이라는 것을 알고 있었다. 내가 너를 찾고 있었다."

그리고 참된 예배의 방법을 알려 주십니다.

> 하나님은 영이시니 예배하는 자가 영과 진리로 예배할지니라(요 4:24).

여기서 '하나님은 영'이라는 말씀을 온전히 이해하는 것은 쉽지 않습니다. 이것이 하나님에 대한 본질적인 정의는 아니기 때문입니다.[58] 하지만 하나님이 '영'이시라고 말할 때 가장 우선적으로 생각할 수 있는 것은 하나님은 세상의 물질이나 공간, 시간에 속하지 않으신다는 의미입니다. 그래서 우리의 예배는 물질이나 공간, 시간에 제한을 받아야 할 이유가 없습니다. 이 말을 오해하면 안 됩

---

57 니고데모와의 대화에서 하나님의 나라가 물리적 세계가 아닌 성령으로 거듭나야 들어가는 나라임을 말씀해 주었다면, 사마리아 여인과의 대화에서는 예배가 물리적 공간의 문제가 아니라 영적인 자세의 문제임을 말씀해 준다. 요한복음에서의 하나님의 나라와 종말론은 확실히 초월성이 더 강조되는 듯하다.

58 Brown은 하나님이 인간을 대하시는 방법과 관련된 묘사라고 보며 인간에게 성령을 주사 거듭나게 하시기에 인간에 대해 영이라고 말씀하신 것으로 보았다. Brown, 『앵커바이블 요한복음 1』 487.

니다. 예배에 그런 것이 필요하지 않다는 것이 아니라 그 물질이나 공간이나 시간에는 반드시 성령과 말씀이 있어야 한다는 것을 말하는 것입니다. 이것은 성경에서 계속해서 말하는 바입니다. 율법을 지키는 니고데모에게 물과 성령으로 거듭나지 않고는 하나님의 나라를 볼 수도 없고 들어갈 수도 없다고 말했듯이, 참된 예배는 영과 진리라는 하나님의 초월적 은혜가 있어야 합니다.

그래서 영으로 예배한다는 말은 우리 자신이 오직 성령에 이끌려 예배로 나아와야 한다는 것을 말합니다. 우리는 스스로 하나님께 나아갈 수 없기에 성령의 인도하심이 있어야 합니다. 우리의 예배가 예배되는 것은 성령이 우리를 이끌어 하나님 앞으로 나아가게 하실 때 가능합니다. 내 몸이 여기 있어도 성령이 내 영을 하나님의 전으로 이끌지 않으면 나는 외식하는 자가 됩니다. 형식적인 예배자가 될 수밖에 없다는 것입니다.

또한 진리로 예배한다는 것은 말씀으로 드려지는 예배가 되어야 한다는 말입니다. 말씀은 예배의 모든 구조와 형식의 토대입니다. 말씀은 우리가 드리는 찬양의 가사입니다. 즉, 우리는 인간의 말로 찬양하지 않고 말씀으로 찬양합니다. 우리의 기도는 하나님의 말씀, 즉 그의 약속에 의지하여 드려져야 합니다. 우리의 생각과 목적으로 기도하지 않고 오직 하나님의 언약의 말씀에 기대어 기도할 때 그의 나라와 그의 뜻을 구하는 기도를 할 수 있습니다. 우리는 또한 성경을 세상의 지혜나 지식을 통해 듣지 않고 오직 성령의 도우심으로 하나님의 말씀을 들으며, 말씀이 육신이 되신 그리스도를 기념하여 떡을 떼고 그의 피가 되는 포도주를 마십니다.

그래서 참된 예배는 말씀이 중심이 됩니다. 영과 진리로 드리는 참된 예배는 성령에 이끌리기에 초월적입니다. 성령과 말씀으로 드려지지 않으면 참된 예배는 있을 수 없으며, 성령과 말씀으로 나아가지 않으면 우리는 하나님을 만날 수 없습니다. 우리의 마음을 쏟아내고 우리의 삶의 진솔한 모습을 드러내 보이며 그분을 만나는 예배는 반드시 영과 진리로 드려져야 합니다.

사마리아에 퍼진 예배의 비밀

여자는 예수님의 말씀에 놀랐습니다. 그녀는 예수님이 말씀한 참된 예배가 오직 메시아를 통해서 전해질 것이라고 믿고 있었습니다. 그런데 예수님은 네가 찾던 그 메시아가 바로 자신이라고 말씀해 줍니다.

예수께서 이르시되 네게 말하는 내가 그라 하시니라(요 4:26).

그녀는 물동이를 버려두고 마을로 뛰어갔습니다. 평상시 만나기도 싫었던 그 사람들, 자신을 보며 입을 삐쭉거리고 비아냥거렸을 사람들에게로 달려갑니다. 하나님 앞에 마음을 쏟아내며 만날 수 있는 때가 왔다는 것을 사람들에게 알려 줘야만 했습니다. 지금이 참된 예배가 이루어지는 때, 바로 메시아가 오신 그때였기 때문입니다.

여자가 물동이를 버려두고 동네로 들어가서 사람들에게 이르되 내가 행한 모든 일을 내게 말한 사람을 와서 보라 이는 그리스도가 아니냐 하니 그들이 동네에서 나와 예수께로 오더라(요 4:28-30).

　예수님이 우리를 만나러 오셨을 때, 우리의 인생은 어떤 이야기로 가득 차 있습니까? 우리의 닫혀 있는 마음의 문 안에는 무슨 갈망이 숨겨져 있습니까? 남편이 다섯이나 된다는 이 여자의 삶보다 우리의 삶이 더 어렵고 힘들고 복잡하다면 우리 안에는 어떤 간절함이 있습니까?

　물론 우리는 위로가 필요합니다. 우리는 축복이 필요하고, 그밖에 많은 것이 필요합니다. 그러나 무슨 이야기가 우리 안에 있든 무엇이 우리에게 필요하든 우리가 가져야 할 하나의 질문, 단 하나의 간절함, 단 하나의 소망은 하나님께 참되게 예배하는 사람이 되고 싶다는 것이어야 합니다. 하나님께 모든 것을 쏟아내며 그분만을 만나 우리 자신의 모든 것을 털어놓고자 하는 갈망이 있어야 합니다.

　그 갈망을 가지고 있다면 세상이 나를 뭐라고 해도, 나에게 어떤 어려움과 고통과 괴로움이 있더라도 하나님이 우리를 찾아내실 것입니다. 사람들이 보지 않는 시간에 그분이 나를 기다리실 것이며, 나에게 말을 건네실 것입니다. 영과 진리로 예배하는 자들을 찾으시는 하나님이 우리에게 다가오실 것이며, 영원히 목마르지 않는 영생의 물이신 그리스도를 우리에게 주실 것입니다.

　그리고 그분을 만나는 참된 예배가 이루어진다면 우리는 모든 것을 버려두고 세상 사람들에게 뛰어갈 만큼 무한한 기쁨이 넘칠 것입니다. 사람들 앞에서 "내 인생의 깊은 것을 아는 분을 만났다.

그분은 나의 고통스럽고 부끄러운 삶을 보지 않고 내 속에 예배에 대한 간절함과 하나님을 만나고자 하는 간절한 소망, 진정한 구원의 열망을 보셨고 나에게 영생하는 샘물을 부어 주셨다"고 말할 수 있게 될 것입니다.

말씀의 적용을 위한 묵상

1. 남편이 다섯이나 된다는 것과 홀로 우물가에 왔다는 것을 들었을 때 상상했던 수가성 여인은 어떤 사람이었나요? 그런 선입견이 그녀가 예배에 대한 깊은 열망을 가졌다는 것을 이해하는 데 방해가 되지 않았나요? 혹시 우리 주변에 그의 삶의 모습 때문에 그가 가진 신앙의 열망이 가려진 사람은 없습니까?

2. 신앙생활 가운데 우리의 삶의 깊은 곳을 찌르는 질문을 받았을 때 혹시 방어적인 태도를 취했나요, 아니면 마음을 열고 내가 갈망하는 신앙의 열망을 토로해 보았나요? 우리의 비밀을 모두 아시는 주님이 우리에게 오신다면 주님께 무엇을 제일 먼저 묻고 싶습니까?

3. 사마리아 여인은 "내가 행한 모든 일을 내게 말한 사람을 와서 보라"고 하면서 사람들에게 예수님을 그리스도라고 소개했습니다. 우리도 "나의 모든 일을 아시는 주님을 만나 보라"고 이웃에게 전할 수 있습니까? 혹시 우리의 모습이 알려지는 것을 부끄러워하지는 않습니까?

07 38년된병자

헛된 희망에서 벗어나는 은혜

그 후에 예수께서 성전에서 그 사람을 만나 이르시되 보라 네가 나았으니 더 심한 것이 생기지 않게 다시는 죄를 범하지 말라 하시니 (요 5:14)

베데스다 연못[59]

몇 년 전 독일에 여행을 갔을 때 보니 오래된 성이 있는 도시들을 보면 대부분 산이나 언덕 위에 성이 있었습니다. 경치가 좋은 곳에 지은 이유도 있겠지만, 또 한 가지는 그곳에서 보면 마을이 잘 보이고 적이 공격하기 어려운 곳이기 때문입니다.

성경에 나오는 예루살렘성도 그런 지형에 있다고 볼 수 있습니다. 이스라엘 단면을 보면 서쪽은 지중해가 있는 방향이고, 동쪽은 아라비아 사막 쪽입니다. 예루살렘은 시온산에 있는데 서쪽에 베힌놈 골짜기가 있고 동쪽으로는 기드론 골짜기와 감람산이 있습니다. 시온산은 왼쪽에서 오른쪽으로 낮아지는 모습을 하고 있는데,

---

59 베데스다 연못에 관한 정보는 인터넷을 참조하였다. https://brunch.co.kr/@rothem/223, http://news.kmib.co.kr/article/view.asp?arcid=0014558773&code=61221211&sid1=all

가장 높은 곳에는 헤롯 궁전이 있고 기드론 골짜기로 내려가기 전 헤롯이 건축한 성전이 있습니다.

감람산은 시온산보다 고도가 높아서 감람산에서 예루살렘성을 볼 수 있습니다. 지금도 그쪽에는 예루살렘을 볼 수 있는 전망대가 있습니다. 마태복음 24장과 마가복음 13장, 누가복음 21장에는 모두 감람산에서 예루살렘을 보시며 재난의 징조들에 대해 예수님이 말씀하시는 장면이 나옵니다. 그러니까 높은 산에서 건너편 예루살렘을 보며 하시는 말씀입니다.

요한복음 5장에 나오는 베데스다 연못은 예루살렘의 북동쪽에 있습니다. 그래서 시온산 쪽에서 물이 흐르면 베데스다 쪽으로 흘러오게 되어 있습니다. 또 '양문'이라는 말이 나오는데 말 그대로 양들이 들어오는 문이라고 보면 됩니다. 이 문은 나중에 사자문이라고 불리기도 하고, 스데반 문이라고 불리기도 합니다. 그 이유는 첫 순교자인 스데반 집사가 이 문밖으로 끌려나가 순교를 당하였기 때문입니다. 또한 이 문에서 동남쪽으로 약 200미터 떨어진 기드론 골짜기에 그리스 정교회 소속인 스데반교회가 있기도 합니다. 가톨릭은 이 문을 마리아 문으로 부릅니다. 이 문을 통과하여 약 50미터 올라가면 오른쪽으로 마리아의 어머니 성 안나교회가 있기 때문인데, 이 교회는 기원후 6세기경 이곳이 마리아의 생가라는 전승이 생겨나고 그 후 기원후 1100년경에 십자군이 마리아의 모친의 이름을 따서 성 안나교회라고 불렀습니다. 이와 달리 이슬람은 이 문을 라이언 문으로 부릅니다. 터키의 슐레이만 (Shuleiman)이 예루살렘성벽을 쌓기 전에 꿈을 꾸었는데 그 꿈에서 슐레이만이 네 마리의 사자에게 먹힐 뻔했다고 합니다. 꿈을 풀이한 학자들은 거룩한 성인 예루살렘을 재건하지 않은 채 왕만 좋은 집에서 살기 때문이라고 했고, 슐레이만은 예루살렘성벽을 쌓으면서 그것을 기념하여 성문 양쪽에 사자상을 새겨 두었다고 합니다.

이 문을 통과하면 베데스다 연못이 나옵니다. 사람들은 이 연못을 일종의 간헐천으로 생각했습니다. 특히 성경 말씀을 보면 그런 생각이 들게 됩니다.

> 그 안에 많은 병자, 맹인, 다리 저는 사람, 혈기 마른 사람들이 누워 [물의 움직임을 기다리니 이는 천사가 가끔 못에 내려와 물을 움직이게 하는데 움직인 후에 먼저 들어가는 자는 어떤 병에 걸렸든지 낫게 됨이러라](요 5:3-4).[60]

그런데 이 연못은 사실 연못이 아니라 저수조와 같은 물을 모아둔 곳입니다. 시온산에서 보면 이곳은 낮은 곳이라 물이 모여들 수 있습니다. 학자들에 따르면 이곳의 물은 솔로몬의 못에서 흘러나오는데, 그 솔로몬의 못의 물도 여러 샘에서 흘러온 것이라고 합니다.

이 연못은 다윗 왕이나 솔로몬 시대에 만들어지지 않았습니다. 베데스다 연못은 기원전 200년경 마카비 시대에 축조한 것으로 알려집니다. 마카비는 혁명으로 예루살렘을 탈환한 후 대규모 희생 봉헌 행사를 위하여 충분한 급수시설이 필요했는데, 성전 북쪽 골짜기의 경사를 이용하여 겨울에 내리는 빗물을 모으도록 만들었다

---

60 [ ] 안의 내용은 어떤 사본에는 없다.

고 합니다. 처음에는 희생제물인 양을 파는 시장 가까이에 있어서 양의 못이라고도 불렸고, 사람들은 이 연못에서 희생에 쓸 양들을 씻었습니다.

그 후 헤롯이 성전을 다시 지으면서 베데스다 연못도 새롭게 고 쳤는데, 그는 행각 다섯 개를 세우고 로마의 공공목욕탕처럼 멋지 게 만들었다고 합니다. 그러면서 자연스럽게 환자들이 몰려들기 시작했는데 당시에는 의사의 치료가 별로 좋지 못했고 보통 치료 법은 깨끗한 물을 마시고 씻는 것이 전부였기에 이런 시설이 생기 면 사람들이 모이게 되고 자연스럽게 병자들도 많이 모이는 것입 니다. 게다가 성전과 가까우니 더 그러했을 것입니다.

베데스다 연못은 두 개의 저수조로 되어 있는데 하나는 바위를 파서 만들었고, 다른 것은 큰 화강석 블록으로 만들어져 있습니다. 두 저수조 사이에는 분리벽이 있는데 물이 북쪽 저수조에서 남쪽 저수조로 흐르도록 되어 있습니다. 북쪽 저수조에 일정한 양의 물 이 차면 수문을 열어서 남쪽 저수조로 흘려보냈는데 그때 환자들 은 물이 움직인다고 여겼을 것입니다. 이런 주장은 신학자 예레미 아스(Jeremias)의 생각이기도 합니다. 그러나 사실이야 어떻든 사람 들은 이런 현상을 천사가 내려와서 물을 요동치게 한다고 여겼고, 그때 물에 먼저 들어가는 사람은 병이 낫는다는 전설 아닌 전설이 있었던 것 같습니다. 사람들은 그것을 믿고 거기서 오랫동안 진을 치고 있었던 것입니다.

희망 없는 날의 희망

요한복음 5장에는 이 베데스다 연못의 터줏대감 같은 사람이 한 명 등장합니다. 그는 예수님이 고쳐 준 여러 병자들, 특히 병에 걸려 투병한 연수가 등장한 사람 중에서 가장 오래된 병자가 아닐까 싶습니다. 그는 거기서 자그마치 38년을 버티며 병이 낫기를 기다리고 있었다고 합니다. 이 정도 투병생활은 참 견디기 어렵지 않았을까 싶습니다.

모든 병이 고통스럽지만 만성질환은 천천히 자신과 주변 사람들에게 영향을 미칩니다. 먼저 병에 걸린 것을 아는 순간 모두가 놀라고 걱정하며, 한편으로는 위로를 합니다. 곧 나을 수 있다고 응원하면서 가족들도, 친구들도 도우려 합니다. 그러나 이런 시간이 얼마나 가는지는 경제적 상황이나 다른 여러 가지 환경적 요인에 따라 다릅니다. 어떤 이들은 3개월, 어떤 이들은 1년이나 3년이기도 하며, 길게는 10년도 갑니다. 그런데 투병생활이 더 길어지면 환자도, 가족도, 친척이나 친구들도 함께 지쳐 갑니다. 이 병은 한 사람의 병에서 모두의 병이 되며, 그렇게 가까운 사람들의 삶에 장애가 됩니다. 특히 가족은 경제적으로 어려워지고, 그 한 사람으로 인해 모두가 어려움을 겪습니다. 여행을 가지도 못하고 즐겁게 외식을 하는 것도 쉽지 않습니다. 일상생활에서 얻을 수 있는 소소한 행복들이 다 깨지게 됩니다. 모두가 병에 걸린 것과 같이 힘들어집니다. 그래서 때로는 사람들의 입에서 이제는 차라리 죽는 것이 낫다는 말이 나오기도 합니다.

이런 상황이 전개되면 희망이나 위로는 사라져 가고 반대로 가족 안에서 불화가 생기고 싸움이 벌어지며, 감정적으로나 경제적으로 모두 상처를 입습니다. 하지만 싸움도 상대가 있어야 하는 것이고 화도 힘이 있어야 내는 것이기에 이 또한 오래가지 않습니다. 그리고 결국에는 모두가 체념하는 상태에 이릅니다. 때때로 화도 짜증도 포기하고 그냥 받아들이며 살아가는, 말하자면 천천히 가라앉는 상태에 이릅니다. 병든 사람의 생명을 포기하진 않았지만 모두가 자신의 삶을 포기하는 상태에 이르게 됩니다. 이것은 아마도 경험해 보지 않은 사람들은 결코 쉽게 말할 수 없는 일들일 것입니다. 그래서 우리는 '38년 된 병자'라는 말에 좀 더 귀를 기울여야 말씀 속으로 들어갈 수 있습니다.

다시 베데스다 연못의 이 사람의 이야기로 돌아갑시다. 병든지 38년 된 그 해 어느 날도 이 병자는 아마 가족의 도움으로 이 연못에 출근을 했을 것입니다. 그만큼 오랫동안 병에 걸려 있었다면 아마도 제일 좋은 자리에 있었을 것입니다. 그를 그곳에 데려다 준 가족은 그에게 그날 먹을 조금의 빵과 물을 주었을 것입니다. 그리고 오늘은 천사가 와서 꼭 병이 낫기를 바란다는 상투적인 말을 하면서 갔을 것입니다. 그도 오늘 천사가 내려와 물을 움직이게 할 것을 기대했을 것입니다. 주변의 다른 병자들과도 그런 말들을 나눴을 것입니다. 하지만 어쩌면 아무도 믿지 않았는지도 모릅니다.

요한복음 5장 3절과 4절을 보면 괄호 표시가 있습니다.

그 안에 많은 병자, 맹인, 다리 저는 사람, 혈기 마른 사람들이 누워 [물의 움직임을 기다리니 이는 천사가 가끔 못에 내려와 물을 움직이게 하는데 움직인 후에 먼저 들어가는 자는 어떤 병에 걸렸든지 낫게 됨이러라](요 5:3-4).

그런데 어떤 사본에는 이 괄호 안의 내용이 없다고 합니다. 괄호 안의 내용이 없는 사본을 따라 2절부터 읽으면 이렇습니다.

예루살렘에 있는 양문 곁에 히브리 말로 베데스다라 하는 못이 있는데 거기 행각 다섯이 있고 그 안에 많은 병자, 맹인, 다리 저는 사람, 혈기 마른 사람들이 누워 있는데 거기 서른여덟 해 된 병자가 있더라(요 5:2-5).

두 사본의 차이가 와 닿습니까? 가만히 보면 한 사본은 희망이 있다고 믿고 싶은 세상을 보여 주는 것 같고 다른 하나는 희망이 없는 사실적인 상황을 보여 주는 것 같습니다. 사람들은 희망은 좋은 것이라고 생각합니다. 그리고 그 희망을 믿고 하루를 견뎌내는 사람도 많습니다. 하지만 세상에 있는 희망이란 때론 부풀려진 것이기도 합니다. 희망이 필요한 사람도, 희망이 있을 것이라고 위로하는 사람도 모두 그 희망을 믿지 않는 그 어떤 절망의 날을 살면서 희망을 그냥 이야기하는지 모릅니다. 38년 된 이 병자는 어떤 마음이었을까요? 또 그를 그 연못가에 두고 간 사람은 어떤 마음이었을까요?

"오늘은 좋은 일이 있을 거예요."

이렇게 말했지만 사실 아무런 기대를 하지 않았을지도 모릅니다. 어쩌면 모두 다 천사가 와서 물을 움직이게 하는 일은 없다는 것을 알았을지도 모릅니다. 38년 동안 물이 움직이는 것을 봐 왔지만 누군가 병이 나았다는 것을 본 적도 없으면서 그런 말을 하는지 모릅니다. 어쩌면 원래 그런 일은 없으며, 물이 움직이는 것도 단지 저수조의 물이 옆으로 흐를 때 생기는 일이라는 것을 알면서도 굳이 천사가 내려와 물을 움직이게 한다고 믿고 싶었을지도 모릅니다. 왜냐하면 그것이라도 없으면 아무것도 기대할 것이 없는 인생이기 때문이었습니다. 그런 믿음이라도 없으면 누가 자신을 아침마다 이 연못에 데려다 줄 것이며, 그런 기대라도 없으면 그에게 하루를 어떻게 견디라고 이야기하겠습니까?

그렇게 38년째 어느 날이 지나가고 있었습니다. 그런데 그 기대 없던 어느 날 그에게 어떤 분이 찾아왔습니다. 그리고 이렇게 묻습니다.

네가 낫고자 하느냐(요 5:6).

4장에서 수가성 여인을 만날 때는 예수님이 대화를 조심스럽게 시작했습니다. 그런데 5장에서는 앞뒤 잘라내고 본론을 바로 말씀하십니다. 왜냐하면 그가 어떤 상태인지 잘 알고 계셨기 때문입니다. 예수님의 질문에 그는 이렇게 말합니다.

병자가 대답하되 주여 물이 움직일 때에 나를 못에 넣어 주는 사람이 없어 내가 가는 동안에 다른 사람이 먼저 내려가나이다(요 5:7).

표면적으로 보면 이 병자는 예수님의 직접적인 질문에 아직 자신이 희망을 가지고 있다고 말을 합니다. 누군가 조금만 도와주면 병에서 나을 수 있고, 누군가 조금만 신경 써 주면 모든 문제가 해결될 수 있다고 말합니다. 그는 38년간 믿어왔던 희망을 아직 버리지 않았다고 고백합니다.

은혜 없이는 살 수 없는 사람들

긍정적으로 그의 대답을 평가하자면 그는 오랫동안 소망과 믿음을 가지고 연못에 와서 기다렸던 사람으로 보입니다. 그리고 38년이 지났지만 그의 병이 낫고자 하는 열망은 사라지지 않았고, 예수님의 질문에 자신의 열망을 충분히 드러냈습니다. 예수님이 이 사람이 얼마나 간절한지를 물었다면 그는 그 대답으로 충분히 높은 점수를 받아 통과했을지 모릅니다. 이것이 사실이라면 우리는 어떤 어려움 속에서도 삶의 열정을 잃지 말아야 할 것입니다. 38년이나 포기하지 않은 사람이라면 예수님이 찾아오실 만한 사람이 아닐까 싶습니다.

그러나 이 광경을 목격한 요한은 그에게 어떤 간절함이나 열정을 느낀 것 같지 않습니다. 오히려 그에 대해 암울한 묘사를 합니다. 말씀을 잘 살펴보면 그런 뉘앙스를 느낄 수 있습니다. 먼저 이 사람은 병이 나았는데도 자신을 낫게 해 주신 예수님의 이름도 모르고 있었습니다. 아니 알려는 시도조차 하지 않았습니다.

> 고침을 받은 사람은 그가 누구인지 알지 못하니 이는 거기 사람이 많으므로 예수께서 이미 피하셨음이라(요 5:13).

또 사람들이 그에게 병을 낫게 해 준 사람이 누구냐고 물은 이유는 자신들도 병이 낫고자 함이 아니라 안식일에 이런 일을 행한 사람을 찾기 위함이었습니다. 바리새인들 눈에는 38년 된 병자가 나은 것보다 안식일에 사람을 고치는 일을 하면 안 된다는 것이 더 중요하기 때문이었습니다. 그런데 그는 예수님을 만나 그의 이름을 알게 된 뒤에 유대인들에게 가서 자기를 고치신 분이 예수님이라고 말합니다.

> 그 사람이 유대인들에게 가서 자기를 고친 이는 예수라 하니라(요 5:15).

그래서 바리새인들이 예수님을 박해할 빌미를 줍니다. 게다가 결정적으로 이 사람은 병이 나을 만한 믿음도 가지지 못했습니다. 일반적으로 예수님은 단지 병이 낫고자 하는 열망을 많이 가졌다고 사람을 고쳐 주는 분이 아닙니다. 예수님은 그를 믿는 자들에게 믿음이 너를 구원했다고 말씀하시는 것을 더 선호합니다. 그러나 예수님은 그에게 "보라 네가 나았으니 더 심한 것이 생기지 않게 다시는 죄를 범하지 말라"(요 5:14)고 말씀하셨습니다. 이것은 그가 아직 죄에 대한 완전한 회개와 구원에 이를 만한 믿음이 없었음을 보여 주며, 다시 더 심한 병이 생길 수도 있다는 것을 말해 줍니다. 성경에서 병 고침을 받은 사람에게 나중에 오셔서 이런 말을 더 해준 경우가 거의 없었던 것 같습니다. 그래서인지 성경신학자 D. A. 카슨(Donald Arthur Carson)은 이 구절을 주석하면서 이렇게 말합니다.

> "주도적인 태도, 지각과 기지의 유무, 열렬한 믿음, 문제의식을 느끼는 정도에 있어서 이 '병자'는 요한복음 9장에 나오는 경이로운 인물인 '날 때부터 맹인 된 사

람'의 특징을 이루는 모든 것과 철저하게 반대되는 모습을 보여 준다."[61]

사실 카슨이 비교한 9장의 맹인뿐 아니라 다른 성경에 병 고침을 받은 다수의 사람들과도 다른 모습을 보여 줍니다. 그렇다면 주님은 왜 이날 38년이나 병으로 고통받던 이 사람에게 가셨던 것일까요? 이것이 요한복음 5장에서 나타난 만남의 가장 큰 특징이 아닌가 싶습니다.

일반적으로 우리는 말씀을 보며 그 안에 나오는 사람과 같은 태도를 갖기 원합니다. 아브라함과 같은 믿음, 다윗과 같은 순종을 배우길 원합니다. 요한복음에서도 다르지 않습니다. 니고데모는 하나님 나라에 대한 열망을 가지고 밤중에라도 예수님을 찾아왔습니다. 예수님이 그 멀리 사마리아까지 가서 수가성 여인을 우물에서 기다리셨습니다. 그녀에게는 하나님께 참되게 예배하고 싶어 하는 열망이 있었기 때문입니다. 성경은 하나님 나라에 대한 갈망이 있는 자들이 주님을 만나고 또 예수님은 그런 자들을 찾아가셔서 은혜를 베푸셨습니다. 우리도 그런 갈망과 믿음의 씨앗이 있어야 할 것이라고 생각됩니다.

그러나 본문에서는 그런 모습이 없는 사람을 찾아오신 예수님이 보입니다. 병은 오래되었지만 죄에 대한 회개마저 완전치 않고, 성전이 아닌 베데스다 연못에서 천사가 내려오길 기다리는 조금 이상한 희망에 매여 있으며, 다시 더 큰 병에 걸릴 가능성마저 엿보인

---

61 Carson, 『PNTC 요한복음』 439.

사람을 주님이 찾아오셨기 때문입니다. 그렇다면 왜 주님은 이 사람을 찾아오셨을까요? 이에 대해 성경은 이렇게 답해 줍니다.

> 아버지께서 죽은 자들을 일으켜 살리심 같이 아들도 자기가 원하는 자들을 살리느니라(요 5:21).

예수님이 '자기가 원하는 자들을 살리신다'고 말씀합니다. 예수님이 그것을 원하셨기 때문이라고 말합니다. 사실 요즘은 공정과 공평을 얼마나 강조하는지 모릅니다. 엄마 찬스, 아빠 찬스라고 해서 부모의 재력이나 권력으로 자녀들이 직장도 좋은데 가고, 군대도 편한 곳으로 가는 일들이 얼마나 많은지 모릅니다. 젊은이들이 분노하며 시대에 공평을 요구하고 있습니다. 그런데 만약 예수님이 어떤 기준도 없고 자격도 없는 사람을 그냥 고쳐 주고 싶다는 이유로 병을 고쳐 주었다면 난리가 날 사람들이 있을 겁니다. 특히 베데스다 연못에 있던 다른 병자들은 분명 항의하며 시위를 했을지도 모릅니다.

"아니 사람도 그렇게 많은데 그냥 오래 아프다고 고쳐 주시는 거냐."

"그 사람 믿음도 없어 보이던데 왜 고쳐 주신 거냐."

"그 사람 회개는 했냐? 무슨 잘못을 해서 병에 걸린 건지 알기는 아시냐? 원칙이 무엇이냐."

예수님께 이렇게 따질지도 모르겠습니다. 그런데 우리가 이런 생각을 가질수록 우리가 하나님의 은혜를 전혀 모른다는 것을 알아야 합니다. 우리는 하나님의 은혜가 아무 조건 없는 것이라고 말하면서도, 우리도 모르는 사이에 어떤 조건이 하나님의 은혜를 가져온다고 생각합니다. 믿음이나 하나님 나라에 대한 소망, 간절함 같은 것이 있어야 하나님의 은혜가 온다고 여깁니다. 그런데 성경은 그렇게 말한 적이 없습니다.

> 너희는 그 은혜에 의하여 믿음으로 말미암아 구원을 받았으니 이것은 너희에게서 난 것이 아니요 하나님의 선물이라(엡 2:8).

은혜는 우리에게서 난 것이 아닙니다. 우리가 어떤 조건이 되어서 그분이 오신 것이 아닙니다.

> 그 기쁘신 뜻대로 우리를 예정하사 예수 그리스도로 말미암아 자기의 아들들이 되게 하셨으니 이는 그가 사랑하시는 자 안에서 우리에게 거저 주시는 바 그의 은혜의 영광을 찬송하게 하려는 것이라(엡 1:5-6).

은혜로 구원받은 것은 하나님이 온전히 기쁘신 그분의 뜻대로 우리에게 오셔서 새로운 생명을 주시고자 하셨기 때문입니다. 기독교 신앙, 특별히 개혁주의 장로교의 신앙은 이 은혜를 강조합니다. 다른 조건이나 이유가 우선하지 않는다는 것입니다. 회개도 마찬가지입니다.

누가복음 19장에는 삭개오 이야기가 나옵니다. 예수님이 삭개오의 집에 들어가신 것은 그가 회개했기 때문이 아닙니다. 사람들은 죄인의 집에 들어가 어떻게 밥을 먹으며 교제할 수 있냐고 따졌습니다. 하지만 예수님은 그가 죄인일 때 그의 집에 찾아가셨습니다. 그와 함께 식사를 했습니다. 그러면서 주님은 삭개오를 기다리셨습니다. 마침내 그가 회개하고 자신이 앞으로 살아갈 길에 대해 결심할 때 그에게 이렇게 말씀했습니다.

예수께서 이르시되 오늘 구원이 이 집에 이르렀으니 이 사람도 아브라함의 자손임 이로다. 인자가 온 것은 잃어버린 자를 찾아 구원하려 함이니라(눅 19:9-10).

이것이 은혜의 역사입니다. 은혜가 먼저 임하고, 그의 변화가 일어난 것입니다. 우리는 때때로 우리 자신이 변해야 하나님이 우리에게 복을 주신다고 생각합니다. 우리를 도와주실 거라고 생각합니다. 그러나 우리가 변하는 것도, 우리 마음에 간절함이 생기는 것도 사실은 그분이 우리에게 이미 은혜를 주셨기 때문입니다. 우리에게 은혜를 주셔서 마음을 간절하게 하신 분이 그 간절함으로 하나님께 나오면 또 그것을 믿음이라고 칭하시고 의롭다고 인정해 주십니다. 그렇기에 신앙은 시작도 과정도 그 끝도 모두 하나님의 은혜일 수밖에 없습니다. 이 값없이 주시는 놀라운 하나님의 은혜가 우리에게 임한 것입니다.

은혜가 요구하는 변화

그런데 한편으로 이 은혜는 의미 없이, 쓸데없이 부어지지 않습니다. 은혜는 조건 없이 주어지지만 일단 은혜가 부어지면 항상 우리에게 어떤 변화를 요구하며 또한 변화를 일으키게 됩니다.

주님이 이 사람에게 변화를 가져오고자 하신 것은 무엇일까요?

첫 번째로 그가 의지하는 헛된 희망에서 벗어나는 것입니다. 요한복음 5장의 38년 된 병자의 병은 말 그대로 오래된 병입니다. 낫고자 하는 열정을 다 삼키고 주변 사람들의 모든 관심과 위로도 다 삼키며, 가지고 있던 돈도 사람들의 도움도 다 삼켜 버린 그것이 바로 '오래된 병'의 진실입니다. 그런데 이런 절망 가운데서 이 38년 된 병자가 희망이 아님에도 희망이라고 여기는 것이 바로 베데스다 연못입니다. 아니라는 것을 알면서도 거기 있게 합니다. 진정한 희망이 없는데도 거기서 하루를 보내고 일 년을 보냅니다. 다른 길을 찾을 수도 없고 찾지도 못하면서 그렇게 헛된 소망 속에 있게 됩니다.

예수 그리스도가 이 38년 된 병자를 찾아오신 은혜는 이 헛된 희망에서 벗어나라는 것입니다. 천사가 내려와 물이 움직이게 하는 것이 우리의 희망이 될 수 없습니다. 거기서 38년 동안 기다려 봐야 아무 일도 일어나지 않았으며, 일어날 수도 없는 곳에 앉아 있는 것은 열정도 아니며 단지 절망의 인공호흡기를 꼽고 있는 식물인간처럼 있는 것일 뿐이라는 것입니다. 예수님이 발견하고 아신 것은 그것입니다.

> 예수께서 그 누운 것을 보시고 병이 벌써 오래된 줄 아시고 이르시되 네가 낫고자
> 하느냐(요 5:6).

이 질문은 이렇게 말할 수 있을 것입니다.

"너는 정말 이곳에 희망이 있다고 믿느냐?"

이것이 우리의 모습을 아시고 은혜로 다가오신 주님의 질문입

니다.

"네가 사는 세상에 네가 기대고 있는 희망이란 무엇이냐?"

헛된 희망 속에 사는 인간의 모습을 하나님이 그냥 두셨다면, 세상은 무의미로 가득 찼을 것입니다. 은혜로 우리에게 다가오지 않으셨다면 이 절망은 없어지지 않았을 것입니다.

우리는 알고 있습니다. 사람들은 매번 정의를 부르짖으며 세상을 바꾸겠다고 하면서 우리를 현혹했지만 결과는 아무것도 달라지지 않았습니다. 더 공정한, 더 좋은 세상에 대해 말하는 모든 메시지들은 헛된 희망일 뿐입니다. 그래도 좀 더 나아진 것 같다고 말할 수 있을 것입니다. 그러나 철학도, 과학도, 정치도 결국 우리에게 헛된 희망을 불어넣습니다. 인간은 기댈 것이 없는 줄 알면서도 거기에 기댑니다. 혹시나 합니다. 그러나 거기에는 희망이 없습니다. 설사 그런 누군가가 세상을 개혁한다고 하고 새로운 희망을 준다고 해도 마치 천사가 물을 움직이게 해도 내가 거기에 들어가기엔 너무 늦어버린 것처럼, 세상은 잠시 발버둥을 치다 이내 다시 돌아가 더 낮고 어두운 곳으로 가기 마련입니다.

우리가 만약 은혜로 우리에게 오신 예수님을 만나지 않았다면, 우리도 그런 가짜 희망의 말을 상투적으로 내뱉으며 하루를 보냈을 것입니다. 달라지는 것이 없을 것 같은 이 세상에서 사는 것도 아니고 그렇다고 죽는 것도 아닌 절망을 이불처럼 덮고 사는 하루가 지나갔을 것입니다.

예수님이 세상에 오신 것은 우리에게 거짓된 희망에서 벗어나 참된 생명의 길을 보여 주시기 위함입니다. 그분이 길이고 생명이며 참된 소망입니다. 이 참된 소망의 주님을 만나 세상의 헛된 것들에서 벗어나기 바랍니다.

마지막으로 한 가지 더 생각해 볼 것이 있습니다. 예수님이 이 사람을 고쳐 준 이후의 상황을 보면 그의 병을 고쳐 주고 다시 오셔서 그에게 이렇게 말씀하신 것을 볼 수 있습니다.

> 그 후에 예수께서 성전에서 그 사람을 만나 이르시되 보라 네가 나았으니 더 심한 것이 생기지 않게 다시는 죄를 범하지 말라 하시니(요 5:14).

예수님은 안식일에 이 사람을 고쳐 주었기에 유대인들에게 문제가 될 것을 알고 있었습니다. 그렇다면 처음에 이 사람이 예수님의 이름도 모를 때 피하신 대로 그대로 떠나셨으면 아무 문제도 없었을 것입니다. 게다가 예수님은 이 사람이 예수님이 안식일에 병을 고치신 것을 바리새인들에게 말할 것을 모르실 리 없었습니다. 그러나 굳이 다시 오셔서 그에게 조언을 해 주십니다. 38년 된 병에서 나은 것이 그의 삶에 참된 변화로 이어지기 위해서는 이전의 삶으로 돌아가지 말아야 한다고 말씀해 줍니다. 위험해지고 논란을 불러올지라도 이 사람에게는 반드시 해 주어야 할 말씀이었습니다. 그것이 병에서 낫는 것보다 더 중요한 것이었습니다.

은혜란 이런 것입니다. 은혜는 우리의 노력이나 행위와 상관없이 우리에게 값없이 오지만, 일단 은혜가 우리에게 임하면 은혜는 우리가 뒤로 돌아가는 것을 허용하지 않습니다. 은혜는 절대로 우리가 죄를 짓는 삶을 그대로 허용하지 않습니다. 그것은 성경에서 말하는 은혜가 아닙니다. 그것은 하나님의 사랑도 아니며, 기독교의 진리가 아닙니다.

세상은 이 은혜의 진리를 모릅니다. 그래서 세상은 교회와 신자들에게 잘못된 은혜와 사랑을 요구합니다. 우리가 베푸는 은혜는 오직 사람을 새롭게 하여 변화를 받아 하나님의 자녀로서 의와 진리와 거룩한 삶에 이르게 하는 것이어야 합니다. 우리가 주는 사랑은 사람의 영혼을 구원하고 그의 삶을 그리스도와 연합하게 하는 것이어야 합니다. 그런데 세상은 내가 죄를 계속 짓든 말든 상관하지 말고 나를 도우라고 말합니다. 도움을 주되 그리스도는 전하지 말라고 하고 봉사는 하되 죄를 짓는 일을 막지 말라고 합니다. 예수가 없고 성경이 없으며, 예배가 없는 사랑과 봉사와 은혜는 도대체 무엇을 위한 것입니까?

우리 자신도 마찬가지입니다. 은혜는 도대체 무엇 때문에 받으려 합니까?

> "내가 어떤 삶을 살든 상관 마시고 그냥 공짜로 은혜를 준다고 하셨으니 그냥 은혜를 주시오. 내가 언제 달라고 했소? 나는 나름의 믿는 구석이 있고, 세상에도 희망이 있다고 생각하오. 그러니 당신이 만약 은혜를 주고 싶으면 주고 그냥 갈 길이나 가시오."

이것이 신자의 태도가 될 수 있다고 생각합니까? 결단코 그럴 수 없습니다. '오래된 병'에 걸려 있는 우리에게 예수님이 찾아오셨습니다. 그분은 은혜로 우리의 죄의 병을 고치시고, '더 심한 것이 생기지 않도록' 우리를 가르치고 있습니다. 이 은혜가 우리를 변화시키길 원합니다. 헛된 소망에서 벗어나고 삶의 변화가 일어나길 원합니다.

말씀의 적용을 위한 묵상

1. 나에게 있는 '38년 된 병'과 같은 오래된 악습은 무엇입니까? 나는 아직도 내 자신이 변화될 것이라는 희망을 버리지 않고 있습니까?

2. 세상의 변화에 대해 우리가 희망을 걸고 있는 일들이 있습니까? 기술이나 의학의 발달, 경제적 번영과 같은 것이 인류의 오래된 문제들을 해결해 줄 수 있을 것이라고 생각합니까? 기독교 신앙은 이 시대에 어떤 답을 줄 수 있다고 생각하는지 나누어 봅시다.

3. 혹시 내가 애쓰고 노력하지 않음에도 불구하고 하나님이 은혜로 변화시켜 주신 일들이 있습니까? 그런 변화 뒤에 '다시 과거로 돌아가지 않기 위해, 혹은 더 심한 것이 생기지 않도록' 주님과의 깊은 사귐의 신앙을 가지고 있는지 생각해 봅시다.

08 기적을 보는 여러 시선들
오병이어 다음 날

썩을 양식을 위하여 일하지 말고 영생하도록 있는 양식을 위하여 하라 이 양식
은 인자가 너희에게 주리니 인자는 아버지 하나님께서 인치신 자니라 (요 6:27)

오병이어로 나타난 진심

오병이어의 기적은 예수님이 어린아이가 가져온 물고기 두 마리와 보리떡 다섯 개로 오천 명을 먹이신 사건입니다. 이 기적은 단지 여러 사람이 배불리 먹었다는 정도가 아니라 일종의 상징성이 있습니다. 말하자면 화수분 같은 기적이라는 측면에서 구약의 엘리야나 엘리사가 보여 준 기적과도 유사성이 있고, 만나를 통해 40년 광야 생활 가운데 이스라엘 백성을 먹이신 하나님의 능력을 상징하는 것도 있습니다.

또 오병이어의 기적은 모든 복음서에 기록되어 있습니다. 공관복음에서는 기적 그 자체를 서술하는 데 중점을 두지만 요한복음은 약간 다른 점이 있습니다. 예를 들어, 공관복음서는 당시 사람들의 불쌍한 모습을 보여 주며 예수님이 그들을 불쌍히 여기고 이 기적을 베푸셨다고 설명합니다.

예수께서 나오사 큰 무리를 보시고 불쌍히 여기사 그중에 있는 병자를 고쳐 주시니라(마 14:14).

예수께서 나오사 큰 무리를 보시고 그 목자 없는 양 같음으로 인하여 불쌍히 여기사 이에 여러 가지로 가르치시더라(막 6:34).

그리고 예수님이 제자들에게 먹을 것을 주라고 명하셨다고 합니다.

예수께서 이르시되 갈 것 없다. 너희가 먹을 것을 주라(마 14:16).

대답하여 이르시되 너희가 먹을 것을 주라 하시니 여짜오되 우리가 가서 이백 데나리온의 떡을 사다 먹이리이까(막 6:37).

예수께서 이르시되 너희가 먹을 것을 주라 하시니 여짜오되 우리에게 떡 다섯 개와 물고기 두 마리밖에 없으니 이 모든 사람을 위하여 먹을 것을 사지 아니하고서는 할 수 없사옵나이다 하니(눅 9:13).

반면 요한복음은 상황을 보는 시각이 좀 다릅니다. 예수님은 수많은 사람들이 굶고 있는 상황을 제자들이 어떻게 해결하려고 하는지를 보셨으며, 이 기적을 통해 그들을 훈련시키시려는 목적을 더 강조합니다. 즉, 기적이 중요한 것이 아니라 기적을 통해 무엇을 배우느냐가 더 중요하다는 뜻입니다. 그리고 이 기적의 사건 이후의 일들을 통해 기적을 경험한 사람들이 무엇을 깨닫고 또 어떻게 변해 가는지 사건의 후기를 더 자세히 보여 주고자 합니다.

먼저 요한복음은 기적을 경험한 사람들, 즉 물고기와 보리떡으로 배부르게 먹었던 오천 명의 사람들이 예수님을 다음과 같이 인식했다고 말해 줍니다.

> 그 사람들이 예수께서 행하신 이 표적을 보고 말하되 이는 참으로 세상에 오실 그 선지자라 하더라(요 6:14).

이 말은 좋은 말처럼 보입니다. 때때로 예수님을 선지자로 여기는 표현은 예수님의 제자들에게서도 나타납니다.

> 모세가 말하되 주 하나님이 너희를 위하여 너희 형제 가운데서 나 같은 선지자 하나를 세울 것이니 너희가 무엇이든지 그의 모든 말을 들을 것이라. 누구든지 그 선지자의 말을 듣지 아니하는 자는 백성 중에서 멸망 받으리라 하였고(행 3:22).

> 이스라엘 자손에 대하여 하나님이 너희 형제 가운데서 나와 같은 선지자를 세우리라 하던 자가 곧 이 모세라(행 7:37).

그런데 사도행전에 나오는 이 말들에는 공통적으로 등장하는 인물이 있습니다. 바로 모세입니다. 즉, 이 선지자의 이미지는 모세가 한 말에 기초합니다.

> 네 하나님 여호와께서 너희 가운데 네 형제 중에서 너를 위하여 나와 같은 선지자 하나를 일으키시리니 너희는 그의 말을 들을지니라(신 18:15).

이 신명기의 구절 때문에 유대인들은 언젠가 모세와 같은 선지자가 나와 자신들의 지도자가 될 것이라는 생각을 갖고 있었습니다. 그들은 새로 나타나는 선지자가 마치 광야에서 이스라엘 백성을 먹여 살렸던 모세와 같은 그런 유형의 지도자라고 생각했습니다. 한마디로 이런 선지자의 이미지로 예수님을 바라보면 예수님은 항상 먹을 것을 주고 병자를 고쳐 주며, 그들의 삶의 어려움을 해결해 주는 분이 됩니다. 그러나 모세가 신명기에서 한 선지자라는 말과 이스라엘 사람들이 모세와 같은 선지자라고 하는 말에는 차이가 있습니다. 예수님은 사람들을 먹여 살리는 분이시지만 육적으로 뿐만 아니라 영적으로 살리는 분이십니다. 그러나 사람들은 예수님을 영적 차원에서 이해하지 못했습니다. 그래서 사람들이 자신을 그렇게 이해하는 것이 옳지 않기에 거기에 있고 싶어 하지 않으셨습니다. 그래서 혼자서 떠나가셨습니다.

> 그러므로 예수께서 그들이 와서 자기를 억지로 붙들어 임금으로 삼으려는 줄 아시고 다시 혼자 산으로 떠나가시니라(요 6:15).

우리는 이 사람들이 예수님을 찾아다니고 억지로 임금으로 삼으려고 하는 말을 이해할 필요가 있습니다. 요즘은 그런 사람들이 적지만 한 4,50년 전만 해도 먹을 것이 없어 굶는 사람이 흔했습니다. 열심히 일해도 먹고살기가 너무 어려웠습니다. 몇백년 전으로 돌아가면 굶어 죽는 사람도 많았습니다. 병에 걸려도 약도 없고 의학도 발달하지 않아서 조선시대 평균수명이 남자는 35세정도 밖에 안 되었다고 합니다. 그럼 더 멀리 2,000년 전으로 가면 어떨까요? 분명히 먹고사는 문제가 삶의 전부였던 사람들이 많았을 것입니다.

그런데 예수님이 병자를 고치시고 물고기와 보리떡을 배부르게 먹을 수 있게 해 주었다고 생각해 봅시다. 그것도 오천 명을 한번에 해결해 주셨습니다. 사람들은 분명 예수님이 왕이 되어야 할 분이라고 생각했을 것입니다. 하루종일 일해도 하루 한 끼 먹는 것도 쉽지 않은 시대에 그렇게라도 먹을 수 있다면 당연히 그런 능력이 있는 분을 왕으로 모시려 했을 것입니다. 그래서 사람들은 예수님이 떠나면 찾으러 다녔습니다. 그분에게 무엇인가 얻을 것이 있을 거라고 믿었고, 그들의 그런 생각은 우리가 상상하는 수준을 훨씬 넘어서는 것입니다.

무엇을 찾는 사람들인가?

오병이어의 기적은 예수님을 찾는 사람들을 급격히 늘어나게 만들었을 뿐 아니라 그들의 열성도 변화시켰습니다. 그들은 예수님을 찾기 위해 배를 타고 갈릴리 호수를 건너갈 정도였습니다. 마치 좋아하는 연예인을 만나기 위해 집 앞에 장사진을 치고 있는 팬들처럼 그들은 대단한 열성을 보였습니다.

> 무리가 거기에 예수도 안 계시고 제자들도 없음을 보고 곧 배들을 타고 예수를 찾으러 가버나움으로 가서 바다 건너편에서 만나 랍비여 언제 여기 오셨나이까 하니 (요 6:24-25).

예수님은 이 사람들을 불쌍히 여겼지만 계속해서 먹을 것을 주는 것이 답이 아니라는 것을 알고 계셨습니다. 아무리 배고픔을 해결해 주더라도 진리를 깨닫지 못하고 본질을 알지 못하면 배부른 것은 아무 의미가 없기 때문입니다. 병이 나아도 구원받지 못하면 소용없기 때문입니다. 그래서 예수님은 복음은 잘 모르면서 쉽게 떡을 먹을 수 있다고 생각하고 주님을 찾아온 이 사생팬들과 같은 사람들에게 이렇게 말씀하십니다.

> 예수께서 대답하여 이르시되 내가 진실로 진실로 너희에게 이르노니 너희가 나를 찾는 것은 표적을 본 까닭이 아니요 떡을 먹고 배부른 까닭이로다(요 6:26).

그리고 이렇게 말씀해 주십니다.

> 썩을 양식을 위하여 일하지 말고 영생하도록 있는 양식을 위하여 하라. 이 양식은 인자가 너희에게 주리니 인자는 아버지 하나님께서 인치신 자니라(요 6:27).

예수님이 원하시는 것은 썩을 양식이 아닌 영생하도록 있는 양식을 위해 일하는 것이며, 이 양식은 예수님이 주신다고 말합니다. 어디서 많이 들어본 말씀입니다.

> 예수께서 대답하여 이르시되 이 물을 마시는 자마다 다시 목마르려니와 내가 주는 물을 마시는 자는 영원히 목마르지 아니하리니 내가 주는 물은 그 속에서 영생하도록 솟아나는 샘물이 되리라(요 4:13-14).

그렇습니다. 오병이어의 기적이든 다른 무엇이 되었든 그것을 먹어도 다시 배가 고픕니다. 가버나움에서 물로 포도주를 만드셨는데, 그 포도주를 먹었다고 평생 술에 취해 안 깨는 것도 아닙니다. 기적은 일종의 표지판이며, 화살표입니다. 가리키는 것이 따로 있습니다. 화살표가 가리키는 것이 진짜지 화살표에 매달리면 안 됩니다.

그러자 사람들이 묻습니다.

그들이 묻되 우리가 어떻게 하여야 하나님의 일을 하오리이까(요 6:28).

예수님은 이렇게 답하십니다.

예수께서 대답하여 이르시되 하나님께서 보내신 이를 믿는 것이 하나님의 일이니라 하시니(요 6:29).

예수님이 기적을 베푸신 이유는 사람들로 하여금 하나님의 일을 하게 하는 것이며 이것은 하나님이 보내신 이, 즉 예수님을 믿는 것입니다. 이 정도면 알아들을 만도 한데 이 사람들은 다시 이렇게 묻습니다.

그들이 묻되 그러면 우리가 보고 당신을 믿도록 행하시는 표적이 무엇이니이까, 하시는 일이 무엇이니이까. 기록된 바 하늘에서 그들에게 떡을 주어 먹게 하였다 함과 같이 우리 조상들은 광야에서 만나를 먹었나이다(요 6:30-31).

쉽게 말하면, "우리가 모세를 선지자로 알고 있었던 것은 그들에게 먹을 것을 주었기 때문입니다. 그러니까 우리가 당신을 선지자로 믿고 싶은데 당신도 모세처럼 우리에게 먹을 것을 줄 수 있습니까?"라고 묻고 있습니다.

지금까지 병자들이 낫고 오천 명이 한번에 먹는 기적을 경험해 놓고도 그들이 말하는 것을 보면 그들은 복음에는 전혀 관심이 없었다는 것을 알 수 있습니다. 그들은 예수님이 선지자라고 생각했지만, 모세의 때와 마찬가지로 그들이 생각하는 선지자는 자신들의 의식주를 해결해 주는 사람이지 하나님의 일을 가르쳐 주는 사람이 아니었습니다.

요한복음에는 예수님을 만나게 된 여러 사람들이 나옵니다. 세례 요한의 제자들이나 예수님의 제자들, 니고데모, 사마리아 여인 등은 '하나님의 나라'와 '참된 예배' 같은 것에 관심이 있던 사람들이었습니다. 이들은 예수님이 새로운 세상을 여는 메시아라는 점에 주목했습니다. 그런데 오병이어의 기적 후에 예수님을 찾아다녔던 사람들을 보면 그런 사람들이 아닙니다. 이 사람들이 생각하는 예수님의 역할이란 곧 잘 먹고 잘살게 하는 것이라고 여기고 있습니다. 어쩌면 매우 현실적이라고 말할 수도 있을 것입니다.

본문 말씀을 보다 보면 이들의 모습과 현대의 우리의 모습이 유사한 면을 보게 됩니다. 우리의 신앙의 목적은 무엇입니까? 우리가 예수님을 믿을 수 있게 만드는 일은 무엇입니까? 많은 사람들이 문제가 해결되고 하는 일이 잘되는 것을 통해 신앙이 생겨나고 성장할 수 있다고 생각합니다. 물론 그런 사람들을 우리는 많이 보아왔습니다. 병이 완치되거나 기도하면서 사업의 문이 열리고, 자녀나 가정의 문제들이 해결되는 경우들이 있으며 이를 통해 예수님을 믿게 되는 사람들이 있습니다. 그런데 이런 일들은 한마디로 표지판이자 화살표일 뿐입니다. 즉, 그런 일들을 통해 예수님을 구세주로 만나는 것이지 어떤 현실적인 문제의 해결이 신앙의 목적은 아니라는 것입니다.

우리는 38년 된 병자의 이야기에서도 같은 교훈을 얻을 수 있었습니다. 예수님이 그의 병을 고치신 이유는 그냥 오래되어서거나 간절했기 때문이 아니라 그가 예수님과의 만남을 통해 죄에서 벗어나 새로운 하나님의 백성이 되게 하는 것이었습니다. 더 심한 것이 생기지 않도록 죄를 범하지 말라는 말씀은 바로 그런 의미였습니다. 그가 만약 예수님을 참된 구주로 섬기고 예수님을 진정한 메시아로 믿게 되었다면 그의 병이 고침 받은 것은 의미 있는 일이됩니다. 그러나 그렇지 않았다면 그의 병 고침은 그로 하여금 더 큰 죄를 지을 수 있게 하는 또 다른 시작일 뿐입니다.

우리는 예수님께 우리가 예수님을 믿게 만드는 기적을 요구할 때가 있습니다. 그것이 작은 것이든 큰 것이든 그런 기도를 할 때가 있습니다. 주님이 그런 기도에 응답해 주실 때도 있습니다. 그러나 중요한 것은 그런 기적이 아니라 예수님을 믿는 일이라는 것을 잊지 말아야 합니다.

생명의 떡을 구하라

육신의 떡을 찾는 이들의 요구에 예수님은 이렇게 답하십니다.

예수께서 이르시되 내가 진실로 진실로 너희에게 이르노니 모세가 너희에게 하늘로부터 떡을 준 것이 아니라 내 아버지께서 너희에게 하늘로부터 참 떡을 주시나니 하나님의 떡은 하늘에서 내려 세상에 생명을 주는 것이니라(요 6:32-33).

"너희 조상에게 떡을 준 분은 모세가 아니라 하나님이며, 하나님이 주시는 진짜 떡은 그들이 먹었던 만나가 아니라 세상에 주는 생명이다"라고 예수님은 말씀합니다. 그들이 먹었던 만나가 핵심이 아니라 그들을 살리시는 하나님의 능력이 핵심이라는 말씀을 해 주시는 것입니다. 이 말을 들으면 이제 좀 이해를 해야 하는데 그들은 여전히 자신들의 생각에서 벗어나지 못합니다.

그들이 이르되 주여 이 떡을 항상 우리에게 주소서(요 6:34).

이들의 대답은 생명의 떡을 달라는 말이 아닙니다. 예수님은 하나님이 세상을 구원하시려고 주시는 생명의 떡, 즉 하나님의 독생자이신 예수님 자신을 설명하는데 어려운 설명은 필요 없고 그냥 떡만 주시면 되지 않냐고 말하는 것입니다.

예전에 주일학교 어린이들에게 간식을 나누어 줄 때나 여름성경학교 때 점심을 먹기 전 요절을 외우게 할 때가 있었습니다. 요즘은 그런 방식으로는 전혀 통하지 않지만 예전에는 아이들이 잘 따라 줬습니다. 그런데 보통 아이들은 이해를 하든 못하든 일단 규칙을 따라 요절을 힘들게라도 외웁니다. 하지만 어떤 아이들은 전혀 막무가내였습니다. 규칙이든 성경이든 상관없고 나는 무조건 간식을 먹어야 한다고 떼를 씁니다.

이런 모습은 어른들도 마찬가지입니다. 교회가 어려운 사람들을 돕는 이유는 복음을 전하고 영생을 얻게 하기 위함인데 어떤 사람들은 "복음은 난 관심 없으니 먹을 것이나 내놔라. 나는 먹고 가야겠다"라는 태도를 보인다고 합니다. "도와주는 것은 너희 마음 편하려고 하는 것일 뿐 나와는 상관없으니 돕고 싶으면 빨리 주고 가라"는 식입니다. 참 안타까운 모습입니다.

신앙은 어떤 자격이나 상태를 말하는 것이 아닙니다. 참된 신앙이란 영적 생명을 소유하는 것입니다. 생명이 있다는 것은 곧 자라

나는 것입니다. 성장하는 것입니다. 아이가 성장할 때 처음에는 입에 물려주는 것을 무조건 먹으며 먹을 것이 없으면 울지만, 때가 되면 '나는 어떤 분인가, 나는 왜 살아가려고 하는가'와 같은 본질적인 질문을 하기 시작합니다. 성장하는 신앙도 이와 같이 본질을 찾습니다. 왜냐고 묻게 되어 있습니다. 정말 중요한 것이 무엇인지 알고 싶어 합니다. 만약 우리가 참된 신앙을 가졌다면 참된 생명의 떡이신 예수님이 어떤 분인지 더 알고자 할 것입니다. 영적인 생명이 성장하는 자들이 되어 더 깊은 신앙의 자리로 나아가야 할 것입니다.

예수님은 말씀을 못 알아듣는지 혹은 알고 싶어 하지 않는지 알 수 없는 이 사람들을 향해 확실하게 말씀해 줍니다.

> 예수께서 이르시되 나는 생명의 떡이니 내게 오는 자는 결코 주리지 아니할 터이요 나를 믿는 자는 영원히 목마르지 아니하리라(요 6:35).

사마리아 여인에게 말씀하셨던 것처럼 예수님이 자신을 영원히 목마르지 않는 물, 영원히 주리지 않는 떡과 같이 비유하는 말씀은 요한복음에 여러 번 등장합니다.

> 진실로 진실로 너희에게 이르노니 믿는 자는 영생을 가졌나니 내가 곧 생명의 떡이니라. 너희 조상들은 광야에서 만나를 먹었어도 죽었거니와 이는 하늘에서 내려오는 떡이니 사람으로 하여금 먹고 죽지 아니하게 하는 것이니라. 나는 하늘에서 내려온 살아 있는 떡이니 사람이 이 떡을 먹으면 영생하리라. 내가 줄 떡은 곧 세상의 생명을 위한 내 살이니라 하시니라(요 6:47-51).

이 말을 들은 자들은 여전히 혼란에 빠져 있었습니다. 왜냐하면

184   예수님을 만난 사람들 : 인물과 만남의 키워드로 읽는 요한복음

영적 생명이 없었기에 여전히 육적으로 이 말씀을 이해했기 때문입니다. 그 결과 그들은 황당한 논쟁에 빠집니다.

그러므로 유대인들이 서로 다투어 이르되 이 사람이 어찌 능히 자기 살을 우리에게 주어 먹게 하겠느냐(요 6:52).

유대인들은 먹는 것에 사로잡혀 있었기에 예수님의 말씀이 영적인 것을 의미한다는 것을 이해하지 못했습니다. 그래서 진짜로 예수님 몸의 살을 먹어야 하는 건지 서로 논쟁이 벌어졌습니다. 설마 예수님이 진짜 자신의 몸을 먹을 것으로 준다고 생각한 걸까요?

이것을 보면 우리의 신앙이 어떤 생각에 사로잡혀 있을 때 그것으로 말씀을 보는 편향된 시각이 생긴다는 것을 알 수 있습니다. 먹는 것에 사로잡혀 있는 자들이 예수님의 영적인 말씀을 오해하듯 기복적인 생각에 사로잡혀 있으면 모든 말씀이 기복적인 것으로 보입니다. 어떤 것이든 복 받는 조건으로 해석이 됩니다. 그런 사람들에게는 기도도, 예배도, 헌금도, 봉사도 모두 복을 받는 조건일 뿐입니다. 또 예를 들어, 자신의 잘못을 변명하려는 사람은 성경을 읽으면 읽을수록 그런 구절만 눈에 띕니다. 본질은 보이지 않고 자신에게 유리한 말씀만 찾아집니다. 그리고 자신에게 유리한 해석을 합니다. 예수님을 시험했던 마귀도 성경 구절을 인용하지 않았습니까? 이단들도 성경을 가져다 쓰지만 잘못된 해석을 하는 것과 같습니다.

우리에게 이런 육적인 생각들과 세속적인 생각들, 욕심과 원망과 미움과 나의 이익만을 생각하는 이기심들이 있으면 영적인 것을 받아들일 수 없습니다. 그래서 예수님은 이런 영적인 것을 이해하는 것이 하나님의 은혜라고 말씀해 줍니다. 사람이 육적인 생각에 사로잡혀 있으면 말씀을 깨닫지 못하고 구원의 길로 오지 못한다는 것입니다.

> 아버지께서 내게 주시는 자는 다 내게로 올 것이요 내게 오는 자는 내가 결코 내쫓지 아니하리라(요 6:37).

> 나를 보내신 아버지께서 이끌지 아니하시면 아무도 내게 올 수 없으니 오는 그를 내가 마지막 날에 다시 살리리라(요 6:44).

> 또 이르시되 그러므로 전에 너희에게 말하기를 내 아버지께서 오게 하여 주지 아니하시면 누구든지 내게 올 수 없다 하였노라 하시니라(요 6:65).

하나님이 보낸 자, 하나님으로부터 온 자가 아니면 이것을 알 수 없으며 하나님이 보낸 자들은 예수님이 결코 버리지 않는다고 말합니다.

사람들은 어려워했습니다. 그들은 여전히 예수님 자신이 생명의 떡이며, 우리를 위해 자신을 세상에 주셨다는 말을 이해하지 못했습니다. 그들이 생각한 생명은 그냥 세상에서 먹고사는 문제였습니다. 그러나 아무리 육체가 풍족하게 먹고살아도 영이 죽으면 무슨 소용이 있겠습니까? 예수님은 이렇게 말씀합니다.

> 살리는 것은 영이니 육은 무익하니라. 내가 너희에게 이른 말은 영이요 생명이라(요 6:63).

육신이 아무리 잘 살아도 영이 죽으면 소용이 없습니다. 예수님의 말씀은 영을 살리는 말씀입니다. 영이 살면 육도 살아나는 것이며, 죽어도 다시 살아난다고 말씀합니다. 분명히 마지막 날에 다시 살리신다고 예수님이 약속하셨습니다. 확실히 우리는 영이 살아나야 합니다.

영이 살아나는 방법은 하나입니다. 그리스도를 믿으면 영이 살아납니다. 성령으로 거듭나야 합니다. 그가 우리를 위해 살과 피를 주셨다는 것을 믿고 말씀에 순종하면 영이 살아납니다. 영이 살아나는 사람은 영이신 하나님께 참되게 예배하는 사람이 됩니다.

이것을 이해하지 못하면 예수님을 믿을 수 없고, 신앙도 가질 수 없습니다. 성경에는 이 대화의 끝에 이런 구절이 나옵니다.

그때부터 그의 제자 중에서 많은 사람이 떠나가고 다시 그와 함께 다니지 아니하더라(요 6:66).

그리스도의 살과 피로 우리의 영이 살아난다는 말을 이해하지 못하고 많은 사람들이 떠났습니다. 아무리 기적을 보고 그 자리에서 떡과 물고기를 먹은 사람이라 할지라도, 영혼이 살아나는 그리스도의 구원을 이해하지 못하면 떠나갈 수밖에 없습니다. 사람들이 떠나자 예수님은 제자들에게도 물으십니다.

예수께서 열두 제자에게 이르시되 너희도 가려느냐(요 6:67).

그때 시몬 베드로가 이렇게 대답했습니다.

시몬 베드로가 대답하되 주여 영생의 말씀이 주께 있사오니 우리가 누구에게
로 가오리이까. 우리가 주는 하나님의 거룩하신 자이신 줄 믿고 알았사옵나이다
(요 6:68).

하나님은 영생의 말씀, 생명의 말씀, 우리의 영을 살리는 참된
하나님의 떡이신 예수 그리스도를 우리에게 주셨습니다. 하나님은
또한 우리를 생명이신 예수 그리스도에게 이끄셨습니다. 우리는
이 예수님과 만나야 합니다. 생명의 떡을 먹고 참된 생명의 음료를
마셔야 합니다. 그런 신자는 영이 살아나고 참된 하나님의 백성이
될 줄 믿습니다. 베드로의 고백처럼 영생의 말씀이 있는 곳을 떠나
지 말고, 예수 그리스도를 참되게 믿는 자들이 되어야 합니다.

1. 요한복음에 나오는 오병이어의 기적 사건은 먹고사는 문제가 해결된다고 사람들이 영적인 삶을 추구하는 것은 아니라는 것을 느끼게 합니다. 혹시 경제적 문제가 해결되면 더 나은 신앙생활을 할 수 있을 것이라고 생각한 적은 없습니까? 참된 떡과 생명의 포도주가 아닌 육신을 위한 것을 위해 주님을 찾았던 적은 없는지 생각해 봅시다.

2. 혹시 주변에 신앙의 깊은 자리로 나아가지 못하고 겉을 맴돌다 믿음을 떠난 사람들이 있습니까? 우리로 하여금 더 깊이 있는 신앙으로 들어가게 하지 못하는 어려운 말씀이나 교리가 있다면 그것은 무엇입니까? 그것이 왜 이해하기 어렵고 신앙생활을 방해하는지 이야기해 봅시다.

3. 성찬을 통해 받는 떡과 잔이 우리의 영과 몸을 살리는 귀한 은혜의 표증이라는 것을 알고 있습니까? 성찬을 통해 은혜를 경험한 것을 나누어 봅시다.

09 예수님의 형제들
내 형이 하나님의 아들이라니 [62]

예수께서 이르시되 내 때는 아직 이르지 아니하였거니와 너희 때는 늘 준비되어
있느니라 세상이 너희를 미워하지 아니하되 나를 미워하나니 이는 내가 세상의
일들을 악하다고 증언함이라 (요 7:6-7)

예수님의 가족 관계

2003년 댄 브라운(Dan Brown)이라는 작가가 쓴 『다빈치 코드』(*The Da Vinci Code*)라는 책이 크게 히트를 한 적이 있는데 이 책은 나중에 영화로도 만들어졌습니다. 내용은 어떤 박물관장의 죽음과 관련된 비밀을 추리형식으로 풀어간다는 것인데, 결국에 밝혀지는 것은 예수님이 죽지 않고 살아서 결혼을 했고 그래서 자식이 아직까지 남아 있다는 그런 이야기입니다. 그냥 기독교를 바탕으로 하는 음모론 같은 것이라고 볼 수도 있겠지만 사람들이 이상하게도 성경은 읽지 않으면서 그런 책들에 흥미를 갖습니다.

사실 예수님의 가족에 대한 논쟁들은 소설이 아니더라도 그 이

---

62 이 장의 주된 본문은 마가복음 3:31-35이다.

전에 이미 있었습니다. 우리가 잘 아는 대로 예수님의 몸의 부모는 요셉과 마리아입니다. 전해지는 바에 따르면 예수님의 몸의 아버지 요셉은 예수님이 어린 시절에 죽었다고 합니다. 그런데 누가복음 2장에서 예수님이 12살 되던 해에 유월절을 지내기 위해 가족과 함께 예루살렘성전에 간 일을 보면, 그때까지 요셉이 살아 있었던 것으로 보입니다. 그래서 아마도 요셉은 우리로 따지면 예수님이 중고등학교 시절쯤에 죽지 않았나 싶습니다.

요셉이 죽기 전 마리아는 예수님의 동생들을 출산한 것으로 보입니다. 예수님의 동생들이 정확히 몇 명인지는 알기 어렵지만 성경에는 다음과 같이 나옵니다.

> 이는 그 목수의 아들이 아니냐. 그 어머니는 마리아, 그 형제들은 야고보, 요셉, 시몬, 유다라 하지 않느냐. 그 누이들은 다 우리와 함께 있지 아니하냐. 그런즉 이 사람의 이 모든 것이 어디서 났느냐 하고(마 13:55-56).

남동생들은 야고보, 요셉, 시몬, 유다라고 이름이 있는데 여동생들의 이름은 나오지 않습니다. 그러나 여동생들이라고 복수형으로 말하는 것으로 보아 적어도 두 명 이상의 여동생이 있었던 것 같습니다.

동방정교회나 로마 가톨릭교회는 예수님의 어머니 마리아가 동정녀임을 강조할 뿐 아니라 처녀로 살다가 죽지 않고 승천했다고 주장합니다. 그래서 요셉이 마리아를 통해 자식을 낳았다는 것을 믿으려 하지 않았습니다. 그래서 그들이 생각해 낸 것은 마리아가 이미 자식이 있던 요셉이라는 사람과 결혼을 했다가 요셉이 일찍 죽어 그 자녀들을 키웠다고 생각합니다. 쉽게 말하자면 요셉은 마리아와 재혼을 한 것이라고 할 수 있습니다. 그러나 성경에서 요셉이 이미 자식이 있었다고 볼 근거는 전혀 없습니다. 만약 요셉에게 이미 자식이 있었다면 요셉과 마리아가 예수님을 낳고 애굽에 피신하는 일련의 일을 설명할 수 없게 됩니다.

또 어떤 사람들은 예수님의 동생들은 그냥 친척들일 뿐이며 실제 동생들이 아니라고 말하기도 합니다. 이들은 성경에서 형제나 자매라고 하는 단어들이 꼭 가족을 의미하지 않는다고 주장합니다. 그러나 성경에 예수님과 친척관계인 사도 요한은 한 번도 자신을 예수님의 형제라고 하지 않았습니다. 예수님의 형제인 야고보에게나 이런 표현을 썼을 뿐입니다. [63]

이런 이상한 생각들의 목적은 결국 마리아를 남자를 모르는 동정녀이자 죄가 없는 사람으로 만들려는 우상화와 관련된다고 할 수 있습니다. 로마 가톨릭은 마리아가 동정녀로 살다 죄 없이 하늘로 승천했다고 보며 8월 15일을 성모승천일로 기념하는데, 이 교리는 초대 교회부터 지켜졌다기보다 비교적 최근인 1950년 교황 비오 12세에 의해 확정된 것입니다. [64]

그러나 본문만을 보더라도 분명 예수님에게는 형제들이 있었고, 그들은 마리아가 요셉을 통해 낳은 자식들이라고 할 수 있을

---

[63] 특히 야고보와 예수님의 형제들에 대한 여러 가설에 대해서는 다음을 참조하라. Schaff, 『교회사 전집 1권 사도적 기독교』 234-240.

[64] 마리아의 원죄 없는 잉태 교리는 교황 비오 9세에 의해 1854년에 선포된다. 승천 기념일은 그 이후 확정되었다. Horst Fuhmann, 『교황의 역사』 차용구 역(서울: 도서출판 길, 2013) 231.

것입니다. 이 문제에서 중요한 것은 사실 예수님의 진짜 형제가 몇 명인가나 마리아가 과연 동정녀로 살다 승천했는가가 아닙니다. 예수님은 복음 사역을 하는 과정에서 자신에게 찾아온 자신의 형제와 어머니를 어떻게 대했는가, 또 그의 형제들은 그를 어떻게 대했는가입니다.

예수님을 바라보는 가족들

말씀의 배경에는 예수님이 회당에서 사람들을 가르치시고 또한 병든 자를 고쳐 주시는 사건들이 있습니다. 그런데 사람들은 이런 예수님을 보면서 그가 귀신의 왕의 힘을 입었다는 말을 합니다.

예루살렘에서 내려온 서기관들은 그가 바알세불이 지폈다 하며 또 귀신의 왕을 힘입어 귀신을 쫓아낸다 하니(막 3:22).

예수님은 그들에게 사탄이 스스로 싸우면 어떻게 그들의 나라가 서겠느냐고 반문합니다. 그러면서 예수님은 성령을 힘입어 귀신을 쫓아낸다고 말씀합니다.

그러나 내가 하나님의 성령을 힘입어 귀신을 쫓아내는 것이면 하나님의 나라가 이미 너희에게 임하였느니라(마 12:28).

예수님이 귀신을 쫓아내고 병을 고치는 것은 그의 능력만을 말하는 것이 아니라 하나님의 나라를 선포하는 것이며, 하나님의 나라가 우리 안에 임하였다는 것을 보여 주는 것이라고 이야기합니다. 그래서 예수님과 함께하는 자는 성령을 힘입어 하나님의 나라를 세우는 자들이며, 예수님과 함께하지 않는 자들은 하나님의 나라를 거스르는 자라고 할 수 있습니다.

예수님은 특별히 다른 어떤 죄는 사하심을 얻을 수 있지만 하나님의 나라의 일을 거스르는 일, 즉 성령이 하시는 일을 거스르는 자는 사하심을 얻지 못할 것이라고 경고합니다. 다시 말해, 예수님이 귀신을 쫓아내며 하나님의 복음을 선포하는 것을 마귀의 일이라고 말하는 것은 예수님을 모욕하는 것뿐 아니라 성령을 모욕하는 일이라는 것입니다.

> 내가 진실로 너희에게 이르노니 사람의 모든 죄와 모든 모독하는 일은 사하심을 얻되 누구든지 성령을 모독하는 자는 영원히 사하심을 얻지 못하고 영원한 죄가 되느니라 하시니(막 3:28-29).

이런 열띤 논쟁의 상황에서 예수님의 어머니와 동생들이 예수님을 찾아왔습니다. 그런데 예수님은 일어나 어머니와 형제들을 맞이하러 가기보다 "누가 내 어머니이며 동생들이냐"(막 3:33)고 묻습니다. 그러면서 제자들을 가리켜 "내 어머니와 내 동생들을 보라"(막 3:34)고 말씀합니다.

> 누구든지 하나님의 뜻대로 행하는 자가 내 형제요 자매요 어머니이니라(막 3:35).

이 말씀을 표면적으로 보면 예수님이 마치 자신을 찾아온 어머니와 형제들을 외면한 사람처럼 보입니다. 특히 동양적 사고에서는 이렇게 말씀할 필요가 있었을까 하는 생각이 들 정도입니다. 그런데 예수님은 정말 그런 의도로 말씀하신 걸까요?

본문을 보면 예수님의 어머니와 형제들이 예수님을 찾아온 이유를 짐작할 수 있는 부분이 나옵니다.

> 집에 들어가시니 무리가 다시 모이므로 식사할 겨를도 없는지라. 예수의 친족들이 듣고 그를 붙들러 나오니 이는 그가 미쳤다 함일러라(막 3:20-21).

예수님은 많은 사람들을 고치시고 말씀을 전하시느라 식사할 겨를조차 없었습니다. 얼마나 많은 사람들이 예수님께 모여들었는지 셀 수 없었으며, 또 많은 병자들이 주님 곁에 있었습니다. 그런 예수님의 모습을 본 고향의 친척들은 예수님을 믿고 지지하기보다 오히려 미쳤다고 생각합니다.

아마도 그들은 어려서부터 보아 왔던 예수님이 어느 날 목수일을 그만두고 갑자기 선생처럼 제자들을 데리고 돌아다니는 것이 이상하게 보였을 것입니다. 게다가 병을 고친다고 하고 기적을 일으켰다는 말을 들었을 때 그들은 사실을 믿기보다 예수님이 미쳤다고 생각했을 것입니다. 그들은 예수님을 안다고 생각했겠지만 사실 그들은 예수님이 누구인지 몰랐던 것입니다. 그러나 그들의 말은 결국 예수님의 형제들과 어머니 마리아의 귀에 들렸을 것입니다. 아마도 마리아는 이런 말을 듣고 걱정이 되어 다른 자녀들을 데리고 예수님을 찾아왔을 것입니다.

예수님의 형제들도 마찬가지였을 거라고 생각됩니다. 예수님과 바로 아래 형제와의 나이 차이는 3살에서 4살 차이가 나지 않았을까 생각합니다.[65] 둘 이상의 여동생과 네 명의 남동생이 있었다면, 아버지 요셉은 적어도 예수님이 15세 정도 혹은 그 이후라면 20세까지는 살아 있었다고 추론할 수 있습니다.[66] 그리고 예수님이 30세에 공생애를 시작했기에 최소 10-15년은 가족을 부양하는 위치에 있었다고 볼 수 있습니다. 예수님의 동생들은 아버지 요셉이 죽은 뒤 아버지가 없는 집에서 형제들과 어머니를 돌보던 큰형이 결혼도 하지 않고 있다가 서른 살이 되자 집을 나가 천국이 가까이 왔다고 외치며 사람들을 이끌고 왔을 때 놀라지 않았을까요? 친척 결혼식에서 포도주를 만들었다는 이야기에 웃고 말았지만 이제는 병자들을 고친다는 소문을 들었을 때 당연히 확인하고 싶지 않았겠습니까?

그런 상황에서 그들은 조심스럽게 예수님을 찾아왔습니다. 그들은 소문대로 많은 사람들에게 둘러싸여 있던 예수님을 보게 됩니다. 그러나 예수님은 그들을 환대하기보다 이렇게 말씀합니다.

> 누가 내 어머니이며 동생들이냐 하시고 둘러 앉은 자들을 보시며 이르시되 내 어머니와 내 동생들을 보라. 누구든지 하나님의 뜻대로 행하는 자가 내 형제요 자매요 어머니이니라(막 3:33-35).

여기까지만 보면 예수님은 어머니도, 형제들하고도 담을 쌓고

---

65 예수님이 베들레헴에서 애굽으로 피신했다가 다시 돌아와 나사렛에 정착한 후 동생들이 태어났다고 보면 최소 3-4년의 차이가 날 것이다.
66 어떤 사람들은 기원후 14년에 요셉이 죽었다고 생각한다. 일반적으로 기원전 4년에 예수님이 탄생하신 것으로 인정되는데, 이걸 계산하면 예수님이 18세 경에 요셉이 죽은 것이 된다.

하나님의 일만 하는 사람으로 보일지도 모릅니다. 그러나 여기서 예수님이 어머니와 형제들을 만나지 않고 그냥 돌려보낸 것은 아닙니다.

마가복음 3장을 지나 6장과 병행구절인 마태복음 12장의 다음 장인 13장에서는 예수님이 고향에 돌아가신 일이 기록되어 있습니다. 유추해 보면 예수님은 자신을 찾아온 마리아와 형제들을 만나서 어떤 이야기를 듣고 고향에 가서도 복음을 전해야겠다고 생각하신 것 같습니다. 이후 예수님은 고향에 가셔서 마찬가지로 설교를 하며 하나님 나라의 복음을 가르쳤습니다. 그러나 고향에 있던 사람들, 즉 예수님의 친척들은 예수님의 지혜와 능력을 놀라워하면서도 그들이 알던 인간 예수님에 대한 생각을 버리지 못했습니다. 결국 그들은 에수님을 믿지 않았고 오히려 배척하기까지 합니다. 예수님도 거기서 더 많은 일을 하지 않게 됩니다. 그래서 예수님은 그들에게 다음과 같이 말씀하셨습니다.

> 예언자는 자기 고향과 자기 집 밖에서는 존경을 받지 않는 법이 없다. 예수께서는 그들의 믿지 않음 때문에, 거기서는 기적을 많이 행하지 않으셨다(마 13:57-58, 표준새번역).

이것은 단지 예수님의 고향 사람들에게만 국한된 이야기는 아닙니다. 예수님은 한동안 유대 지역보다 갈릴리에서 사역을 하셨습니다. 그것은 유대인들이 점점 더 공격적으로 예수님을 대하며 죽이려 했기 때문입니다.

그 후에 예수께서 갈릴리에서 다니시고 유대에서 다니려 아니하심은 유대인들이
죽이려 함이러라(요 7:1).

그런데 형제들은 예수님에게 갈릴리에 있지 말고 유대로 가라
는 말을 합니다.

그 형제들이 예수께 이르되 당신이 행하는 일을 제자들도 보게 여기를 떠나 유대
로 가소서. 스스로 나타나기를 구하면서 묻혀서 일하는 사람이 없나니 이 일을 행
하려 하거든 자신을 세상에 나타내소서 하니(요 7:3-4).

겉으로 보면 별로 이상하게 보이지 않는 이 말에 요한은 이런 말
을 덧붙여 전합니다.

이는 그 형제들까지도 예수를 믿지 아니함이러라(요 7:5).

자신들은 믿지 않으면서 유대에 가서 일을 행하여 제자들도 보
게 하라는 것은 무슨 의미일까요?

요한복음 6장 후반부터 7장 초반부에는 오병이어의 기적 이후
예수님을 떠나던 사람들이 예수님께 요구하던 일과 형제들이 예수
님에게 요구하는 일 세 가지가 나옵니다. 신학자 브라운(R. E. Brown)
은 이 일을 공생애 초기 마귀의 시험과 연관 지어 설명합니다.

그러므로 예수께서 그들이 와서 자기를 억지로 붙들어 임금으로 삼으려는 줄 아시
고 다시 혼자 산으로 떠나가시니라(요 6:15).

이 요구는 마귀가 예수님에게 천하 만국을 주겠다고 유혹한 것

과 연결됩니다.

> 기록된 바 하늘에서 그들에게 떡을 주어 먹게 하였다 함과 같이 우리 조상들은 광
> 야에서 만나를 먹었나이다(요 6:31).

이 요구는 마귀가 돌로 떡을 만들어 먹을 것을 요구한 것과 대응
됩니다. 그리고 세 번째는 그의 형제들에 의해 이렇게 나타납니다.

> 스스로 나타나기를 구하면서 묻혀서 일하는 사람이 없나니 이 일을 행하려 하거든
> 자신을 세상에 나타내소서 하니(요 7:4).

이 요구는 사탄이 예수님을 예루살렘성전 위로 데려가 꼭대기
에서 뛰어내려 능력을 과시해 보라고 유혹한 것과 같은 의미를 가
집니다.[67] 오병이어의 기적 뒤에 예수님을 따라왔던 무리들이 그
러했던 것처럼 예수님의 형제들은 자신도 모르게 마귀가 예수님
을 유혹했던 그 일들을 따라하고 있는 것입니다. 그들은 예수님이
왜 기적을 베풀고 사람들을 가르치는지 전혀 이해하지 못했습니
다. 마치 떡을 먹고 배가 부르기에 예수님을 쫓아다녔던 사람들처
럼 그들 또한 예수님을 하나님의 아들이자 우리를 위해 이 땅에 오
신 메시아로 보지 못하고, 그저 특별한 능력을 가진 가족 중 한 명
으로 본 것입니다.

이런 예수님의 형제들을 보며 예수님은 그들을 특별하게 대하

---

67 Brown, 『앵커바이블 요한복음 I』 702. 마태복음 4장에서의 세 가지 유혹과의 연결은 마귀
의 유혹이 예수님의 사역 내내 여러 사람들을 통해 지속되고 있었다는 것을 보여 준다.

지 않았습니다. 또 따로 불러 설득하지도 않았습니다. 더 이상 큰 형으로서 목수일을 하며 동생들을 돌보는 일을 할 때가 아니었습니다. 예수님은 하나님 아버지가 맡기신 일을 해야 했습니다. 예수님이 무엇인가를 하고 안 하고는 온전히 하나님의 뜻에 맡겨진 것이었습니다. 그래서 아무리 예수님의 육체의 가족이라 할지라도 예수님이 참 하나님이심을 믿지 않으며 그가 전하는 하늘의 복음을 믿지 않는다면 더 이상 같이 있을 수 없고 또한 달리 해 주실 것도 없었습니다.

이제는 예수님이 형으로서 그들에게 해 주는 일은 더 이상 없었으며, 오직 하나님의 아들로서 그들에게 구원의 길을 가르쳐 주는 것만 남았을 뿐이었습니다. 그래서 예수님이 하시는 일과 가르치는 말씀으로도 깨닫지 못한다면 육체의 형제라고 해도 특권을 줄 수 없었던 것입니다. 예수님을 하나님의 아들로 믿지 않으면 어떤 것으로도 구원을 전해 줄 수 없는데, 구원은 예수님과 인간적으로 가깝다고 받는 것이 아니라 믿음으로 얻는 것이기 때문입니다.

새로운 예수님의 형제와 가족이 되다

예수님은 이미 새로운 형제들을 만드셨습니다. 그들은 예수님의 복음을 듣고 회개하며 하나님의 나라를 기다리는 사람들이었습니다. 참된 말씀의 뜻을 깨닫고 하나님의 사랑과 은혜를 갈망하는 사람들이었습니다. 새로 예수님의 형제가 된 자들 중에는 사람들이 손가락질하는 세리가 있었으며, 예수님의 누이가 된 사람들 중에는 세상에서 버림받은 창녀들과 귀신 들린 여자가 있었습니다.

사람들이 멀리하는 나병 환자들이 있었으며, 가난하고 병든 자들이 그곳에 있었습니다. 입으로는 아브라함의 자손이라고 하는 자들은 예수님의 형제가 되지 못했지만, 말씀을 듣고 믿고 회개하고 하나님께 영광을 돌리는 자들은 모두 예수님의 형제요 자매가 되었습니다.

하나님의 나라는 이처럼 새로운 가족이 있습니다. 이 가족은 믿음의 가족입니다. 육체의 혈통으로 된 가족이 아니라 예수님의 십자가 보혈의 피와 찢기신 살로 인해 하나가 된 가족인 것입니다. 이 가족은 이 땅의 가족이 아니라 하나님 나라의 가족이며, 하나님을 아버지로 모시고 예수 그리스도를 큰형으로 둔 가족입니다. 그리스도의 복음으로 변화된 가족들입니다.

주님은 하나님의 뜻대로 살아가는 자들을 한 가족이자 자신의 형제라고 말씀합니다. 히브리서에서는 예수님이 죄인이자 연약한 자들을 한 형제라고 부르기를 마다하지 않으셨다고 말씀합니다.

> 거룩하게 하시는 이와 거룩하게 함을 입은 자들이 다 한 근원에서 난지라. 그러므로 형제라 부르시기를 부끄러워하지 아니하시고 이르시되 내가 주의 이름을 내 형제들에게 선포하고 내가 주를 교회 중에서 찬송하리라 하셨으며(히 2:11-12).

예수님은 믿는 자들을 가족으로, 형제와 자매로 부르셨습니다. 믿음으로 우리는 이제 예수님의 새로운 가족이 되고 형제자매가 되었습니다. 우리는 그리스도로 말미암아 하나님을 아버지로 둔 가족입니다. 예수 그리스도를 맏형으로, 큰오빠로 둔 형제자매입니다. 주님 안에서 새로운 가족이 되었음을 우리는 상기하여야 합니다.

또한 그분이 우리를 형제라 부르는 것을 부끄러워하지 않으시며 주님이 우리를 가족으로 두었기에 우리도 이제 서로를 참된 형제와 자매, 가족으로 대해야 합니다. 이 그리스도의 피로 맺어진 가족은 이 세상의 가족과 달리 하늘에서까지 이어지며, 이로써 믿음 안에서 우리는 모두 한 가족이며 한 형제인 것입니다. 그래서 천국의 소망을 가진 자들은 하늘나라의 가족이 된 성도들을 귀히 여기며, 그들을 위해 기도하고 서로 사랑하여 하나님의 영광을 드러내야 합니다.

예수님이 말씀하신 "하나님의 뜻대로 행하는 자가 내 형제요 자매요 어머니이니라"(막 3:35)는 말씀을 기억해 봅시다. 하나님의 뜻은 서로 사랑하는 것입니다. 우리가 서로를 위해 기도하고 도와주며 섬긴다면 바로 우리가 예수님의 가족이요, 그의 형제이자 자매가 되는 것입니다.

이후 예수님의 형제들은 어떻게 되었을까요? 예수님의 태도에 마리아나 형제들이 모두 상처를 받고 예수님을 거부하며 끝내 믿음에 이르지 못한 것은 아닙니다.

먼저 마리아는 예수님이 자신을 통해 태어날 것을 천사에게 들었을 때부터 예수님이 자신의 아들이 아니라 하나님의 아들임을 알았습니다. 어릴 적 성전에서 율법사들과 대화하던 예수님을 찾았을 때도 그러했고, 가나의 혼인 잔치에서 예수님께 포도주가 없다고 말할 때도 그러했습니다. 그러나 마리아가 예수님을 완전히 다른 존재로만 인식했다고 할 수는 없을 것입니다. 그는 예수님이 채찍에 맞고 십자가의 고난을 받을 때 다른 사람보다 특별한 어머니로서의 고통을 함께 경험했습니다. 예수님의 마지막 십자가의 자리에 있던 예수님의 어머니 마리아는 육체의 아들의 죽음을 슬퍼했지만 또한 부활의 증인이 되는 놀라운 축복의 사람이 되었습니다. 십자가에서 예수님은 어머니 마리아를 제자이자 친척인 요한에게 부탁합니다. 결국 그녀는 죽는 날까지 그리스도를 섬기며 교회의 모범이 된 신자로 살았다고 전해집니다.

예수님의 첫째 동생인 야고보는 처음엔 예수님을 믿지 못했지만 예수님이 죽고 부활하신 후 그를 만나 변화된 것 같습니다. 바울은 이 일을 다음과 같이 고린도전서 15장에 기록합니다.

> 장사 지낸 바 되셨다가 성경대로 사흘 만에 다시 살아나사 게바에게 보이시고 후에 열두 제자에게와 그 후에 오백여 형제에게 일시에 보이셨나니 그중에 지금까지 대다수는 살아 있고 어떤 사람은 잠들었으며 그 후에 야고보에게 보이셨으며 그 후에 모든 사도에게와 맨 나중에 만삭되지 못하여 난 자 같은 내게도 보이셨느니라 (고전 15:4-8).

그는 부활하신 예수님을 만났습니다. 그리고 이후 오순절 마가의 다락방에서 성령의 충만함을 받고 예루살렘교회의 수장이 되었습니다. 그리고 주님의 말씀을 전하며 교회를 지키다 돌에 맞아 죽게 됩니다.

예수님의 둘째 동생인 유다도 교회의 중요한 인물이 됩니다. 유다서는 이렇게 시작합니다.

예수 그리스도의 종이요 야고보의 형제인 유다는 부르심을 받은 자 곧 하나님 아버지 안에서 사랑을 얻고 예수 그리스도를 위하여 지키심을 받은 자들에게 편지하노라(유 1:1).

그는 자신이나 형인 야고보를 예수님의 형제라고 부르지 않고 그리스도의 종이라고 말합니다. 25절밖에 되지 않는 유다서에서 그는 "우리 주 예수 그리스도"라는 예수님의 하나님 되심의 표현을 4번이나 반복합니다. 그는 이단들에 대해 분명히 경고하며, "우리 하나님의 은혜를 도리어 방탕한 것으로 바꾸고 홀로 하나이신 주재 곧 우리 주 예수 그리스도를 부인하는 자니라"(유 1:4)라고 말합니다. 그는 확실하게 예수님이 자신의 인간적인 형이 아니라 진정한 하나님의 아들임을 고백합니다. 이 얼마나 진정한 신앙고백인지 모릅니다. 그래서 야고보나 유다는 육체로서 예수님의 형제에 머무르지 않고 참된 하나님의 백성으로서 주님의 참형제가 되었습니다. 아마도 다른 동생들과 누이들도 그러했을 것이라고 생각됩니다. 그들은 혈통으로서 예수님의 가족임을 주장하지 않고, 성령으로 하나님의 뜻을 행함으로 예수 그리스도의 가족이 되었습니다.

요셉의 피로 맺어진 가족이라고 여겼던 예수님의 형제들은 이제 예수님의 피로 말미암아 새로운 가족이 되었습니다. 그 가족은 모든 주님을 믿는 자들이 형제가 되는 가족이었으며, 모두가 하나님을 아버지라고 부르는 가족이었습니다. 그 가족 안에 이제 우리도 함께 있음을 잊지 마십시오.

1. 우리가 마리아나 예수님의 형제였다면 우리는 예수님을 하나님의 아들로 믿는 것이 쉬웠을까 생각해 봅시다. 그분을 말씀이 육신이 되신 하나님이라고 고백하는 일에 가장 어려운 일은 무엇일까요?

2. 가족이나 가까운 친척, 친구 중에 목사님이나 선교사와 같은 사역자가 있습니까? 그들이 주님의 일을 하기 전과 후를 모두 보았다면, 혹시 과거의 모습이 그의 현재 사역을 이해하는 데 방해가 된 적은 없습니까? 나와 같이 세상의 삶을 살던 사람이 목회자가 되었다고(혹은 될 것이라고) 할 때 어떤 생각이 듭니까?

3. 나보다 나이가 어린 사람이나 후배 또는 회사의 부하직원이 교회에서 사역을 맡고 있다면 어떻게 대하여야 할까요? 혹은 내가 가르친 학생이 목회자가 되었을 때 나는 어떻게 대하여야 할까요? 교회 안에서 사람들을 대하는 나의 모습과 일상생활에서 사람들을 대하는 나의 모습이 이중적일 때가 있나요? 이런 일들에 대해 이야기해 봅시다.

10

현장에서 잡힌 여자

죄 없는 자가 돌로 치라

그들이 묻기를 마지 아니하는지라 이에 일어나 이르시되 너희 중에 죄 없는 자가 먼저 돌로 치라 하시고 (요 8:7)

그녀는 누구인가?

미국의 영화등급 중에는 17세 이상만 볼 수 있는 R등급이 있습니다. 이 R등급은 폭력이나 성적 표현이 강한 영화들이 해당됩니다. 이 등급의 영화들은 아무래도 청소년이나 가족 모두가 볼 수 있는 영화가 아니라서 흥행이 그리 잘되지 않지만 전 세계적으로 6억2천만 달러, 우리나라 돈의 가치로는 7,200억 원 정도를 벌어들인 영화가 있습니다. 현재 이 기록은 6위로 내려왔지만 꽤 오랫동안 R등급 영화 중 2위에 올라 있었습니다.[68] 이 영화는 예수님의 고난과 십자가 죽음의 한 주간을 다룬 〈패션 오브 크라이스트〉(Passion of Christ, 2004), 즉 '그리스도의 수난'이라는 영화입니다.

이 영화는 주인공인 예수님 역을 맡은 배우부터 제작자이자 감

---

68 흥행 기록에 관한 것은 2018년 설교 당시 기준이라 현재는 다를 수 있다.

독까지 대부분이 기독교인이거나 천주교 신자였다는 점을 포함해서 개봉 당시부터 여러 가지 논란이 많았는데, 그중 하나는 영화의 내용이 너무 사실적으로 혹은 예수님의 고난을 너무 폭력적으로 그려냈다는 점이고, 다른 하나는 성경과 동떨어진 부분이 그 안에 여럿 들어 있었다는 점입니다.

대표적으로는 예수님의 부활 현장에 있었던 막달라 마리아를 요한복음 8장에 나오는 여자, 즉 간음 현장에서 붙잡힌 여자로 묘사하기 때문입니다. 이런 오해는 〈패션 오브 크라이스트〉에서 처음 나온 것은 아닙니다. 유명한 뮤지컬 〈지저스 크라이스트 슈퍼스타〉(Jesus Christ Superstar)에서도 막달라 마리아는 창녀로 묘사되며, 영화 〈그리스도의 최후의 유혹〉(The Last Temptation Of Christ, 1988)에서도 같은 설정으로 나옵니다. 그러나 막달라 마리아는 귀신 들렸던 여자로서 예수님이 귀신을 쫓아낸 후 예수님을 따르던 여제자였고, 본문의 간음 현장에서 붙잡힌 여자와는 다른 사람입니다. 게다가 본문의 여자가 창녀라는 증거도 없습니다. 그러고 보면 두 여자 모두 오해를 받고 있는 상황이라고 할 수 있을 것입니다.

이런 오해가 생긴 이유는 본문의 장면이 너무 인상적이어서 이 여자는 분명 죽을 때까지 예수님을 따를 것이라고 모든 사람들이 생각할 수밖에 없기 때문입니다. 게다가 본문의 "죄 없는 자가 먼저 돌로 치라"는 말은 신자가 아니더라도 알고 있을 정도로 유명합니다. 그러나 이런 유명세에도 불구하고 아이러니하게도 본문의 이 여자는 성경에서 더 이상 등장하지 않습니다. 게다가 요한복음 7장 마지막 절부터 8장 11절까지는 괄호 표시가 되어 있는데, 이것은 다른 역본에는 없다는 표시입니다. 그래서 NIV는 이 본문이 빠져 있으며, RSV는 각주로 되어 있습니다.[69] 사실 10세기 이전의 교부들의 주석에도 이 단락은 생략되어 있으며, 문체가 누가복음과 유사한 면을 보여 원래 요한복음에 포함된 기사가 아닌 것 같다는 의심을 갖게 합니다. 그렇다고 이 본문이 복음서에 속하지 않는다고 단정 지어 말할 수는 없을 것 같습니다. 왜냐하면 다른 외적 증거들이 이 사건의 사실성을 말해 주고, 또 본문 자체의 문맥의 흐름을 볼 때 타당하기 때문입니다. 어쨌든 이런 여러 연구들은 이 본문이 갖는 특별한 영향력을 확실히 보여 줍니다. 확실히 읽으면 절대로 잊어버릴 수 없는 그런 힘이 이 본문에 있습니다.[70]

그날 아침에 있었던 일

본문의 내용은 이렇게 시작합니다. 예수님이 전날 성전에서 말씀을 가르치시고 밤에 감람산에서 기도를 하거나 베다니로 가서 보낸 후 아침에 다시 예루살렘성전에 오셨습니다. 사람들은 예수님의 말씀을 들으려고 모였고, 이때 예수님을 어떻게 해서든 잡아넣을 빌미를 찾던 서기관들과 바리새인들이 예수님 앞에 한 여자를 데리고 옵니다. 이 여자는 간음 현장에서 붙잡힌 여인이라고 합니다.

예수님 앞에 끌려온 이 여자가 어떤 사람인지는 불확실합니다.

---

69 김병국, 『설교자를 위한 요한복음 강해』 262. Carson, 『PNTC 요한복음』 607.
70 어거스틴은 이 기사를 이렇게 표현했다고 한다. "베푸는 이와 그를 받는 두 사람이 펼친 한 편의 멋진 드라마이다." Brown, 『앵커바이블 요한복음 I』 751.

많은 사람들이 그녀를 창녀라고 생각하지만 헬라어 본문에서는 그녀가 몸을 파는 여자라고 단정 지을 만한 어휘나 문맥적 특징이 확인되지 않습니다. 그리고 성적 쾌락을 위해 음란한 삶을 살았다고 단정하기도 어렵습니다. 왜냐하면 그녀는 분명히 죄를 범했지만 예수님은 그녀의 죄를 용서하시고 정죄하지 않는다고 말씀하신 것으로 보아 그녀가 지속적이고 능동적으로 죄를 범하며 그것을 통해 자신의 이익이나 쾌락을 누리는 그런 여자는 아닌 것 같기 때문입니다. 물론 그렇게 단정 짓기 어렵다고 해서 그녀가 어려운 삶을 살다 그런 지경에 이르렀으니 불쌍하다고 말하며 죄를 지은 현 상황을 동정해야 한다고 말하고 싶지도 않습니다. 여러 가지 이유로 우리는 앞서 영화의 예를 들었던 것처럼 이 본문을 읽기 전에 가지고 있는 선입견이나 기존에 알고 있던 지식들을 버려야 할 것 같습니다. 그래야 예수님을 만나게 되는 이 여자도 보이고, 예수님의 말씀의 의미도 더 잘 보일 것 같습니다.

그날 아침에 일어난 일을 상상해 봅시다. 그녀는 아침에 현장에서 잡혀왔다고 했습니다. 어쩌면 침대에 누워 있을 때 발각되었거나 아니면 남자가 집에서 떠난 뒤 사람들이 들어와 여자를 끌어냈을 것입니다. 여자는 어떤 생각을 했을까요? 자신이 그토록 숨기던 일이 드러났기에 경황이 없었을 것입니다. 사람들이 그녀를 마구 끌고가며 죽여야 한다고 말하는 심각한 상황 속에서, 어쩌면 그녀는 이런 날이 언젠가 올 줄 알고 있었을 것입니다. 세상에 비밀은 없으니 언젠가는 들통이 나 사회적으로 지탄을 받고 죽음에 이르게 될 일이라는 것을 알았을 것입니다. 죄라는 것, 특히 의식하고 있는 죄는 결코 영원히 묻혀 있지 않는 법입니다.

죄에는 이중적인 특징이 있습니다. 모든 죄는 스스로를 숨기지만 또한 반대로 언젠가는 모습을 드러내려 합니다. 그래서 사람이 회개하려고 하면 죄는 자신을 숨기려 하고, 반대로 죄를 숨기려 하면 그 사람 속에서 나와 세상 사람들 속에서 자신을 드러내려고 합니다. 그리고 죄는 들어올 때는 조용히 들어오지만 밖으로 드러날 때는 조용하게 드러나는 법이 없습니다. 죄가 드러날 때는 언제나 모두가 당황스럽습니다. 죄는 절대로 조용히, 그리고 순순히 드러나는 법이 없으며 항상 난리법석을 일으킵니다. 더욱이 성적인 죄는 더 그러합니다. 조용히 몰래 시작하지만 갑자기 죄가 드러날 땐 주변을 온통 시끄럽게 만듭니다. 그리고 죄가 드러나는 날에는 모욕과 수치가 사람을 깊은 절망에 빠뜨립니다.

그러나 다른 면에서 죄가 드러날 때 절망만 있지 않습니다. 자신의 죄가 밝혀진 순간 그 사람은 차라리 잘되었다고도 생각합니다. 연쇄살인범 중에는 범행 현장에 단서를 남겨 자신이 잡히길 바라는 범인도 있습니다. 잡히지 않으면 언제까지 계속해서 살인을 할지 모른다고 생각하기 때문입니다. 그래서 누군가 죄의 어둠 속에서 절망하는 자신을 건져 주기를 간절히 바라면서 차라리 이렇게라도 끝나길 원하며 자신의 삶의 어두운 이야기를 마무리하기 위해 힌트들을 남깁니다. 그리고 잡히면 차라리 죄가 드러나서 다행이며, 더 이상 죄를 범하지 않게 되었다고 여기고 구원의 빛을 갈망합니다.

하지만 죄가 드러날 때 자신의 의도대로 자신의 모습을 받아 줄 사람이 없다는 점이 문제입니다. 사람들은 죄를 더 파헤치려고만 하지 아무도 이해해 주거나 죄를 용서하거나 위로하거나 변화시켜 줄 힘이 없다는 것입니다. 그래서 죄가 드러난 사람은 절망하고 수치를 경험하며, 아무에게도 위로받지 못하고 사람들에 의해 벌거벗겨져 길에 던져지게 됩니다. 그때 그의 삶의 이야기도 내팽개쳐집니다. 모든 일에는 분명히 긴 이야기가 있었겠지만 사람들은 그런 이야기에는 관심이 없으며, 단지 죄를 들추어내어 가십거리로삼고 이를 비난하거나 조롱합니다.

이것이 그날 아침에 있었던 일의 모습입니다. 언젠가 드러나야 할 그 일이 드러났지만 죄는 조용히, 그리고 정중하게 자신을 드러내지 않았습니다. 그날 아침 그 여자의 죄가 드러났을 때 그녀의 삶의 이야기는 모두 갈기갈기 찢어졌고, 모두의 발에 밟혀 길바닥에 팽개쳐졌습니다. 무엇 때문에 왜 그런 일을 했는지는 중요하지 않았고, 아무도 관심을 두지 않았습니다. 누군가에게 자신의 삶을 모두 털어놓으며 울고 싶었을지도 모르지만 그녀는 도덕적으로 사람들에게 벌거벗겨진 채 마치 도살장의 동물처럼 가죽이 벗겨져 매달려 있게 되었고 모든 사람들의 비난과 모멸의 시선들은 그녀를 날카로운 칼처럼 찌르고 있었습니다.

일단 죄가 드러난 이후에는 그녀를 알던 사람들이든 모르는 사람이든 모두 아무런 감정의 방향 없이 비난과 욕설을 쏟아 놓습니다. 한 사람이 돌을 집어 들며 비난하면 거기에 가세하는 집단적 본능은 거대한 폭력으로 변해 버립니다. 그녀가 어떤 삶을 살았는지 사람들은 관심이 없으며, 알려 하지도 않습니다. 아무도 그 여자의 이야기를 들어 줄 사람이 없었습니다. 피냄새를 맡은 상어들처럼 달려들어 살을 찢으며 상처가 커질수록 피에 더 광분하여 달려들게 됩니다.

우리 시대에 돌을 든 자들

생각해 보면 이날의 일은 우리의 삶의 가까운 곳에서 매일 일어납니다. 그 현장이란 다름 아닌 TV 뉴스와 인터넷에 있습니다. 뉴스와 인터넷에는 누군가의 비밀을 들추어내어 광장으로 끌어내 돌을 던지고자 수많은 사람들의 집단충동을 불러일으키는 기사들이 아침마다 쏟아져 나옵니다. 거기에는 그들의 사생활과 가정사와 그들 내면의 불안과 충동과 억울함이 섞여 있는 이야기가 있습니다. 그러나 사람들은 그런 것에 관심이 없습니다. 그들의 이야기에는 누구도 관심을 갖지 않고 단지 돌을 던질 만한 대상을 찾을 뿐입니다. 여자를 끌고 와 돌을 들고 서 있던 바리새인들처럼 현대의 많은 사람들이 그렇게 살아갑니다.

우리는 예수님이 하신 말씀을 기억합니다.

> 예수께서 들으시고 그들에게 이르시되 건강한 자에게는 의사가 쓸데없고 병든 자에게라야 쓸 데 있느니라. 나는 의인을 부르러 온 것이 아니요 죄인을 부르러 왔노라 하시니라(막 2:17).

그러나 이 시대에 우리는 죄인의 이야기를 듣기보다는 죄를 들추어내 돌을 들기에 바쁘지 않나 하는 생각이 듭니다. 게다가 문제를 끌고 교회로 와서 판단을 요청하기도 합니다. 심판에 동참하라고 말합니다. 그러나 우리는 그것이 여자를 끌고 예수님께 나온 바리새인들과 같다는 것을 분명히 기억해야 합니다.

최근에는 죄에 대해 단호한 처벌을 강조하는 분위기가 있습니다. 죄는 정죄받아야 하지만, 죄를 범한 사람에게서 모든 희망을 빼앗고 구원의 기회를 가져가는 것이 옳은가는 분명 생각해 봐야 합니다. 게다가 이러한 사회적 흐름 속의 집단적 태도들은 매우 감정적이고 편향적이며, 쉽게 동요된다는 점을 기억해야 합니다. 그래서 자신이 옳다고 여기는 것들 중 상당수는 이런 집단적 성향을 이용하고자 하는 사람들에 의해 쉽게 조작당합니다. 바로 언론이나 미디어, 정치세력은 예전부터 이런 개인의 일들을 이용해 왔습니다. 연예 프로그램들은 일부러 더 포장하고 과장해서 사람들의 이야기를 부풀려 사람들의 호기심을 자극하고, 정치세력들은 상대방을 누르고 기만하기 위해 이런 일들을 꾸미기도 합니다.

그런 모습이 본문에서도 보입니다. 이 여자의 죄는 간통죄입니다. 우리나라에서 간통죄는 폐지되었기에 더 이상 기소의 대상이 되지 않지만 당시 기혼자의 간통은 처벌하도록 되어 있습니다. 레위기와 신명기에는 다음과 같이 나옵니다.

누구든지 남의 아내와 간음하는 자 곧 그의 이웃의 아내와 간음하는 자는 그 간부와 음부를 반드시 죽일지니라(레 20:10).

어떤 남자가 유부녀와 동침한 것이 드러나거든 그 동침한 남자와 그 여자를 둘 다 죽여 이스라엘 중에 악을 제할지니라(신 22:22).

말씀을 보면 여자만 처벌하는 것이 아니라 반드시 양자를 모두 죽이도록 되어 있습니다. 그런데 바리새인들의 말처럼 현장에서 잡힌 여자라면 왜 남자는 데려오지 않았는지 의심스러운 부분이 있습니다. 현장에서 잡혀 왔다는 말은 바리새인들이 아침에 어떤 사람의 집을 급습하여 이 여자를 잡았을 것으로 추측됩니다. 아마도 동네가 시끌벅적했을 것입니다. 그런데 그런 상황에서 예수님이 있는 곳으로 굳이 끌고 왔다는 것은 사전에 상당히 계획된 일이라고 여길 수 있습니다. 다시 말하면, 이 여자를 예수님께 데려온 것은 우연히 이 여자의 잘못을 발견했기 때문이 아닙니다. 이 여자는 예수님을 시험하기 위한 하나의 함정이자 미끼로서 사전에 준비된 경우라고 할 수 있을 것입니다.[71]

이들은 다음과 같이 말합니다.

> 모세는 율법에 이러한 여자를 돌로 치라 명하였거니와 선생은 어떻게 말하겠나이까(요 8:5).

앞서 본 바와 같이 간통한 남녀를 죽이는 것은 구약에 명시되어 있지만 자세히 보면 돌로 치라는 명령은 없습니다. 그들이 그렇게 말하는 것은 결코 성경에 입각한 것이 아님을 확실히 알 수 있습니다. 게다가 당시 로마의 지배하에서 아무리 바리새인들이나 종교지도자들이라 할지라도 사람을 함부로 죽일 수 없었습니다. 예수

---

71 남자는 잡혀 오지 않고 여자만 왔다는 점과 사람들이 예수님을 시험하기 위해 끌고 왔다는 점에서 이 여자가 연출된 사람이라고 볼 수도 있지만 모든 것을 아는 예수님이 여자에게 하신 말씀을 볼 때 여자가 간음 현장에서 잡혀 온 죄인이라는 점은 확실하다.

님을 십자가에 못박고자 했을 때도 그들은 빌라도에게 허락을 받아야 했습니다. 그런데 간음 현장에서 붙잡혔다고 돌로 죽여야 한다고 말하는 것은 성경적이지도, 당시의 시대적 상황에도 맞지 않습니다. 그들은 단지 예수님을 시험하고 곤경에 빠트려 백성들이 예수님의 말씀에서 멀어지게 만들고 또 죄책을 잡아 로마의 법률로 가두려 했을 뿐입니다.

본문의 여자는 자신의 죄가 수많은 사람들 앞에 드러나 부끄러움과 수치스러움을 겪는 상황에 놓여 있지만 정작 세상의 많은 사람들은 그녀의 이야기에 관심을 두지 않을 뿐 아니라 오히려 그녀는 바리새인들과 서기관들에게 이용당합니다. 한 사람의 실수도, 삶의 고통도, 그가 겪는 좌절이나 절망, 두려움이나 수치스러움까지도 사람들은 폭력적으로 사용합니다. 거기에는 이유도 모르고 내막도 모르면서 돌을 들고 쫓아온 사람도 있으며, 그냥 사람들이 하는 이야기에 휩쓸려 죽여야 한다고 소리를 치는 사람들도 있었을 것입니다. 그렇게 만들어진 폭력은 무기가 되어 죄를 범한 한 여자를 절망의 어둠에 가두고 또한 모든 죄인을 부르러 오신 예수님을 시험하는 덫이 되었습니다.

이것이야말로 마귀의 전략이라는 생각이 듭니다. 마귀는 인간을 유혹하여 죄를 짓게 하면서도 죄 가운데 있는 인간을 동정하지도 않고 동질감을 가지려 하지도, 연대하려 하지도 않습니다. 마귀는 인간을 노예로 삼고 하나님을 향한 무기로 이용합니다. 인간이 죄로 인해 절망과 소망 없는 삶을 살며 수많은 병과 죽음으로 인한 고통에 놓여 있을 때 마귀는 그것으로 하나님을 공격합니다. 마귀는 하나님께 죄인 된 우리를 심판하라고 요구합니다. 인간을 벌하고 멸하라고 청구합니다. 그래서 하나님의 형상으로 창조된 인간은 이 죄로 인해 하나님을 공격하는 마귀의 도구가 되어 하나님을 찌르는 것입니다.

우리는 죄인을 심판하는 일을 가볍게 말하지 말아야 합니다. 분명히 죄를 범한 사람을 심판하시는 일이 하나님께 있지만, 하나님은 죄인을 심판하여 벌하시는 일을 결코 편하게 여기지 않습니다. 하나님은 죄인 된 인간을 모두 다 죽여 버리거나 지옥에 보내면 된다고 여기지 않으시며, 때로는 근심하시기까지 합니다. 마음 아파하십니다. 그래서 예수님이 세상에 오신 것이며, 그래서 십자가에서 죽으신 것입니다. 신앙인이라면 모두가 이 하나님의 마음을 가져야 할 것입니다.

죄 없는 자가 먼저 돌로 치라

바리새인들은 죄 지은 여자를 이용하여 예수님을 심판대에 세우려고 예수님 앞에 모였습니다. 앞에는 머리가 산발이 되어 질질 끌려온 여자가 엎드려 있습니다. 사람들은 웅성거립니다. 누군가는 벌써 돌을 들고 있습니다. 어떻게 할 것이냐고 소리를 칩니다. 모두가 집단적 광기에 사로잡혀 있었습니다.

그런데 예수님은 이런 상황에서 땅에 글을 쓰셨다고 합니다.

그들이 이렇게 말함은 고발할 조건을 얻고자 하여 예수를 시험함이러라. 예수께서 몸을 굽히사 손가락으로 땅에 쓰시니(요 8:6).

사람들은 예수님이 쓰신 글을 궁금해 합니다. 어떤 학자는 출애굽기 23장 1절의 말씀을 들어 "악인과 연합하여 위증하는 증인이 되지 말며"라고 썼다고 생각하기도 하고 혹자는 출애굽기 23장 7절의 "거짓 일을 멀리 하며 무죄한 자와 의로운 자를 죽이지 말라"라고 썼다고 생각합니다. 어떤 목사님은 "너나 잘해"라고 썼다고 우스갯소리를 하기도 했습니다. 어느 것도 확실치 않지만 예수님의 마음을 글로 쓰시지 않았을까 생각해 봅니다. 죄인들이 죄인을 끌고 온 이 상황, 사람의 이야기는 없고 죄에 대한 심판만 부르짖는 사람들을 보시며 죄인을 구원하시고자 이 땅에 오신 그분의 마음을 드러내지 않았을까 생각합니다.

사람들이 계속 이야기를 하자 예수님은 잠시 고개를 들고 이 상황에 필요한 말씀을 하시고 다시 땅에 글을 쓰십니다.

너희 중에 죄 없는 자가 먼저 돌로 치라 하시고 다시 몸을 굽혀 손가락으로 땅에 쓰시니(요 8:7-8).

이 말씀은 여자에 대한 오해만큼이나 사람들이 잘못 쓰고 있는 말씀입니다. 이 말씀은 죄인이 변명하기 위해 쓰는 말이 아닙니다. 잘못한 사람이 비난을 막기 위해 쓰는 방패가 될 수 없습니다. 그러니 자신을 변명하기 위해서 주님의 말씀을 쓰지 마십시오.

이 말씀은 어둠이 가득한 그 자리에 빛과 같았습니다. 또한 이 말씀은 죄가 드러난 여자를 데려온 사람들이 어떤 사람들인지를 보여 주는 거울과 같은 말씀입니다. 남의 죄는 알고 싶어 하면서 자신의 죄는 보지 못하는 사람들에 대해 예수님이 비추시는 빛이었습니다.

> 그 안에 생명이 있었으니 이 생명은 사람들의 빛이라. 빛이 어둠에 비치되 어둠이
> 깨닫지 못하더라(요 1:4-5).

요한복음 1장의 말씀과 같이 어둠에 있는 사람들을 비추는 빛이
바로 이 말씀이었습니다.

"죄 없는 자가 먼저 돌로 치라."

그들은 예수님이 자신들에 대해 말씀해 주시는 음성을 들었습
니다. 죄인을 심판대에 올려놓을 뿐 아니라 예수님도 심판대에 올
려놓으려는 자들은 이 말씀을 듣고 나서 자신들이 심판대에 먼저
올라가 있다는 것을 알았습니다. 자신들이 누구인지 알게 되었습
니다. 젊은 시절 죄를 많이 지었던 어거스틴(Augustine)은 『고백록』
(Confessiones)에서 이런 말을 합니다.

> "인간들은 누구나 다른 사람들의 삶을 알고 싶어 하는 반면에 자기 자신의 삶을 고
> 치기는 싫어합니다. 왜 사람들은 내가 어떤 사람인지에 대해서는 나로부터 듣고
> 싶어 하면서도, 그들 자신이 어떤 사람인지에 대해서 주님으로부터 들으려고 하지
> 않는 것입니까? 주님으로부터 자기 자신에 대하여 듣는다는 것은 자기 자신을 제
> 대로 알게 되는 것입니다. 그러므로 주님이 자기 자신에 대하여 해 주신 말씀을 통
> 해서 자기 자신을 알게 된 사람이 주님의 말씀은 틀렸다고 말한다면, 그것은 자기

자신을 속이는 것밖에 더 되겠습니까?"[72]

남의 죄를 알고 싶어 한 사람들에게 예수님은 그들 자신에 대해 볼 수 있도록 해 주셨습니다. 자신들이 어떤 사람들인지 주님이 말씀하고 계시는데 그것을 들으라는 것입니다. 그것이 들리지 않는다면 그것은 자신을 속이는 사람 밖에 더 되지 않겠습니까?

세상에는 그냥 두 종류의 사람이 있을 뿐입니다. 모두가 죄인이지만 다른 사람들 앞에 죄가 드러난 사람과 아직 드러나지 않은 사람들입니다. 이 두 종류의 사람들은 하나님 앞에서는 이렇게 보일 것입니다. '자신의 죄가 드러나 수치와 절망 가운데 심판의 두려움을 느끼는 자'와 '자신의 죄가 드러나지 않아서 교만과 자만에 빠져 심판을 두려워하지 않는 자'로 보일 것입니다. 주님은 우리 모두에게 말씀합니다.

"다른 사람들의 죄가 보이거든 먼저 자신의 죄를 회개하라. 오히려 죄가 드러나 심판대 앞에 절망하는 자는 복 있는 자다."

맞습니다. 죄가 드러난 사람은 차라리 낫습니다. 사람들 앞에서 수치를 당하고 부끄러운 자리에 있더라도 차라리 그 자리가 낫습니다. 자신의 죄가 숨겨져 있어 아무 문제 없듯이 살아가는 사람들, 말세나 심판에 대해 아무렇지 않게 살아가는 어리석은 사람들보다 훨씬 낫습니다. 부끄러워도 수치스러워도 죄가 드러났을 때

---

72 Augustine, 『고백록』 304–305.

주님을 만나기만 한다면 죄를 감추고 아무 일 없는 듯이 살아가며 예수님을 만나지 못하는 사람들보다 훨씬 나은 것입니다.

우리는 말씀을 통해 우리 자신을 발견해야 합니다. 내가 돌을 들고 서 있든, 죄가 드러나 사람들 속에서 수치스럽게 쓰러져 있든 우리 자신을 발견하길 원합니다. 예수 그리스도가 지금 우리에게 우리 자신을 발견할 수 있게 말씀하고 계십니다.

용서가 요구하는 삶

다시 성전 마당으로 가 봅시다. 아침의 태양이 조금 더 올라간 오전 성전 마당에는 돌을 든 수많은 사람들에게 둘러쌓인 한 여자가 엎드려 있습니다. 머리는 모두 풀어진 채 땀과 눈물로 범벅이 된 그녀의 얼굴은 흙먼지로 얼룩져 있었으며, 얼굴을 들지 못하고 그저 땅에 몸을 웅크리고 있을 뿐이었습니다. 돌을 든 사람들의 그림자로 인해 그녀의 마음에는 더 짙은 어둠이 내렸습니다. 그때 여자는 땅에 무엇인가 쓰고 있는 한 손을 보았습니다. 얼굴을 볼 수는 없었지만 그의 목소리는 들을 수 있었습니다.

"죄 없는 자가 먼저 돌로 치라."

잠시 후 다시 그의 손이 보였습니다. 그리고 돌이 땅바닥에 하나씩 떨어졌습니다. 여자의 주변을 에워싼 그림자들이 하나씩 사라져갔습니다. 그러자 그 어떤 빛보다 따뜻한 빛이 그녀의 등을 따스하게 만들었습니다. 경험해 보지 못한 빛이었습니다.

예수님의 말씀의 빛은 죄가 드러난 여자를 따뜻하게 감싸주었다면, 죄를 숨기는 자들에게는 너무 강렬하여 그 자리에 서 있을 수 없게 만들었습니다. 어둠에 갇혀 자신이 어떤 이유로 돌을 들고 있는지 알지 못하는 자들을 거울 앞에 서게 하셨으며, 자신이 감추어 온 추악한 죄의 모습을 발견하게 만들었습니다. 그래서 평상시 같으면 콧방귀도 뀌지 않을 사람들이지만 예수님의 말씀의 빛 앞에서 그들은 양심의 가책을 느끼게 되었습니다.

> 그들이 이 말씀을 듣고 양심에 가책을 느껴 어른으로 시작하여 젊은이까지 하나씩 하나씩 나가고 오직 예수와 그 가운데 섰는 여자만 남았더라(요 8:9).

어른에서 젊은이까지 모두 떠나고 이제 예수님과 여자만 남았습니다. 이제 땅에 무엇인가 쓰던 예수님이 일어나 여자에게 물으십니다.

> 여자여 너를 고발하던 그들이 어디 있느냐. 너를 정죄한 자가 없느냐(요 8:10).

예수님은 가나의 혼인 잔치에서 어머니에게 사용한 그 호칭을 이 여자에게 썼습니다. 그녀를 죄인으로 경멸하지 않고 존중하여 불렀습니다. 여자는 자신을 그렇게 불러 준 예수님을 아마도 잊지 못했을 것입니다. 죄인을 죄인으로 부르지 않은 이 호칭 하나에서 그녀의 모든 이야기는 이미 예수님 앞에 놓여 있었습니다.

여자는 자신을 끌고 와 돌로 치려 하던 자들이 다 떠나갔음을 알았습니다. 자신의 죄를 비난하던 사람들이 사라졌음을 보았습니다. 모든 사람이 말씀의 빛에 자신을 발견하고 돌아갔음을 보았습니다. 그녀는 대답합니다.

주여 없나이다(요 8:11).

예수님은 그녀에게 이렇게 말씀합니다.

예수께서 이르시되 나도 너를 정죄하지 아니하노니 가서 다시는 죄를 범하지 말라
하시니라(요 8:11).

그녀에게도 주님은 같은 말씀의 빛을 비추셨습니다. 돌을 들고
온 사람들에게 비추시되 정죄하지 않고 양심의 가책을 받아 스스
로 돌이키게 하셨듯이 죄로 인해 엎드린 그 여자에게도 스스로 돌
이킬 수 있는 빛을 비추셨습니다. 죄를 돌이키게 하는 말씀의 빛,
그것이 죄인에게 주시는 은혜입니다. 이날 돌을 든 자도 엎드린 여
자도 모두 이 말씀의 빛, 은혜의 빛 가운데 자신을 돌아보게 되었
습니다.

가만히 생각해 보면 우리는 난데없이 들춰진 우리의 죄에 당황
하며 비난과 절망 속에 버려져 있거나, 혹은 돌을 들고 분노한 군
중 속에 끼어 있습니다. 어디에 있든지 우리가 원하는 자리가 아닙
니다. 그러나 어떤 상황이든 우리 자신을 발견하지 못한다면 우리
에게는 위로가 없고, 소망이 없습니다. 우리가 우리 자신을 발견하
게 되는 것은 말씀의 빛이 우리를 비추어 줄 때 가능합니다. 주님
이 말씀으로 우리를 비추시고 은혜를 베풀어 주실 때 우리는 우리
자신을 발견하고 돌이킬 수 있게 됩니다.

세상은 우리의 죄를 들추어내 좌절하고 절망하게 만들려 하지
만 주님의 빛은 우리를 죄 가운데서 돌이켜 새로운 사람으로 만들

어 줍니다. 세상은 다른 사람의 죄를 볼 때 돌을 들고 비난하게 만들지만, 주님의 빛은 우리로 하여금 용서와 은혜가 사람을 변화시키며 새로운 소망을 줄 수 있음을 깨닫게 만듭니다. 우리 모두에게 이 그리스도의 빛이 비춰지길 소망합니다. 이 빛을 받아 자신을 돌아보고 죄에서 벗어나 새로운 사람으로 다시 태어나야 합니다.

1. 우리가 만약 간음한 현장에서 잡혀 온 여자와 같다면 우리를 용서하신 예수님의 사랑과 은혜가 너무나도 감사할 것입니다. 그러나 만약 이 여자로 인해 피해를 본 사람(예를 들어, 남자의 본처나 혹은 그의 가족)이었다면 예수님의 용서를 어떻게 받아들일 수 있을까요? 내가 피해자일 때 나는 돌을 내려놓을 수 있을까요?

2. "죄 없는 자가 먼저 돌로 치라"는 말씀은 '죄 없는 자'만이 심판을 할 수 있다는 뜻일까요? 만약 그렇다면 세상에서 일어나는 여러 가지 죄들에 대한 판결은 누가 해야 할까요? 어떻게 해야 우리는 은혜와 공의를 균형 있게 가져갈 수 있을까요?

3. 38년 된 병자를 고쳤을 때와 마찬가지로 예수님은 이 여자에게도 다시는 죄를 범하지 말라고 말씀하셨습니다. 예수님의 용서에도 불구하고 죄를 다시 범하는 많은 사람들은 어떻게 해야 진정으로 변화된 삶을 살 수 있을까요? 성경에 나오지 않는 이 여자의 뒷이야기를 함께 생각해 봅시다.

11 맹인으로 태어난 사람
너의 잘못이 아니다

예수께서 대답하시되 이 사람이나 그 부모의 죄로 인한 것이 아니라 그에게서 하나님
이 하시는 일을 나타내고자 하심이라 (요 9:3)

닉 부이치치

호주의 목사이자 동기부여 강연자이며 지체장애인을 위한 단체
의 대표로서 전 세계를 돌아다니며 강연활동을 펼치고 있는 사람
이 있습니다. 우리나라에도 몇 번 방문했던 이 사람의 이름은 닉
부이치치(Nick Vujicic)입니다. 그는 태어날 때 유전질환인 해표지증
(海豹肢症, phocomelia)으로 인해 짧막한 왼쪽발을 제외하고는 양쪽
팔과 오른쪽 다리가 없이 태어났습니다. 쉽게 말해서 몸만 있고 팔
다리가 없는 상태로 태어났습니다. 그가 태어날 때 충격을 받은 그
의 어머니는 출산 후 "아들을 보고 싶지 않다. 데리고 나가 달라"고
간호사들에게 요청했다고 하며, 어머니가 장애를 가진 그를 받아
들이기까지 4개월이 걸렸다고 합니다. 그도 8살 때 우울증으로 자
살까지 시도했다고 합니다.

언젠가 그가 한국에 왔을 때 TV 프로그램에 출연을 했는데 사

회자는 보통 사람들이 궁금해하는 것처럼 손과 발이 없는 그가 어떻게 옷을 입는지, 혹은 화장실은 어떻게 가는지에 대해 궁금해했습니다. 하지만 저는 왜 그가 그런 장애를 가지고 태어났는지 그 원인이 더 궁금했습니다. 찾아보니 그의 병인 '해표지증'의 원인 중 하나로는 임신 중 탈리도마이드(Thalidomide)계의 약품 복용을 들 수 있습니다. 탈리도마이드는 1960년대 전반에 유럽에서 진정제 및 최면제로 사용됐지만 임신 초기 여성이 사용하면 사지가 짧은 아이의 출산을 초래하는 약물로 인정돼 제조가 중지됐다고 합니다.

그러나 원인이야 무엇이 되었든 만약 어떤 사람이 태어났는데 자신이 어찌 할 수 없는 이유로 이런 장애나 고통 가운데 있다면 어떤 마음이 들까요? 왜 이런 일이 생겼을까, 누구의 잘못으로 이런 일이 발생했을까, 더 나아가 하나님은 왜 그에게 그런 장애를 주셨을까 하는 질문들을 하게 됩니다. 요한복음 9장에도 이 같은 질문을 받는 한 사람이 등장합니다. 그는 태어날 때부터 앞을 보지 못하는 맹인이었습니다.

누구의 죄인가

어느 날 예수님과 제자들은 길을 가다 어떤 맹인을 보게 됩니다. 제자들과 사람들이 예수님께 물어봅니다.

> 이 사람이 맹인으로 난 것이 누구의 죄로 인함이니이까. 자기니이까 그의 부모니이까(요 9:2).

평범해 보이는 이 질문에는 나름 신학적인 면이 있습니다. 보통 유대인들은 고통의 원인이 죄라고 하는 생각을 가졌습니다. 그래서 사람들은 이 사람의 고통의 원인이 되는 죄가 누구의 것인지 궁금해했습니다. 어떻게 생각합니까? 그의 장애는 그 사람의 죄 때문일까요, 아니면 그의 부모의 죄 때문일까요?

만약 날 때부터 맹인 된 그 사람이 자신이 지은 죄로 맹인이 되었다고 생각해 봅시다. 그는 분명 부모의 뱃속에서 죄를 지었다는 말이 됩니다. 그가 엄마의 뱃속에서 죄를 지었다면 그것이 얼마나 심한 죄이기에 맹인으로 태어나게 되었는가 묻지 않을 수 없습니다. 그런데 엄마의 뱃속에서 태아가 할 수 있는 행위라는 것은 매우 제한적이기에 맹인이 될 만큼 큰 죄를 그가 지었다고 말하는 것은 그리 합리적이지도, 납득이 잘 되지도 않는 설명일 것입니다.

신학적으로 인간이 원죄가 있다는 점을 들어 그가 원죄에 대한 심판을 받았다고 말할 수도 있을 것입니다. 그러나 원죄로 인해 심판을 받았다고 말한다면, 그것은 다른 문제들을 불러옵니다. 원죄는 아담 아래서 우리 모두가 죄인이 되었다는 것입니다. 그런데 일부의 사람들만 태어나면서 장님이 되었다면 사람들은 하나님의 공의나 형평성에 문제를 제기할 것입니다.

그렇다면 부모의 죄라고 말하는 것은 어떨까요? 일반적으로 이런 생각은 다음에 기인합니다.

그것들에게 절하지 말며 그것들을 섬기지 말라. 나 네 하나님 여호와는 질투하는 하나님인즉 나를 미워하는 자의 죄를 갚되 아버지로부터 아들에게로 삼사 대까지 이르게 하거니와 나를 사랑하고 내 계명을 지키는 자에게는 천 대까지 은혜를 베푸느니라(출 20:5-6).

그러나 이 말씀은 우상숭배와 같이 환경적, 문화적이고 구조적 죄악에 대한 심판을 말하며 가문에 흐르는 저주와 같은 것을 말하는 것이 아닙니다. 또한 삼사 대와 천 대라는 비교에서 볼 수 있듯이 이것은 문자적 해석을 하기에는 무리가 있습니다.[73]

오히려 성경은 분명 부모의 죄로 인해 자녀를 벌하지 않겠다고 말씀하셨습니다.

> 아버지는 그 자식들로 말미암아 죽임을 당하지 않을 것이요 자식들은 그 아버지로 말미암아 죽임을 당하지 않을 것이니 각 사람은 자기 죄로 말미암아 죽임을 당할 것이니라(신 24:16).

> 너희가 이스라엘 땅에 관한 속담에 이르기를 아버지가 신 포도를 먹었으므로 그의 아들의 이가 시다고 함은 어찌 됨이냐. 주 여호와의 말씀이니라. 내가 나의 삶을 두고 맹세하노니 너희가 이스라엘 가운데에서 다시는 이 속담을 쓰지 못하게 되리라. 모든 영혼이 다 내게 속한지라. 아버지의 영혼이 내게 속함 같이 그의 아들의 영혼도 내게 속하였나니 범죄하는 그 영혼은 죽으리라(겔 18:2-4).

내 믿음이 부모를, 혹은 자녀를 구원하지 못하는 것처럼 죄 또한 각자가 심판을 당합니다. 그러므로 부모의 죄로 어떤 사람이 맹인이 되었다고 하는 것은 분명 과도한 생각입니다. 그렇다면 무엇이

---

[73] 문자적으로 이해한다면 공평하신 하나님은 결코 죄는 약하게 벌하고 은혜는 더 많이 주실 수 없다. 참고로 윤석준 목사님의 글을 읽어 보길 권한다. 윤석준, 『한국 교회가 잘못 알고 있는 101가지 성경 이야기』 39-48.

문제일까요?

원인을 찾는 것만이 해법인가

우리는 먼저 조심해야 할 것이 있습니다. 우리가 어떤 사람의 어려움이나 고통이나 힘든 상황을 보면서 그것이 모두 죄로 인한 것이라고 여기는 것에 신중해야 한다는 것입니다. 사람들이 병에 걸리거나 사업에 실패하거나 어려움을 겪는 일을 모두 죄 때문이라고 말하며 회개하라고 말하는 일은 욥의 친구들이 저지른 잘못 중에 하나입니다.

먼저 우리는 우리 자신에게 어떤 죄가 어떤 문제를 일으켰는지를 판단할 능력이 없다는 점을 알아야 합니다. 또한 어떤 죄와 어떤 문제가 서로 관련이 있다는 점을 알았다고 해도 우리가 그런 지적을 하는 것이 결코 그의 문제를 해결하는 데 직접적인 도움이 되지 않는다는는 것도 알아야 합니다. 말하자면 물에 빠진 사람을 보면 물에서 건져 주려고 해야지, 물에 빠진 원인을 찾고 실수를 분석하는 것은 나중에 해도 된다는 것입니다.

그럼에도 사람들이 원인을 찾으려고 하는 것은 원인을 찾아내 해결하면 문제도 없어진다고 믿기 때문입니다. 실제로 많은 경우 원인을 아는 것과 문제를 해결하는 것이 연결되어 있습니다. 특히 원인과 현상이 직접적인 관련이 있는 거시적 세계의 물리적, 기계적 문제들은 이런 인과론을 따릅니다. 그러나 인간의 문제는 이런 인과론만으로 설명하기 어렵습니다. 인간은 그렇게 단순하게 설명하기에는 매우 복잡할 뿐 아니라, 인간의 삶에는 너무 많은 상호작

용이 있어서 무엇이 가장 큰 원인인지 파악하기도 쉽지 않습니다. 또 설사 원인을 알았다고 해도 그것을 단번에 풀기도 어렵습니다. 그래서 대부분 이런 원인을 찾는 일은 문제를 해결하기보다 원망의 대상, 책임의 대상을 찾는 것에 가까워집니다.

본문에 나온 사람이 어떤 원인으로 맹인이 되었다는 것을 아는 것이 어떻게 문제를 해결할 수 있겠습니까? 그가 회개하면 눈이 보이게 된다든가, 그의 부모가 성전에 가서 큰 화목제를 드린다고 그의 눈이 자연스럽게 떠지는 것이 아니기 때문입니다. 앞서 부이치치의 이야기를 했는데, 그의 장애 원인이 설사 부모가 복용한 탈리도마이드라는 것을 알았다고 해도 그의 팔이 다시 자라나지는 않습니다. 그를 임신한 부모에게 문제의 원인을 지적한다고 태어난 아이가 달라지지 않습니다. 이런 질문은 문제를 해결하기 위한 질문이 아닙니다. 결과적으로 누군가를 희생양으로 삼고자 하는 질문밖에 되지 않습니다. 원인이 그의 잘못이라면 불평하지 말고 살라고 말할 것이고, 부모의 잘못이라면 부모가 책임을 지거나 혹은 그에게 부모를 원망하며 살면 된다고 할 것입니다. 그것도 아니라면 조상이든 환경이든 다른 탓으로 돌리고 살라고 할 것입니다.

요즘은 글로벌 시대라 여러 나라들의 생활상을 알게 됩니다. 그러다 보니 어떤 사람은 자신이 한국에서 태어난 것에 대해 상당한 불만을 가집니다. 사람들은 무슨 죄로 내가 한국땅에 태어났는지 모르겠다고 말하기도 합니다. 어떤 학생들은 한국에서 태어나서 영어를 배워야 하는 것에 불만이 많습니다. 미국에서 태어났으면 영어를 안 배워도 되는데 왜 한국에 태어났는지 모르겠다고 합니다. 여자가 아니라 남자로 태어나 군대를 가야 하는 것을 억울해하는 사람도 있습니다. 일제 강점기나 한국전쟁을 경험한 우리의 앞 세대 분들이 고생하며 경제적 발전을 이루었음에도 집값이 너무 비싸고 경제는 양극화되어 빈부격차가 크며, 학교생활은 경쟁뿐이고 직장은 들어가기 힘들다고 합니다. 여자들이 경제활동을 하니 결혼도 어렵다고 불평합니다. 다 이전 세대가 잘못했다고 불만을 갖습니다. 나라의 문제도 6.25 전쟁을 일으킨 북한에게 원인이 있다고 말하며, 더 거슬러 올라가 2차 세계대전을 일으킨 일본이 아니라 한반도를 나눈 미국과 소련에게 책임이 있다고 말할 수 있을 것입니다. 더 나아가 나라가 일본에 합병된 것은 조선시대 말기의 양반들과 조선 왕조의 잘못이라고 말하게 될 것입니다. 이런 식으로 올라가면 왜 고구려가 통일을 못하고 신라가 통일을 했으며, 왜 단군은 저 넓은 땅을 두고 이 좁은 한반도에 나라를 세웠는지 원망하게 될 것입니다.

그런데 이런 식으로 원인의 원인을 찾다 보면 근본적으로 하나님에 대한 원망으로 나아갑니다. 왜냐하면 웨스트민스터 신앙고백서가 말해 주듯이 모든 일의 제일 원인자는 하나님이시기 때문입니다. 사람이 태어난 것, 그 이전에 사람이 창조된 것, 그 이전에 세상의 창조를 작정하신 분은 하나님입니다. 그러니까 문제의 원인을 찾는 자들은 모두 하나님 앞으로 가게 되어 있습니다. 하지만 우리가 하나님께 모든 원인을 돌리는 것에서 문제가 해결될 수 있을까요? 아닙니다. 피조물이 창조를 원망하는 것, 자녀가 부모가 낳아 준 것을 원망하는 것, 도자기가 도공을 원망하는 것은 모두 존재를 부정하는 것입니다.[74] 창조주와 피조물의 관계에서 존재를 부정하는 논리는 결국 자살을 정당화하며, 죽음을 자유를 위한 저항으로 규정하게 됩니다. 자신이 어찌 할 수 없는 일은 자신 스스로를 죽임으로써 해결할 수 있다고 믿게 되는 것입니다. 궁극적으로 자살은 삶의 도피이자 책임을 창조주에게 돌리는 행위입니다. 삶의 문제를 하나님께 돌리며 그에게 대항하는 행위라고도 볼 수 있습니다. 이런 점에서 성경은 자살이 죄가 된다고 보는 것이기도 합니다.

우문현답, 그리고 실천

본문에서 제자들은 기본적인 가정을 잘못하고 있는 상태에서 질문을 하고 있습니다. 질문이 잘못되면 결코 우리는 답에 가까이 갈 수 없습니다. 그러나 이런 우문(愚問)에 예수님은 현명한 답을 해 주십니다.

> 예수께서 대답하시되 이 사람이나 그 부모의 죄로 인한 것이 아니라 그에게서 하나님이 하시는 일을 나타내고자 하심이라(요 9:3).

예수님은 어리석은 질문에 길게 설명하시기보다 죄의 원인자를 찾지 말고 하나님이 하시려는 일이 무엇인지 찾으라고 말씀합니다.

---

[74] 사 45:9-10 질그릇 조각 중 한 조각 같은 자가 자기를 지으신 이와 더불어 다툴진대 화 있을진저 진흙이 토기장이에게 너는 무엇을 만드느냐 또는 네가 만든 것이 그는 손이 없다 말할 수 있겠느냐 아버지에게는 무엇을 낳았소 하고 묻고 어머니에게는 무엇을 낳으려고 해산의 수고를 하였소 하고 묻는 자는 화 있을진저

그렇습니다. 어떤 일의 원인을 찾는 일보다 중요한 것은 하나님이 하시고자 하는 일이 무엇이며, 그것이 우리 삶에 어떻게 나타나는가입니다. 하나님이 모든 것의 근원이시고 창조주이시며 제일 원인이라고 할 때 우리는 그분을 원망하고 그 원인이 되는 하나님이 모든 것을 책임져야 한다고 말하기 전에 그분이 창조된 세계와 그 안에서 타락한 인간과 고통과 절망에 빠져 있는 인간들을 통해 무엇을 하려고 하시는지 생각하라는 것입니다.

우리는 삶의 문제를 대면할 때 우리의 삶에서 하나님이 하시려는 일을 찾아야 합니다. 그리고 하나님이 하시려는 뜻이 분명히 있음을 발견한다면, 그 사람은 반드시 자신이 해야 할 일 혹은 할 수 있는 일이 있다는 것도 발견하게 될 것입니다. 말씀에서도 예수님은 그의 맹인 됨이 하나님이 하시고자 하는 일과 관계되어 있다고 하면서 이렇게 말씀합니다.

> 때가 아직 낮이매 나를 보내신 이의 일을 우리가 하여야 하리라. 밤이 오리니 그때는 아무도 일할 수 없느니라. 내가 세상에 있는 동안에는 세상의 빛이로라(요 9:4-5).

예수님은 제자들에게 "맹인에게서 하나님이 하시고자 하는 일이 나타날 것이다"라고 말씀만하고 그냥 지나쳐 가지 않았습니다. 맹인 된 사람에게 하나님의 뜻이 나타나려면 하나님이 보내신 사람들이 먼저 일을 해야 합니다. 거기서 모든 것이 출발합니다. 그래서 예수님은 맹인을 불러 땅에 침을 뱉어 진흙을 이긴 다음 그 눈에 바르시고 실로암 못에 가서 씻으라고 말씀합니다. 이것이 하나님의 뜻이며, 예수님은 그 뜻에 순종함으로 하나님이 하시려는 일이 그에게 나타나게 됩니다.

앞서 부이치치 이야기를 했는데 그가 신앙인이 된 이유가 있었습니다. 그는 어린 시절 자신이 남과 다르다는 것을 알게 된 후 하나님께 팔과 다리가 생기게 해 달라고 기도했다고 합니다. 어린 나이에 얼마나 간절하게 기도했을까 생각하면 마음이 아프기도 합니다. 하나님은 그의 기도를 들으셨을까요? 당연히 들으셨습니다. 물론 하나님이 그의 기도를 들으셨다고 그에게 팔과 다리가 생기지는 않았습니다.

대신 하나님은 그의 문제 가운데 하나님이 하시는 일이 있다는 것을 알려 주셨습니다. 그래서 그는 커 가면서 장애로 어려움을 겪는 사람이 자신뿐이 아님을 알고 하나님께 자신이 살아 있음을 감사하며 많은 사람들에게 영감을 주는 사람이 될 수 있음을 깨달았다고 합니다. 그는 17살이 되던 해 기독교인들과의 모임에서 자신의 이야기를 하면서 마침내 비영리단체인 '사지 없는 인생'(life without Limbs)이라는 모임을 시작하게 됩니다. 그리고 지금은 육체의 몸은 있으나 영혼의 손발이 없는 수많은 사람들과 만나며 희망을 주고, 하나님의 은혜를 전하고 있습니다.

이처럼 하나님의 뜻을 발견한 사람들은 우리 주변에 많이 있습니다. 우리가 부르는 찬양 중에 '나 가진 재물 없으나'라는 찬양이 있습니다. 이 곡은 뇌성마비 시인으로 잘 알려진 송명희 씨의 시를 가사로 하고 있습니다. 그녀는 뇌성마비로 불편한 몸을 가지고 있었지만 하나님이 하시고자 하는 일이 있다는 것을 알고 자신의 문제의 원인을 찾는 대신 그녀가 할 수 있는 일을 했습니다. 그녀는 찬송시를 썼고 그녀의 찬송시는 찬양이 되어 많은 사람들에게 하나님의 은혜를 깨닫게 만들었고 회개하게 만들며, 돌이키게 하였습니다. 하나님은 그녀를 통해 하나님이 하시고자 하는 일을 보여주셨습니다.

확실히 하나님의 뜻이 이루어지는 일은 내가 할 수 있는 일을 하는 것에서 출발합니다. 그리고 우리는 어두운 밤이 오기 전에 우리에게 주어진 일을 해야 합니다.

> 때가 아직 낮이매 나를 보내신 이의 일을 우리가 하여야 하리라. 밤이 오리니 그때는 아무도 일할 수 없느니라(요 9:4).

이 말은 우리가 무엇인가를 할 수 있는 때가 영원하지 않다는 것입니다. 우리가 무엇인가를 시도할 수 있는 기회의 시간들이 제한되어 있다는 것입니다. 그래서 우리는 때를 아껴야 합니다. 하나님의 일에 참여할 수 있을 때 일해야 합니다. 성령이 우리에게 해야 할 일을 분명히 가르쳐 주실 것입니다.

하나님이 맹인을 통해 드러내신 일

본문에서 예수님이 하신 일을 봅시다. 예수님은 이 맹인을 고치시면서 38년 된 병자처럼 "네가 낫고자 하느냐"(요 5:6)고 묻지도 않으셨고 다른 사람들처럼 "네 믿음이 너를 구원하였다"(마 9:22)라고 말씀하지도 않았습니다. 예수님은 그저 진흙을 눈에 발라 주며 실로암에 가서 씻으라고 말씀하셨습니다. 예수님의 말씀대로 그는 실로암에 가서 씻었고 그랬더니 그의 눈이 나았습니다. 어떤 사람들은 그의 눈이 나은 것이 하나님의 일이 드러난 것이라고 생각합니다. 그럴 수도 있습니다. 그러나 말씀을 더 읽어 보면 그의 눈이 나은 것보다 더 중요한 일이 나옵니다.

사람들은 이 눈을 뜨게 된 맹인을 바리새인들에게 데려갑니다. 그가 눈을 뜨게 된 날은 안식일이었기 때문입니다. 바리새인들은 맹인이 눈을 뜬 일에 관심을 두지 않고 오직 맹인에게 누가 눈을 뜨게 만들었냐고 물었습니다. 신기한 사람들입니다.

> 그러므로 바리새인들도 그가 어떻게 보게 되었는지를 물으니 이르되 그 사람이 진
> 흙을 내 눈에 바르매 내가 씻고 보나이다 하니(요 9:15).

그는 처음에는 사실만을 말했습니다. 그들은 예수님이 하신 것을 알고 자신들끼리 논쟁이 붙었습니다. 그리고 다시 묻습니다.

> 이에 맹인 되었던 자에게 다시 묻되 그 사람이 네 눈을 뜨게 하였으니 너는 그를
> 어떠한 사람이라 하느냐 대답하되 선지자니이다 하니(요 9:17).

그는 이제 자신의 눈을 뜨게 한 예수님을 바리새인들 앞에서 선지자라고 고백합니다. 이것은 매우 담대한 고백이었습니다. 바리새인들은 그 대답이 마음에 안 들었습니다. 그래서 맹인이었던 사람의 부모를 불러와 다시 질문을 합니다. 그의 부모는 그가 날 때부터 맹인임을 증언하지만 그가 눈을 뜨게 된 일에 대해서는 이렇게 말합니다.

> 그러나 지금 어떻게 해서 보는지 또는 누가 그 눈을 뜨게 하였는지 우리는 알지 못

하나이다. 그에게 물어 보소서. 그가 장성하였으니 자기 일을 말하리이다. 그 부모가 이렇게 말한 것은 이미 유대인들이 누구든지 예수를 그리스도로 시인하는 자는 출교하기로 결의하였으므로 그들을 무서워함이러라(요 9:21-22).

그의 부모는 말하기를 주저했습니다. 그래서 다시 눈을 뜬 아들에게 물어보라고 대답을 회피합니다. 그의 부모는 다른 사람들처럼 예수님을 그리스도라고 말하는 것을 두려워했습니다. 하나님이 보낸 구원자라고 말하기를 주저했습니다. 왜냐하면 그렇게 말하면 자신들의 사회에서 쫓겨날 수도 있었기 때문입니다.

바리새인들은 다시 맹인을 불러 예수님이 죄인이라고 선언하며 묻습니다. 그러나 그는 다시 자신에게 일어난 사실만을 증언합니다.

이에 그들이 맹인이었던 사람을 두 번째 불러 이르되 너는 하나님께 영광을 돌리라. 우리는 이 사람이 죄인인 줄 아노라. 대답하되 그가 죄인인지 내가 알지 못하나 한 가지 아는 것은 내가 맹인으로 있다가 지금 보는 그것이니이다(요 9:24-25).

바리새인들은 다시 사실을 거부하며 질문합니다.

그들이 이르되 그 사람이 네게 무엇을 하였느냐. 어떻게 네 눈을 뜨게 하였느냐. 대답하되 내가 이미 일렀어도 듣지 아니하고 어찌하여 다시 듣고자 하나이까. 당신들도 그의 제자가 되려 하나이까(요 9:26-27).

이 사람은 바리새인들이 너무 답답했습니다. 아무리 사실을 말해도 믿지 않는 그들을 이해할 수 없었습니다. 왜 사실을 믿지 않냐고 반문하자 그들은 이 눈 뜬 자를 예수님의 제자로 몰아붙입니다.

그들이 욕하여 이르되 너는 그의 제자이나 우리는 모세의 제자라. 하나님이 모세에게는 말씀하신 줄을 우리가 알거니와 이 사람은 어디서 왔는지 알지 못하노라 (요 9:28-29).

이 사람은 자신이 예수님의 제자 됨을 거부하지 않고 오히려 바리새인들에게 충고합니다. 그렇게 하나님 말씀을 잘 안다고 하면서 어떻게 맹인을 눈 뜨게 한 사람을 죄인이라고 하느냐고 돌려 말합니다.

그 사람이 대답하여 이르되 이상하다 이 사람이 내 눈을 뜨게 하였으되 당신들은 그가 어디서 왔는지 알지 못하는도다. 하나님이 죄인의 말을 듣지 아니하시고 경건하여 그의 뜻대로 행하는 자의 말은 들으시는 줄을 우리가 아나이다. 창세 이후로 맹인으로 난 자의 눈을 뜨게 하였다 함을 듣지 못하였으니 이 사람이 하나님께로부터 오지 아니하였으면 아무 일도 할 수 없으리이다(요 9:30-33).

이 진실된 말에 바리새인들은 화가 나서 그를 쫓아냅니다.

그들이 대답하여 이르되 네가 온전히 죄 가운데서 나서 우리를 가르치느냐 하고 이에 쫓아내어 보내니라(요 9:34).

하나님이 그를 통해 하시려는 일이 무엇인지 보입니까? 그가 우연히 예수님을 만나 눈을 뜨게 되었다고 보이지 않습니다. 그는 제자가 될 사람이었으며, 바리새인들 앞에서 담대하게 예수님을 증언할 수 있는 사람이었습니다. 그의 증언이 곧 하나님의 일이었습니다.

예수께서 대답하여 이르시되 하나님께서 보내신 이를 믿는 것이 하나님의 일이니
라 하시니(요 6:29).

한편 예수님은 그를 통해 하나님의 뜻이 나타날 수 있도록 그의
눈을 뜨게 하셨습니다. 그가 하나님의 일을 증언하도록 만드는 계
기를 주셨습니다. 그가 눈을 뜨자 하나님은 그를 통해 예수님을 증
거하게 하시고, 바리새인들과 같이 믿지 않는 자들의 맹인 됨을 보
여 주셨습니다. 정말 그를 통해 하나님이 하시려는 일이 나타나게
되었습니다.

우리 삶에는 우리가 어찌 할 수 없는 어려운 문제들이 있습니다.
사람들은 우리들의 문제를 보며 원인이 무엇인지 찾으려 합니다.
하지만 하나님은 우리들에게서 하나님의 뜻이 나타나길 바라십니
다. 우리의 삶의 형편이 어떠하든 하나님이 하시려는 일이 있다는
것을 믿어야 할 것입니다.

그리고 그것을 믿었다면 우리 자신이 먼저 해야 할 일이 있다는
것도 알아야 합니다. 성령은 우리에게 지혜를 주셔서 해야 할 일을
하게 하실 것입니다. 우리가 그렇게 성령의 인도하심을 따라 순종
하면 분명 하나님의 뜻이 나타날 것입니다. 눈을 뜨든 아니든, 팔
이 자라든 아니든 우리는 그리스도를 증거하고 하나님의 영광을
나타낼 것이며, 이를 통해 문제가 문제되지 않는 놀라운 축복에 참
여하게 될 것입니다.

말씀의 적용을 위한 묵상

1. 나폴레옹은 "오늘의 불행은 언젠가 내가 잘못 보낸 시간의 보복이다"라고 말했다고 합니다. 혹시 사람들의 직업, 경제적 상황, 가정의 모습, 학업 수준이나 태도, 삶의 습관이나 언행을 보고 사람의 과거나 삶을 평가한 적은 없습니까? "네가 그렇게 사는 것은 다 네가 과거에 잘못한 결과다"라고 나폴레옹처럼 말한 적은 없는지 생각해 봅시다.

2. 자신이 어찌 할 수 없는 일로 고난 당하는 사람들이 우리의 주변에 많습니다. 어려서 버려진 고아들이 있고 태어날 때부터 장애를 가진 아이들도 있으며, 전쟁이 일어나는 나라나 독재와 억압의 사회 속에서 태어난 사람들도 있습니다. 모든 고난을 죄의 결과로 해석하지 않기 위해서는 어떻게 해야 할까요? 우리는 더 많은 은혜를 받은 자로서 그런 고통에 처한 사람들을 위해 기도하고 있는지 생각해 봅시다.

3. 고난 가운데서도 하나님을 만나고 그의 영광을 드러낸 많은 사람들이 있습니다. 혹시 주변에 어려움 속에서도 큰 믿음으로 살아가며 많은 사람들에게 영감을 주는 신앙인이 있는지 이야기해 봅시다.

12

마르다와 마리아
감정을 쏟아내라

예수께서 이르시되 나는 부활이요 생명이니 나를 믿는 자는 죽어도 살겠고 무릇 살아서 나를 믿는 자는 영원히 죽지 아니하리니 이것을 네가 믿느냐 (요 11:25-26)

베다니의 세 남매

병원에 가는 것은 누구나 좋아하지 않지만 치과는 더 그런 것 같습니다. 갑자기 이가 아파 밤새 잠을 설치고 다음 날 아침 일찍 치과에 갔는데 다니던 치과가 매주 목요일에 쉰다는 것을 알게 되었습니다. 짜증이 많이 났습니다. '아니 무슨 목요일에 치과가 쉬는 거야. 치과도 목욕탕이나 이발소처럼 쉬는 날이 있는 건가?' 아프니 별 생각이 다 들었습니다. 그런데 정말 아파서 고통받는 사람이 119를 불렀는데 안 오면 어떨까요? 아니면 병원에 입원했는데 의사가 안 오면 어떨까요? 게다가 그 의사가 보통 의사도 아니고 나와 아주 가까운 사이라면 어떨까요? 생각해 봅시다. 그런 분에게 부탁을 했는데 안 온다면 어떤 마음이 들겠습니까?

요한복음 11장에는 이와 비슷한 일이 나옵니다. 사람이 죽어 가고 있었습니다. 게다가 와 달라고 부탁받은 예수님이 너무 늦게 도착한 나머지 아픈 병자가 죽었습니다. 부탁을 한 사람들의 마음이 어떠했을까요?

요한복음 11장에는 베다니에 사는 나사로의 죽음과 그의 누이들인 마리아와 마르다와 이들을 만난 예수님의 이야기가 나옵니다. 이 이야기의 시작은 주인공인 것 같지만 대사가 한마디도 없는 나사로가 병에 걸렸다는 것에서 시작해서 죽었다가 삼일 만에 부활하는 놀라운 사건으로 끝이 납니다. 사람이 죽었다 살아난 기사들이 성경에 몇 군데 있는데 이런 일은 절대로 잊기 힘든 기사입니다. 그런데 이상하게도 이 기사는 다른 복음서에는 나오지 않고 오직 요한복음에만 나옵니다. 오히려 모든 복음서에는 이 나사로가 다시 살아난 이야기보다 이후에 마리아가 향유를 예수님의 발에 붓는 기사만 나옵니다. 물론 그 이야기도 특이한 점이 있습니다. 왜냐하면 다른 복음서 기자들은 향유를 부은 여인의 이름을 밝히지 않기 때문입니다. 오직 요한복음에서만 마리아라고 밝힙니다. 어떤 이유에서인지 모르지만 다른 복음서 기자들은 그들의 이름을 밝히길 꺼려한 것같이 보입니다.

먼저 베다니라는 동네에 대해 알아봅시다. 이 세 남매가 사는 동네 베다니는 예루살렘에서 여리고로 향하는 길로 3킬로미터 정도 떨어진 감람산의 동편자락에 자리잡고 있습니다. 베다니라는 마을은 이름이 같은 곳이 또 있습니다. 본문의 베다니는 요한복음 10장 40-42절의 베다니와 이름만 같은 동네인데 그래서 요한은 마리아와 그 자매 마르다의 마을이라고 설명을 덧붙입니다. 다른 복음서

들에서는 예수님이 죽기 전 예루살렘에 입성한 뒤 낮에는 성전에
계시지만 저녁에는 바로 이 베다니에서 묵은 것으로 기록합니다.
아마도 예수님이 첫 예루살렘 방문 때부터 이 베다니에 자주 들르
셨던 것 같습니다.

　신약성경의 이름들은 주로 누구의 아들로 표시하거나 어느 동
네의 누구라고 말합니다. 그러나 이 세 남매를 소개하면서 부모의
이름은 등장하지 않습니다. 아마도 부모를 일찍 잃었을 가능성이
큽니다. 그리고 이 세 남매의 오빠라고 할 수 있는 나사로는 오랜
병을 앓은 것 같습니다. 1절에서 나사로를 이렇게 소개합니다.

> 어떤 병자가 있으니 이는 마리아와 그 자매 마르다의 마을 베다니에 사는 나사로
> 라(요 11:1).

　보통은 "나사로라는 사람이 있는데 어느 날 병에 걸렸다"와 같이
말하는데 11장 1절은 나사로를 처음부터 병자로 묘사합니다. 아마
도 나사로의 병은 갑자기 생긴 급성이 아니라 만성적인 병으로 보
입니다. 어떤 계기로 이 남매와 예수님이 만났는지는 정확히 잘 모
르겠지만 누가복음 10장에는 마치 첫 만남으로 보이는 이야기가
나옵니다.

> 그들이 길 갈 때에 예수께서 한 마을에 들어가시매 마르다라 이름하는 한 여자가
> 자기 집으로 영접하더라(눅 10:38).

　아마도 이때가 처음이지 않을까 생각합니다. 누가복음은 이 두
자매 마르다와 마리아가 성격이 다른 유형의 사람이라는 것을 보

여 줍니다. 누가복음 10장 38절에서 보듯이 마르다가 예수님을 초대했고 예수님을 대접하는 일을 더 신중하게 생각했던 것 같은데 반대로 마리아는 말씀을 듣는 일만 하고 마르다를 돕지 않아 이에 대한 갈등이 이야기 속에 등장합니다. 특징적인 것은 누가복음 10장에서는 두 자매만을 주목하지 나사로는 등장하지 않습니다.

두 자매의 오빠이며 부모가 없었다면 집안의 가장인데, 이름도 잘 밝히지 않고 아무리 오래된 병자라고 해도 나사로의 죽음과 부활을 다른 복음서 기자들이 크게 다루지 않은 이유는 무엇일까 궁금하기도 합니다. 한 가지 정보를 얻을 수 있는 것은 마리아가 예수님께 옥합을 붓는 장면에서 볼 수 있습니다. 이 부분은 그냥 읽으면 좀 어렵긴 합니다. 왜냐하면 누가복음의 내용과 마태, 마가의 내용, 요한복음의 내용이 조금씩 다르며 누가복음은 완전히 다른 사건으로 보는 것이 타당해 보이기 때문입니다.

먼저 요한복음을 보면 이렇습니다.

유월절 엿새 전에 예수께서 베다니에 이르시니 이곳은 예수께서 죽은 자 가운데서 살리신 나사로가 있는 곳이라. 거기서 예수를 위하여 잔치할새 마르다는 일을 하고 나사로는 예수와 함께 앉은 자 중에 있더라(요 12:1-2).

누가복음 10장과 같이 마르다는 일을 합니다. 그리고 나사로는 예수님과 함께 있습니다. 그런데 마태복음은 같은 상황을 이렇게 묘사합니다.

예수께서 베다니 나병 환자 시몬의 집에 계실 때에 한 여자가 매우 귀한 향유 한 옥합을 가지고 나아와서 식사하시는 예수의 머리에 부으니(마 26:6-7).

또 마가복음에는 이렇게 나옵니다.

예수께서 베다니 나병 환자 시몬의 집에서 식사하실 때에 한 여자가 매우 값진 향
유 곧 순전한 나드 한 옥합을 가지고 와서 그 옥합을 깨뜨려 예수의 머리에 부으니
(막 14:3).

요한복음을 제외하고 두 복음서는 베다니에 나병 환자 시몬의
집에 예수님이 가신 것을 언급합니다. 쿰란의 성전문서에 따르면
나병 환자들을 위한 세 개의 장소가 예루살렘의 동쪽에 위치해 있
다고 하는데 이 베다니가 그런 마을이 아닐까 합니다. 게다가 베다
니라는 지명의 뜻이 '번민하는 자의 집' 혹은 '가난한 자의 집'이라
는 뜻을 갖고 있으니 쉽게 말하자면 이 동네는 가난하고 병든 사람
들, 나병 환자들과 같이 사회적으로 무시당하거나 부정하게 여김
을 받는 사람들이 모여 사는 그런 빈민촌이었던 것 같습니다.

이런 것을 종합해 보면 이 세 남매는 매우 가난한 환경에서 서로
를 의지하며 살았을 것입니다. 나사로가 나병으로 죽었는지는 모
르지만 적어도 몸이 병약하고 오랫동안 나쁜 환경 속에서 살아왔
다는 것도 우리는 쉽게 짐작할 수 있을 것입니다. 이런 배경을 깨
닫는다면, 예수님이 부자와 거지의 비유를 하면서 부자의 이름은
밝히지 않는데 거지의 이름을 나사로라고 하신 이유가 있는 것 같
습니다. 확실히 이 세 남매는 사회적으로나 경제적으로 하층의 사
람들입니다. 누구 하나 돌봐줄 사람이 없이 오랫동안 병치레를 하

는 오빠와 함께 사는 두 가난한 자매라는 생각이 듭니다.

그들이 가난하고 나사로가 나병이어서 다른 제자들이 언급하지 않았다고 보는 것은 적절하지 않습니다. 다른 나병 환자 시몬을 언급하면서 나사로만 나병 환자라 언급하지 않았다는 것도 이상하고, 예수님이 가난하고 어려운 사람들과 친구가 되었다는 것은 성경의 많은 곳이 증언하는 바 확실히 왜 이 사건이 요한복음에만 나오는지는 알기 어렵습니다. 다만 요한만큼은 이 사건이 예수님의 부활과 연결된 중요한 사건이라고 생각했고, 또 다른 복음서에서 그들의 이름을 언급하지 않는 것을 알고 복음서에 포함시켰을 것 같습니다. 아니 이것은 요한의 결정이라기보다 성령이 우리에게 꼭 전해 주어야 할 말씀이 있다고 해야 할 것입니다.

성경에서 예수님은 세 번 눈물을 흘리셨습니다. 한 번은 예루살렘에 입성하면서 멸망할 미래의 예루살렘과 그 민족인 유대인을 보면서 흘리신 것이고, 다른 하나는 겟세마네 동산에서 흘리신 것입니다. 물론 겟세마네에서의 눈물은 복음서에서는 말하지 않지만 "심한 통곡과 눈물로 간구와 소원을 올렸고"(히 5:7)라고 히브리서에서 말해 주고 있습니다. 그렇다면 남은 한 번은 언제 흘리셨을까요? 바로 나사로의 무덤 앞에서입니다. 그러나 이 눈물은 나사로를 향한 것만은 아닙니다. 이 눈물은 이 불쌍한 남매의 삶에 관한 예수님의 눈물이며, 그들과 같은 삶을 살고 있는 우리를 향한 눈물이기도 합니다.

마르다와 마리아, 그리고 예수님

어느 날 나사로는 몸이 갑자기 쇠약해졌습니다. 상태가 좋아질 것 같지 않았습니다. 두 여동생들은 서둘러 예수님께 사람을 보냅니다. 그리고 이렇게 편지를 씁니다.

주여 보시옵소서. 사랑하시는 자가 병들었나이다(요 11:3).

다른 여러 가지 병이 든 자신의 자녀들을 위해 직접 찾아온 사람들이 있었습니다. 그런데 이 두 자매는 자리를 뜰 수 없었습니다. 그 대신 더 이상의 간곡한 말로 표현할 수 없는 요청을 합니다.

"당신이 사랑하는 자가 병들었나이다."

이것은 단 한 번 보고 헤어진 사람이나 군중 속에서 지나가는 예수님을 본 사람과의 관계가 아닙니다. 오랫동안 교제해 온 관계를 보여 주며, 예수님도 자주 그들의 집에 들르셨던 것 같습니다. 물론 대접을 잘 받거나 대접할 수 있는 집은 아니었던 것 같습니다.

그들을 떠나 성 밖으로 베다니에 가서 거기서 유하시니라. 이른 아침에 성으로 들어오실 때에 시장하신지라(마 21:17-18).

가난한 마을 베다니에서 하루를 묵어도 이른 아침 나오셨으며 아침을 먹지 못해 시장해하셨습니다. 어쩌면 마르다가 부엌에서 분주한 것은 대접할 음식의 종류가 많아서가 아니라 대접할 것이 마땅치 않아서 괴로웠던 것은 아닐까 생각합니다. 그런 두 자매가 예수님을 간절히 청합니다. 좋은 일로 모시는 것도, 대접할 것이 준비되어 청하는 것도 아니었습니다. 오빠 나사로가 아프기 때문이었습니다.

두 자매는 예수님의 제자들조차도 이름을 잘 밝히지 않는 그런 오빠가 많이 아파서 예수님을 모시고 싶어 했습니다. 사람들이 가난하고 나병 환자들이 사는 곳이라고 멸시하는 그 마을에서조차도 더 가난하고 어려운 두 자매가 "주님이 사랑하는 나사로가 아픕니다"라고 하면서 오시길 청하고 있는 것입니다.

요한은 예수님이 이 말씀을 듣고 이렇게 말씀하셨다고 기록합니다.

> 예수께서 들으시고 이르시되 이 병은 죽을 병이 아니라. 하나님의 영광을 위함이요 하나님의 아들이 이로 말미암아 영광을 받게 하려 함이라 하시더라(요 11:4).

예수님은 나사로가 죽을 병이 아니라고 말씀합니다. 그리고 이 병이 하나님의 영광을 위한 것이며, 그로 인해서 예수님 자신이 영광을 받게 하려고 생긴 일이라고 합니다. 그리고 이틀이나 더 거기 머물다가 베다니로 오십니다.

그렇습니다. 하나님의 영광이 중요합니다. 이 일을 통해 예수님의 영광이 드러나야 합니다. 그런데 인간적으로 이 구절을 보면 문이 닫힌 치과 앞에서의 심정이 생각납니다. 밤에 잠을 못 자고 새벽까지 뒤척이다 간신히 잠에 들었습니다. 그렇게 정신없이 아침에 일어나 병원 문 여는 시간에 맞춰 갔는데 무슨 병원이 목요일에 쉰다고 써 있는 것입니다. 제가 그때 느꼈던 심정이 비교하긴 어려워도 이 마리아나 마르다의 마음이 아닐까 합니다. 비슷한 경험을 해 본 적 없습니까? 의사가 아픈 사람 생각 안 하는 것 같고, 은행이 돈 필요한 사람 생각 안 하는 것 같다고 느껴질 때가 있지 않습니까?

우리의 신앙은 하나님의 영광이 우리의 고통보다 더 중요하다는 것을 압니다. 맞습니다. 모든 일에 하나님의 영광을 더 중요하게 생각하는 것이 우리의 신앙이 되어야 합니다. 하지만 때론 우리의 고통은 그 사실을 잊게 합니다. 아니 머리로는 알지만 마음으로는 그것이 잘 와 닿지 않을 때가 있습니다. 그래서 예수님이 죽을 병이 아니라는 이유로 이틀이나 늦게 출발하셨다는 것이 속상하기도 합니다.

그러나 예수님이 하나님의 영광을 중요하게 생각하신다고 우리의 고통을 모르시는 것은 아닙니다. 세상 누구보다 나사로의 병과 어려운 상황에서도 잘 견디며 살아오는 두 자매의 마음을 주님이 모르실 리 없습니다. 아마도 인간의 마음으로서는 당장이라도 가시고 싶었을 것입니다. 하나님의 영광과 그분이 이 땅에 오셔서 하셔야 할 가장 중요한 사명을 위해 때를 기다리느라고 가지 않은 것이지 그들의 고통을 모르신 것이 아닙니다.

요한은 예수님의 마음을 잘 알았습니다. 그래서 성경에 이렇게 더 기록을 했습니다.

> 예수께서 본래 마르다와 그 동생과 나사로를 사랑하시더니 나사로가 병들었다 함을 들으시고 그 계시던 곳에 이틀을 더 유하시고 그 후에 제자들에게 이르시되 유대로 다시 가자 하시니(요 11:5-7).

요한은 예수님이 원래부터 이 세 남매를 사랑하셨다는 것을 잘 알고 있었습니다. 그런데도 하나님의 영광을 위해 참고 기다리셨다는 것을 보았습니다. 그리고 이틀이 지나자 제자들에게 먼저 가자고 말씀하셨다고 기록했습니다. 아마도 예수님에게 참 견디기 어려운 이틀이었을 것입니다. 사랑하는 세 남매를 위해 하루라도 빨리 가야 하지만 하나님의 일을 위해 기다렸습니다. 빨리 가고 싶지만 하나님의 영광을 위해 참아야 했습니다. 예수님은 그 이틀 동안 마리아와 마르다가 주님을 기다린 것보다 더 많이 그들을 생각하셨습니다.

예수님이 유대로 다시 가자고 하시는 말씀에 제자들은 까맣게 잊고 있었다는 듯 다른 이야기를 꺼냅니다.

> 제자들이 말하되 랍비여 방금도 유대인들이 돌로 치려 하였는데 또 그리로 가시려 하나이까(요 11:8).

유대인들이 죽이려 하는데 왜 예루살렘 가까운 곳으로 가시려 하냐고 묻습니다. 예수님은 이렇게 말씀합니다.

> 예수께서 대답하시되 낮이 열두 시간이 아니냐. 사람이 낮에 다니면 이 세상의 빛을 보므로 실족하지 아니하고 밤에 다니면 빛이 그 사람 안에 없는 고로 실족하느니라(요 11:9-10).

예수님은 모든 사람들의 빛입니다. 예수님은 어두운 곳으로 가서 빛을 비추시기로 했습니다. 가서 예수님의 마음을 몰라 실족할지도 모르는 이 두 자매를 반드시 만나야 했습니다. 유대인들이 돌로 치려 할지라도 예수님은 그들을 위해 가야 했습니다. 그리고 언제나처럼 말귀를 못 알아듣는 제자들을 위해 더 명확하게 말씀해 줍니다.

이 말씀을 하신 후에 또 이르시되 우리 친구 나사로가 잠들었도다. 그러나 내가 깨우러 가노라(요 11:11).

제자들은 아직 나사로가 죽었는지 몰랐습니다. 그래서 잠들었다면 병에서 나을 수도 있겠다고 생각했습니다. 예수님은 다시 더 직접적으로 말씀해 줍니다.

이에 예수께서 밝히 이르시되 나사로가 죽었느니라(요 11:14).

비유로 말해 주면 못 알아듣는 제자들과 함께 다니시는 예수님도 참 힘들지 않았을까 생각이 듭니다. 예수님은 제자들과 함께 나사로가 죽은지 사흘이 되던 날 베다니에 도착합니다. 아니나 다를까 마르다는 그래도 언니라서 예수님께 나아왔지만, 마리아는 성경의 표현대로면 실족한 것이고 요즘 말로는 이미 삐쳐 있었습니다.

마르다는 예수께서 오신다는 말을 듣고 곧 나가 맞이하되 마리아는 집에 앉았더라 (요 11:20).

마르다는 주님을 사랑하고 믿었습니다. 비록 예수님이 제때 오지 않아 오빠 나사로가 죽었지만 예수님에 대한 믿음을 버리고 싶지 않았습니다.

마르다가 예수께 여짜오되 주께서 여기 계셨더라면 내 오라버니가 죽지 아니하였겐나이다(요 11:21).

"여기에 계셨더라면…."

그녀는 아쉬움에 말합니다. 나사로가 죽은지 삼 일이 되었습니다. 그 삼 일 동안 여러 가지 생각을 했을 것입니다. 그러나 모든 것을 삼키고 아쉬움을 그저 "여기에 계셨더라면…"으로 표현합니다.

그러나 나는 이제라도 주께서 무엇이든지 하나님께 구하시는 것을 하나님이 주실 줄을 아나이다(요 11:22).

마르다는 정말 좋은 신앙인입니다. 그녀는 오빠 나사로가 죽었지만 주님의 뜻이 다 있을 것이고, 하나님이 다른 더 좋은 일을 주실 것이라고 고백합니다. 하지만 그것이 나사로의 부활이라고는 생각하지 못했습니다. 그래서 예수님이 나사로가 살아날 것이라고 말씀하자 마르다는 다음과 같이 말합니다.

마르다가 이르되 마지막 날 부활 때에는 다시 살아날 줄을 내가 아나이다(요 11:24).

그녀는 가난하고 어려운 가운데서도 주님을 모셨습니다. 대접했습니다. 봉사했습니다. 그녀는 정말 힘들고 어려운 상황 속에서도 무엇이 바른 신앙인지 생각하고 실천하는 신자의 모습을 보여줍니다. 마르다의 믿음은 정말 훌륭합니다. 그녀는 정말 우리가 본받을 만한 신앙의 소유자입니다. 그녀는 형제의 죽음도 견디어 낼 믿음을 가졌습니다. 주님이 일찍 왔더라면 좋았겠지만 그렇게 되지 않았어도 예수님을 원망하지 않았습니다. 다시 말하면, 마르다는 '그리 아니하실지라도의 믿음'이라고 할 수 있습니다.

아마도 그녀의 이런 믿음은 그녀의 삶의 결과였을 것입니다. 병으로 아픈 오빠, 그리고 철없는 동생 사이에서 엄마 노릇을 해야 했던 그녀의 삶의 결과였을 것입니다. 눈물을 삼키는 삶, 그리고 믿음으로 견디는 삶, 그렇게 씩씩하게 견뎌야만 살 수 있을 것 같은 세상을 살았던 사람이었습니다. 그러나 예수님은 그녀에게 꼭 믿음으로 견디고 받아들이는 것만이 하나님의 영광을 드러내는 것이 아니라고 말씀합니다.

> 예수께서 이르시되 나는 부활이요 생명이니 나를 믿는 자는 죽어도 살겠고 무릇 살아서 나를 믿는 자는 영원히 죽지 아니하리니 이것을 네가 믿느냐(요 11:25-26).

예수님은 자신이 늦게 온 것을 이해해 주는 마음 넓고 눈물을 삼키며 씩씩하게 살아가려고 애쓰는 마르다에게 말씀합니다.

> "네가 기적을 믿느냐? 죽은 자의 부활을 믿느냐? 네 오빠 나사로가 다시 살아날 것을 믿느냐? 네가 견디는 현실, 네가 버티려고 애쓰는 현실, 그 현실 가운데 하나님의 놀라운 능력이 정말 나타날 것을 믿느냐?"

마르다가 자신의 감정을 숨길 때 오히려 예수님이 자신의 감정을 드러내십니다. 그는 하나님의 영광을 위해 일부러 늦게 오셨지만 그렇다고 그분의 마음에 안타까움과 간절함과 그들을 향한 사랑이 없는 마음으로 오신 것은 아닙니다. 그 어떤 제자보다 더 빨리, 더 앞서서 이 베다니로 오길 원하셨던 분이 예수님입니다. 사랑하는 사람들의 슬픔과 아픔을 이미 느끼기에 도착하기까지의 그 날들이 그 어느 때보다 긴 날이었습니다. 그분이 그 시간을 참으신 이유는 오직 하나님의 영광을 드러내기 위해서였을 뿐입니다. 그런데 현실 속에서 일어날 부활을 말씀하는 예수님에게 마르다는 이렇게 대답합니다.

> 이르되 주여 그러하외다. 주는 그리스도시요 세상에 오시는 하나님의 아들이신 줄 내가 믿나이다(요 11:27).

그녀는 예수님의 마음을 다 알지 못한 것 같습니다. 단지 예수님이 늦게 오신 것을 이해하고 받아들이려고 했습니다. 그렇기에 실제로 무덤 문을 열라고 할 때 다음과 같이 말합니다.

> 예수께서 이르시되 돌을 옮겨 놓으라 하시니 그 죽은 자의 누이 마르다가 이르되 주여 죽은 지가 나흘이 되었으매 벌써 냄새가 나나이다(요 11:39-40).

마르다의 믿음은 어떤 면에서 본받을 믿음이지만 약점이 있습니다. 그녀는 좋게 말해 종말론적인 믿음을 가졌지만 현실에서는 특별한 기적을 기대하지 않았습니다. 그러나 현실을 받아들이는 것이 꼭 좋은 믿음은 아닙니다. 고통을 참고 견디는 것만으로 좋은 믿음이라고 말하는 것은 이상적인 표현입니다. 우리에게 이미 늦어 보이는 그 일은 아직 늦지 않았으며, 때로는 우리가 끝났다고 포기할 그때가 하나님의 영광이 드러날 때이기도 합니다.

이런 마르다와 달리 마리아는 예수님을 보자마자 감정을 쏟아냅니다. 그녀는 예수님이 부른다는 말에 집에 있다 급히 일어나 나갑니다. 사람들은 마리아가 급히 나가는 것을 보고 오빠의 무덤에 가는 줄 알았습니다. 마리아는 마을 어귀에서 예수님을 만나고 있는 마르다를 보았습니다. 그리고 이렇게 이야기합니다.

> 마리아가 예수 계신 곳에 가서 뵈옵고 그 발 앞에 엎드리어 이르되 주께서 여기 계셨더라면 내 오라버니가 죽지 아니하였겠나이다 하더라(요 11:32).

마르다와 비슷한 말을 하는 것 같지만 마리아의 말의 태도는 달랐습니다. 마리아는 주님 발 앞에 엎드렸습니다. 그리고 그녀의 감정을 쏟아냅니다. 이것은 마리아가 더 믿음이 있거나, 반대로 마르다가 더 믿음이 좋다는 것을 의미하지 않습니다. 단지 마리아는 언니와 달리 자신의 감정을 더 솔직히 표현했습니다. 언니는 힘든 인생을 꾹 참으며 살아왔다면, 동생은 자기 감정을 다 드러내는 사람일 뿐입니다.

마리아의 이런 태도에 감정을 억누르던 마르다를 대할 때까지 참고 계시던 주님은 눈물과 함께 아픈 마음을 드러내십니다.

> 예수께서 그가 우는 것과 또 함께 온 유대인들이 우는 것을 보시고 심령에 비통히 여기시고 불쌍히 여기사 이르시되 그를 어디 두었느냐. 이르되 주여 와서 보옵소서 하니 예수께서 눈물을 흘리시더라(요 11:33-35).

그분은 원래 나사로가 죽을 줄 알고 계셨고 또 죽은 뒤 살리려고 오셨습니다. 마르다에게 말씀하신대로 "내가 살릴 것이다. 걱정하지 마라"라고 하실 수도 있었습니다. 그런데 예수님은 우셨습니다. 눈물을 흘리셨습니다.

감정과 신앙

신앙은 삶을 받아들이는 능력을 주지만 그렇다고 감정을 숨기는 것이 더 좋은 믿음이라고 말하지는 않습니다. 고통스러우면 고통스러움을 드러내는 것, 슬프면 슬픔을 드러내는 것, 그것이 우리의 삶이고 그것 또한 믿음 있는 자들이 예수님을 대할 때 가질 수 있는 태도입니다. 주님도 우리에게 이성적인 믿음만을 강조하지 않으십니다. 그분은 모든 것을 다 알고 계시는 분이며, 또 하시고자 하는 일을 하실 수 있고 또 하고 계신 분이지만 우리에게 기도하라고 말씀합니다. 마음을 드러내고 상한 심령을 보이라고 말씀하십니다. 그래서 기도는 간절함과 함께 마음을 드러내는 것입니다.

믿음도 감정적인 것입니다. 쎈 척하고 괜찮은 척 하는 것이 좋은 믿음은 아닙니다. "안 줘도 괜찮아요. 없으면 없는대로 살죠." 이렇게 말하는 것도 무조건 좋은 믿음이 아닙니다. "나보다 어렵고 힘든 사람도 많고 장애를 가진 사람도 있으며, 당장 먹을 것이 없어 죽어 가는 사람들도 있으니 저는 나중에 신경 써도 되요"라고 말하는 것이 믿음의 모습이라고 말하고 싶지 않습니다.

우리는 주님 앞에 솔직함과 진솔함으로 마음을 드러낼 필요가 있습니다. 그분은 우리보다 더 우리의 마음을 아십니다. 그분은 우리보다 더 감정이 풍부하신 분이며 누구보다 우리를 공감하시는 분이고, 또한 눈물이 많은 분입니다. 그분은 하나님이시지만 또한 사람이시기 때문입니다.

주님이 우리에게 참고 기다리라고 말하실 때, 그때 그분의 마음은 누구보다 아파하신다는 것을 기억하기 바랍니다. 우리의 기도에 바로바로 해결해 주시지 못할 때 아직 하나님의 때가 이르지 못해서, 아직 하나님의 영광이 드러날 때가 되지 못해서 인내하라고 말씀하시는 것을 누구보다 힘들어 하시고 가슴 아파하신다는 것을 기억하기 바랍니다.[75] 우리가 마음을 토해 내고 그분 앞에 엎드리면 그분의 마음을 알게 될 것입니다.

이제 예수님은 하나님의 영광을 위해 그분의 마음을 하나님 아버지께 쏟아냅니다. 자신이 사랑하는 사람들을 위해 참고 기다리셨던 마음을 하나님께 기도로 드러내셨습니다.

> 예수께서 눈을 들어 우러러보시고 이르시되 아버지여 내 말을 들으신 것을 감사하나이다. 항상 내 말을 들으시는 줄을 내가 알았나이다. 그러나 이 말씀 하옵는 것은 둘러선 무리를 위함이니 곧 아버지께서 나를 보내신 것을 그들로 믿게 하려 함이니이다. 이 말씀을 하시고 큰 소리로 나사로야 나오라 부르시니 죽은 자가 수족을 베로 동인 채로 나오는데 그 얼굴은 수건에 싸였더라. 예수께서 이르시되 풀어 놓아 다니게 하라 하시니라(요 11:41-44).

베다니의 세 남매를 사랑하시는 주님은 이제 하나님의 영광을 드러내 보이셨습니다. 그분은 말씀으로 나사로를 살리셨고 나사로는 무덤 문을 열고 나왔습니다. 나사로의 부활은 주님의 부활의 예표가 되었고, 이 가난하고 낮은 동네 그중에서도 힘들고 어려운 세 남매를 통해 하나님의 영광이 드러났습니다. 그리고 세 남매의 어

---

75 이런 점을 볼 때 가나 혼인 잔치에서 때가 되지 않았음에도 포도주를 만들어 주신 예수님의 마음을 우리는 알 수 있다.

렵고 힘든 삶이 끝나지는 않았지만 다시 행복했던 예전의 모습을 되찾게 되었습니다. 가난한 베다니에 행복한 일이 생겼습니다. 모두에게 기쁨이 넘쳤습니다. 그리고 시간이 여러 날 지났습니다.

> 유월절 엿새 전에 예수께서 베다니에 이르시니 이곳은 예수께서 죽은 자 가운데서 살리신 나사로가 있는 곳이라. 거기서 예수를 위하여 잔치할새 마르다는 일을 하고 나사로는 예수와 함께 앉은 자 중에 있더라. 마리아는 지극히 비싼 향유 곧 순전한 나드 한 근을 가져다가 예수의 발에 붓고 자기 머리털로 그의 발을 닦으니 향유 냄새가 집에 가득하더라(요 12:1-3).

베다니에 예수님이 다시 오셨습니다. 마을에서는 잔치가 벌어졌습니다. 마르다의 집은 아니지만 전에 처음 집에 예수님이 오셨을 때처럼 마르다는 준비를 합니다. 이제는 더 이상 마리아가 일을 해야 한다고 예수님께 말하지 않습니다. 나사로는 예수님 곁에 앉았습니다. 그런데 항상 예수님의 발치에서 말씀을 듣던 마리아가 보이지 않습니다.

사람들 사이로 마리아가 무엇인가 들고 그 자리로 왔습니다. 그것은 아주 비싼 향유가 든 옥합이었습니다. 마리아는 주님 발에 향유를 붓고 자신의 머리털로 그 발을 닦습니다. 마리아가 전에 마음을 쏟아내며 엎드려 눈물을 쏟았던 그 발에 향유를 붓고 자신의 긴 머리털로 발을 닦았습니다. 그 집에 아름다운 향기가 가득 찼습니다.

우리의 기도는 때로 응답되지 않는 것 같을 때가 있습니다. 우리는 그럴 때마다 하나님의 뜻이 있다고 믿고 잊어버리곤 합니다. 그러나 우리가 꼭 기적과 축복이 아닌 인내와 절제, 오래 참음을 통해 하나님의 뜻을 이해하려고 노력하는 것이 믿음의 모든 것이라고 여기지 않았으면 좋겠습니다.

하나님의 뜻이 있어 우리의 기도가 응답되지 않고, 혹은 그분의 계획과 뜻이 아직 때가 되지 않아 우리 삶에 이루어지지 않았더라도 나의 감정과 마음을 솔직히 내보이는 것에 주저하지 않기를 바랍니다. 슬픔을 표현하고 아쉬움을 표현하는 것에 주저하지 마십시오. 주님 앞에서 우리의 마음을 쏟아내는 것은 우리의 특권이며, 그분도 그것을 공감하십니다. 주님이 공감하실 수 있도록 마음을 드러내십시오.

그리고 우리가 마음을 드러내기 전 주님은 이미 우리의 기도를 들으시고 눈물을 흘리셨다는 것을 잊지 마십시오. 그분은 항상 우리보다 더 기다리셨습니다. 주님이 오실 날에도 그렇습니다. 그날은 우리보다 그분이 더 기다리고 계십니다. 그날에 우리는 기쁨과 감사로 우리의 향유 옥합을 깨뜨려 그분께 드리게 될 것입니다.

말씀의 적용을 위한 묵상

1. 고통이 하나님의 영광을 위한 것이라고 한다면 그 고통을 받아들일 수 있습니까? 또 내가 오랫동안 기도하고 주님의 도우심을 바람에도 불구하고 결국 일이 잘 해결되지 않았을 때 그것이 여전히 주님의 영광을 드러내는 일이 될 것이라고 믿고 인내로 견딘 적이 있습니까?

2. 마르다는 좀 더 이성적인데 반해 마리아는 감정을 쉽게 드러내는 모습을 가지고 있는 것 같습니다. 혹시 마르다와 마리아 중에 누구와 더 닮은 신앙의 모습을 가지고 있다고 생각합니까? 왜 그렇게 생각하는지 나누어 봅시다.

3. "그리 아니하실지라도"라고 고백할 수 있는 믿음도 좋은 믿음이며, "반드시 이루어 주소서"라고 간구하는 것도 좋은 믿음입니다. 그렇다면 우리는 언제 이 두 고백과 간구를 구별해서 기도할 수 있을까요? 주님이 반드시 들어주셔야 할 일과 '그리 아니하실지라도' 견뎌야 할 일은 어떤 차이가 있을까요?

13 마리아의 옥합

효율의 허상

마리아는 지극히 비싼 향유 곧 순전한 나드 한 근을 가져다가 예수의 발에 붓고
자기 머리털로 그의 발을 닦으니 향유 냄새가 집에 가득하더라 (요 12:3)

내게 있는 향유 옥합

2013년도 미국장로교(PCUSA) 공식 찬송가 〈Glory to God〉(WJK
Press, 2013)에는 한국 찬송가 12곡이 실려 있습니다. 이 12곡 중에는
'어서 돌아오오'와 같이 우리가 오래전부터 아는 곡도 있지만 소위
가스펠송이라고 불리는 현대곡이 몇 곡 들어 있습니다. 예를 들어,
'하나님의 사랑을 사모하는 자'와 같은 곡이 그러합니다. 그리고 박
정관 목사님이 작사 작곡한 '내게 있는 향유 옥합'이 거기에 포함되
어 있습니다.

박정관 목사님은 지금은 60이 넘었지만 1세대 CCM 사역자라
고 할 수 있습니다. 이분은 1986년 충신교회 청년부 담당목사였는
데 당시 청년부와 대학부는 음악예배를 드리기로 결정하면서 기존
의 음악을 가지고 하지 않고 모두 직접 만든 음악으로 하기로 했다
고 합니다. 청년들은 가사를 쓰고 작곡했으며, 그때 만든 음악을

묶어 '죽임 당하신 어린양께'라는 제목을 붙였습니다. 옥합을 깨뜨리는 여인에 관한 성구 낭송으로 시작하는 이 음악은 한 번의 음악 예배만으로 끝나지 않고 교회에서 많이 불리게 되었으며, 찬송가에도 실리게 되었습니다.

찬양의 가사를 보면 이렇습니다.[76]

내게 있는 향유 옥합 주께 가져와

그 발 위에 입맞추고 깨뜨립니다.

나를 위해 험한 산길 오르신 그 발

걸음마다 크신 사랑 새겨 놓았네.

내게 있는 향유 옥합 주께 가져와

그 발 위에 입맞추고 깨뜨립니다.

나를 위해 십자가에 달리신 그 발

흘린 피로 나의 죄를 대속하셨네.

내게 있는 향유 옥합 주께 가져와

그 발 위에 입맞추고 깨뜨립니다.

주님 다시 이 땅 위에 임하실 그때

주의 크신 사랑으로 날 받아주소서

요한복음 12장이 이 찬송의 배경이 됩니다.

---

76 한국기독공보, "교회음악살롱/ (21)숨겨진 향유 옥합", 2004.11.13. 기사 참조

값 비싼 향유

예수님은 유월절을 한 주 앞두고 예루살렘으로 입성하시게 됩니다. 언제나 그렇듯이 예루살렘에 오실 때 들르셨던 베다니에 오셨고, 거기서는 예수님을 환영하는 잔치가 열립니다. 이 베다니에는 나사로와 마르다, 마리아 세 남매가 살았으며, 죽은 나사로는 예수님을 통해 사흘 만에 다시 살아나게 됩니다. 본문의 사건은 그 일 직후에 벌어진 것은 아닙니다.

> 그러므로 예수께서 다시 유대인 가운데 드러나게 다니지 아니하시고 거기를 떠나 빈 들 가까운 곳인 에브라임이라는 동네에 가서 제자들과 함께 거기 머무르시니라 (요 11:54).

바리새인들이 예수님의 영향력이 커지는 것을 경계하여 예수님을 죽이고자 결정했기 때문에 예수님은 한동안 예루살렘을 떠나 있었습니다. 그리고 유월절을 앞두고 다시 오시게 된 것입니다.

마태복음에는 이와 같은 내용이 26장에 나오며, 마가복음에는 14장에 나옵니다. 공관복음에서는 예수님이 유월절에 이미 예루살렘에 오셨다가 베다니에 간 것처럼 보이지만, 복음서의 많은 내용들이 완전한 시간적 순서로 배열되기보다는 시간과 함께 주제에 맞춰 배열되었다는 점을 생각하면 이것을 이상하게 여길 필요는 없습니다.

복음서에 나오는 이 기사는 각각 공통적인 내용과 다른 점이 나옵니다. 다른 점부터 말하자면 마태와 마가는 나병 환자 시몬의 집을 강조한 반면, 요한은 나사로의 부활과 연관 지어 설명합니다.

그래서인지 마태와 마가는 나사로나 옥합을 깨트린 마리아의 이름을 언급하지 않습니다. 마태와 마가는 향유를 '순전한 나드'라고 표현하지만 요한은 나드 한 근이라고 말함으로써 양을 강조합니다. 또 마태와 마가는 이 향유를 머리에 부었다고 합니다. 그러나 요한은 발에 부었다고 합니다. 그러나 향유의 양을 고려할 때, 그리고 예수님의 죽으심과 장례를 예비했다는 점에서 머리나 발이라는 특정 부위에 향유를 부었다기보다는 예수님의 몸 여러 군데 조금씩 부은 것 같습니다. 단지 마태는 머리에 기름 부음을 통해 그리스도의 왕 되심을 강조했다면, 요한은 발에 부음으로써 마리아의 자세를 더욱 강조합니다. 요한은 마리아가 남자들이 가득한 그 식사 자리에서 여자의 긴머리를 풀어 예수님의 발을 닦았다는 점을 설명함으로 마리아가 어떤 마음이었는지를 묘사하려고 합니다.

공통점이라면 마태와 마가, 요한은 이 일로 벌어진 하나의 논쟁을 소개합니다. 그것은 그녀의 행동이 과연 유익하고 효과적인가를 따지는 것입니다. 그녀는 너무 비싼 향유를 쉽게 소비해 버렸습니다. 이 향유의 양은 한글 성경에는 '한 근'으로 나오는데 당시 단위로는 '리트라'입니다. 오늘날의 단위로는 대략 11온스이며, 이것을 그램으로 환산하면 311.85그램쯤 됩니다. 액체로 따지면 좀 큰 캔의 크기라고 할 수 있습니다. 이 정도의 향유 가격이 삼백 데나리온이라고 말하는데 한 사람의 하루 일당이 1데나리온이라는 것을 생각해 보면 일년치 연봉이 넘는 금액이라고 할 수 있습니다. 요즘으로 말하면 한 최소 4,000만 원에서 5,000만 원쯤 되지 않을까요?

이해를 돕기 위해 향수 이야기를 해 보려고 합니다. 인터넷을 찾아보니 세상에서 가장 비싼 향수는 'DKNY 골든 딜리셔스 밀리언 달러 프래그런스 보틀'이며 1온스에 100만 달러, 즉 11억이 넘는다고 합니다. 그러나 병에 다이아몬드 2,700여 개와 3캐럿이 넘는 루비등이 박혀 있다는 점을 생각해 보면 향수 자체보다 병값이 더 비싸서 그런 가격이 되지 않나 싶습니다. 이런 보석이 박히지 않은 그냥 병에 담긴 향수로서 비싼 것 중에는 샤넬 No.5 한정판 중에 '그랜드 엑스트레'가 있는데 한 병이 30밀리그램당 470만 원 정도 한다고 합니다. 마리아가 부은 향유가 311그램이니 같은 양으로 비교한다면 이 향수 열 병이 옥합과 비슷한 5,000만 원 정도 하지 않나 싶습니다.[77]

5,000만 원 정도 되는 향수라면 이걸 한번에 뿌린다고 생각해 보면 어마어마할 것 같습니다. 특히나 이 값을 아는 사람이라면 마리아가 옥합을 깨트려 향유를 부은 순간 탄식이 나왔을 것입니다. 게다가 앞에서 본 것처럼, 나사로의 상황이나 그가 있던 베다니는 그리 좋은 동네가 아니었습니다. 그들이 사는 베다니는 가난한 마을이었고, 또 그들에게는 부모가 없었습니다. 오빠는 아파서 죽었다가 장례까지 치렀습니다. 마리아가 그처럼 큰돈을 쉽게 쓸 만큼 부자라고 생각할 만한 것이 하나도 없습니다. 어쩌면 그것은 마리아 혹은 나사로와 그 세 남매에게 주어진 부모의 유산이었을 수도 있습니다. 설사 그렇지 않고 자신이 일을 해서 모은 돈이라도 최소

---

[77] https://happycruise.tistory.com/29 참조. 가격은 설교를 했던 2018년 기준이다.

한 10년은 먹지도 쓰지도 않고 모아야 할 돈으로, 그런 향유를 사서 그것을 예수님에게 모두 쏟아붓는 일은 정말 쉽지 않았을 것입니다.

사람들은 이렇게 생각했을 것입니다.

'어디서 돈이 나서 저걸 샀을까? 아니 조금 뿌리고 예수님 주면서 나중에 아껴서 쓰시라고 하면 될 것을 어떻게 저걸 다 쏟아붓는 것일까?'

이 생각은 당시 뿐 아니라 지금의 우리들의 생각일 수도 있습니다. 마태는 제자들 다수가 이런 생각을 했다고 합니다.

제자들이 보고 분개하여 이르되 무슨 의도로 이것을 허비하느냐(마 26:8).

마가는 그 자리에 있던 다른 사람들도 그런 생각을 했다고 보았습니다.

어떤 사람들이 화를 내어 서로 말하되 어찌하여 이 향유를 허비하는가(막 14:4).

요한은 이런 생각을 하는 사람들 가운데 한 사람을 지적합니다.

제자 중 하나로서 예수를 잡아 줄 가룟 유다가 말하되 이 향유를 어찌하여 삼백 데나리온에 팔아 가난한 자들에게 주지 아니하였느냐 하니(요 12:4-5).

가룟 유다의 반론은 그럴듯해 보입니다. 그렇게 큰돈의 향유를 이렇게 한번에 써 버리는 것이 과연 적절한 것인가 묻는 것입니다. 가난한 자들에게 나누어 준다면 정말 좋은 일을 하는 것이 아닐까 하는 생각이 들 수도 있습니다.

이런 마리아의 행위에 대해 우리도 비슷한 말을 할지 모릅니다.

"너는 돈이 어디서 나서 그렇게 돈을 막 쓰냐? 돈이 남아도냐? 미치지 않았다면 그 큰돈을 그렇게 낭비할 수 있느냐?"

혹은 이렇게 말할 수도 있을 것입니다.

"예수님에게 드리면 되지 꼭 그런식으로 써야 하냐? 예수님에게 묻기는 했냐? 그 건 네가 하고 싶어서 한 것이지 예수님이 원하시는 것은 아니다."

효율을 추구하는 신앙?

주님께 부은 이 향유를 어떻게 이해해야 할까요? 먼저 한 분 예수님에게 사용되는 것과 수많은 가난한 자를 유익하게 하는 것 사이의 일을 생각해 볼 필요가 있습니다.

우리가 가진 자원을 효과적으로 사용해서 많은 사람들이 유익을 얻어야 한다고 보는 생각을 공리주의라고 할 수 있을 것입니다. 쉽게 말해 다수가 유익을 얻을 수 있는 것이 더 좋은 일이라고 보는 생각입니다. 예를 들어, 기차가 달리는 철길에 한쪽에는 다섯 명이, 다른 한쪽에는 한 명이 묶여 있을 때 공리주의는 다섯 명이 희생되는 것보다 한 명이 희생되는 것이 더 낫다고 보는 생각입니다.[78]

이런 공리주의에 입각한 신앙도 있을 수 있는데, 이것은 신앙생

---

78 샌델의 책에 이 논쟁이 나온다. Michael Sandel, 『정의란 무엇인가』 김명철 역(서울: 와이즈베리, 2014)

활에서도 효과와 효율을 강조합니다. 예를 들어, 선교지를 도울 때도 많은 성도들이 있는 지역의 교회를 더 도와야 한다고 봅니다. 기왕에 선교비를 사용할 때 더 효과적인 곳에 써야 하니까요. 교회 건물을 지을 때도 효율과 효과성이 더 중요합니다. 빌딩처럼 지어 임대수익도 고려함으로써 교회를 효율적으로 운영할 수 있다면 더 좋은 아이디어라고 생각할 것입니다. 이런 사람들에게는 온라인 예배도 꽤 효율적입니다. 어쩌면 교회가 이렇게 많아지는 것보다 CBS 방송과 같이 하나의 방송으로 모두가 예배를 드린다면 더 효과적이고 비용도 적게 들어갈 것이라고 생각합니다. 또 많은 사람들이 성경을 들고다니는 것도 비효율적입니다. 교회에서 빔프로젝트로 보여 주면 될 것을 굳이 성경찬송을 들고 다닐 필요도 없습니다. 그런 식으로 생각하면 어쩌면 교회야말로 비효율적인 공간일 것입니다. 일주일 동안 이곳은 비어 있는 시간이 더 많기 때문입니다. 어떤 사람들에게 공간을 임대라도 해야 하지 않을까요?

이런 공리주의적 관점에서 보면 마리아의 행동은 비난받을 행동입니다. 그는 수많은 사람들을 도울 수 있는 기회를 날려버리고 한번의 퍼포먼스로 그 큰돈을 모두 허비했다고 말할 수 있을 것입니다. 그러나 성경에는 아흔아홉 마리의 양을 놔두고 한 마리의 양을 찾아 떠난 목자의 이야기가 나오는데 이를 두고 비효율적인 판단을 했다고 비난할 수 있는지 모르겠습니다. 어쩌면 오히려 아흔아홉 마리를 두고 한 마리 양을 찾아간 그 목자의 마음을 이해하는 것이 신앙이 아닌가 생각할 수 있습니다. 구약에도 200만 명이나 되는 이스라엘 백성들을 데리고 이집트를 출발하면서 홍해 앞으로

간 모세의 결정(물론 그 결정은 하나님의 결정이지만)은 어리석고 비효율적이며, 짧은 길을 두고 멀리 광야로 돌아간 이스라엘의 경로는 비효율의 끝이라고 할 수 있을 것입니다.

공리주의적으로 보면 하나님의 구원 사역 또한 비합리적입니다. 이처럼 오래 기다리면서 수많은 사람들이 고통당하는 것이 이해가 되지 않습니다. 하나님은 왜 굳이 예수님을 보내셔서 십자가에 죽게 하셨는지도 의문입니다. 너무 비효율적인 것 같기 때문입니다. 요한복음 12장에서는 가룟 유다가 이런 말을 한 이유를 다음과 같이 지적합니다.

> 이렇게 말함은 가난한 자들을 생각함이 아니요 그는 도둑이라. 돈궤를 맡고 거기
> 넣는 것을 훔쳐 감이러라(요 12:6).

성경이 지적하는 바 가룟 유다의 공리주의적인 관점은 결국 그 자신의 이익이라는 것입니다. 마리아가 돈을 가난한 사람에게 나누어 줄 때 마리아가 직접하지 않고 예수님께 드리면 예수님은 제자들에게 그 일을 시키실 것이고, 그렇게 되면 돈궤를 맡고 있는 가룟 유다가 그 일을 주관하게 될 것이기 때문입니다. 놀랍지 않습니까? 많은 사람의 유익을 생각해야 한다고 말하면서 사실은 자신의 유익을 생각하는 가룟 유다의 모습 말입니다. 지금 우리의 현실에도 이런 가장된 공리주의자들이 얼마나 많은지 모릅니다.

우리나라에서 가끔 수재민이 발생하거나 어려운 일이 생기면 나라에서 구제물품이 지급되는데 이걸 나누어 주는 사람들이 중간에서 이익을 챙기거나, 혹은 자신들에게 유리한 쪽으로 사용하는

경우들이 많아 신문에 난 적이 있습니다. 비슷한 일인데 가난한 사람들이나 아프리카 난민들을 구제하는 일에 효율성을 높이고자 많은 기관들이 그 일을 합니다. 그런데 때로는 그런 기관들을 운영하고 일하는 사람들의 급여를 주느라 실제로 구제에 쓰이는 돈이 줄어들게 된다고 합니다. 게다가 이런 기관들 사이에 경쟁이 붙어 광고와 홍보를 하는 비용이 늘어나 실제 구제와 도움을 주는 비용이 줄어들기까지 합니다. 비슷한 일을 하는 기관이 늘어날수록 이런 현상이 심해집니다.

사람들은 효율적으로 일하려고 하지만 실제로는 효율적으로 일하기 위해 누군가는 그 효율이라는 이름하에 이익을 취하게 마련입니다. 공평하게 나누어 주어야 하는데, 누가 공평하게 할 수 있냐고 하면 그것이 바로 자신이라고 말하는 것입니다. 가룟 유다가 노리는 것이 바로 그런 것이었습니다.

우리는 분명 효율적인 방법으로 살아야 하고, 어떤 일을 할 때는 효과를 분명히 고려해야 합니다. 그러나 신앙과 교회 안의 일이 모두 그러해야 하는지는 잘 생각해 볼 필요가 있습니다. 신앙이란 궁극적으로 하나님의 영광이 드러나는 것입니다. 단지 일을 얼마나 효율적으로 했느냐로 판단할 수 없습니다. 그래서 우리는 하나님께 항상 기도하며 그분의 영광을 위한 일인지 고민해야 합니다. 이런 생각이 없으면 효율과 효과라는 이름하에 사람이 이익을 취하게 됩니다. 누군가 유리한 사람이 있고, 누군가 정치적 이득을 얻는 사람이 있으며, 누군가는 이 일로 이름을 높이게 됩니다.

이런 생각도 듭니다. 비가 와서 수재민 돕기 성금을 내는데 직원들 모두 만 원씩 내어 기탁하면서 TV에는 사장의 얼굴이 나옵니다. 직원들이 매월 봉사활동을 하는데 신문에는 사장 얼굴이 나오는 것입니다. 교회가 누군가를 도울 때도 교회 목사의 이름이 나옵니다. 그러나 예수님의 이름으로 돕기 때문에 TV에서 예수님이 성금 1,000만 원을 보내 주셨습니다라고 소개하는 것이 더 낫지 않을까 생각합니다. 우리는 예수님의 이름이 나와야 하는 자리에 자신의 얼굴을 내밀고 싶어 하지는 않는지 생각해 봐야 합니다. 그리고 그런 생각이 가룟 유다와 같은 생각은 아닌지 조심스럽게 돌아봐야 할 것입니다.

여기서 조금 더 생각해 볼 것이 있습니다. 사람들은 마리아가 예수님께 옥합을 드리는 것을 보고 가난한 자를 도와야 한다는 생각을 했습니다. 가룟 유다처럼 자신의 이익을 생각하는 마음이 없다면 그럴 수 있는 일이라고 여길 수 있을 것입니다. 그러나 사람들은 마리아의 행위는 보면서 마리아의 마음은 보지 못하는 것 같습니다. 즉, 어떤 사람이 주님을 사랑하는 마음을 표현하는 것을 보면서 이것을 마치 객관적으로 평가하려는 태도를 갖는 것입니다. 어쩌면 사랑하지 못하는 사람들이 사랑하고 있는 사람들을 보면서 가지는 시기와 질투 같아 보입니다.

요한복음 12장의 핵심은 헌금을 어떻게 써야 하는가에 있지 않습니다. 이 말씀은 마리아가 예수님을 얼마나 사랑하는지를 보여 주는 이야기입니다. 그리고 사랑하는 분을 위해 마리아가 자신이 할 수 있는 최고의 사랑을 표현하려고 했던 것입니다.

다시 마음을 쏟아놓는 사랑

다시 시간을 되돌려 봅시다. 나사로가 죽은 뒤 사흘이 되서야 베다니에 나타나신 예수님을 만난 마리아는 그의 발에 엎드려 눈물을 쏟았습니다. 그리고 왜 조금 더 일찍 오지 않으셨냐고, 며칠만 더 일찍 오셨다면 자신의 오빠 나사로가 죽지 않았을 것이라고 애통하는 마음을 쏟아놓았습니다. 예수님은 마리아의 마음을 보시고 비통해하며 눈물을 흘리셨습니다. 그리고 나사로의 무덤으로 가서 무덤을 막은 돌을 치우게 했습니다. 마르다가 죽은 지 이미 오래되어 냄새가 난다고 했지만 주님은 "내 말이 네가 믿으면 하나님의 영광을 보리라 하지 아니하였느냐"(요 11:40)라고 말씀하셨습니다.

주님은 하나님께 기도했습니다.

아버지여 내 말을 들으신 것을 감사하나이다. 항상 내 말을 들으시는 줄을 내가 알았나이다. 그러나 이 말씀 하옵는 것은 둘러선 무리를 위함이니 곧 아버지께서 나를 보내신 것을 그들로 믿게 하려 함이니이다(요 11:41-42).

이렇게 말씀하시고는 큰 소리로 "나사로야 나오라"(요 11:43)라고 말씀하셨습니다. 나사로가 온몸에 붕대를 감고 걸어 나오자 사람들이 환호하고 마르다와 마리아는 다시 살아난 나사로를 부둥켜안고 울었습니다. 사람들은 마리아에게 와서 이 일을 물었고, 그들은 예수님을 믿었습니다. 그런데 이처럼 놀라운 일이 있었지만 예수님은 그곳에 오래 머물러 계시지 못했던 것 같습니다. 왜냐하면 이날부터 바리새인들과 대제사장이 예수님을 죽이고자 기회를 찾고 있었기에 예수님은 다른 곳으로 가셔야 했습니다.

그러므로 예수께서 다시 유대인 가운데 드러나게 다니지 아니하시고 거기를 떠나 빈 들 가까운 곳인 에브라임이라는 동네에 가서 제자들과 함께 거기 머무르시니라 (요 11:54).

마리아는 그렇게 가신 예수님이 마음에 너무 남았습니다. 물론 다른 사람들도 그러했을 것입니다. 그래서 예수님이 다시 베다니에 오시자 마을에서 잔치를 벌였습니다. 하지만 마르다와 마리아가 주체가 되지 못하고 보다 형편이 좋았던 시몬의 집에서 잔치를 하게 되었습니다. 마르다는 일을 도왔고, 나사로는 예수님 곁에 앉았습니다. 모두가 예수님이 나사로를 살려 주신 것을 고마워했습니다. 이런 고마움에 예수님께 대접을 하는 자리가 된 것입니다.

마리아는 예수님을 만나기 전에 이미 자신이 가진 모든 것으로 향유를 샀습니다. 아마도 그 향유를 샀을 때부터 마음이 두근거렸을 것입니다. 언니 마르다나 나사로가 뭐라고 할지 생각해 봤지만 그래도 상관없었습니다. 사람들이 비난하리라는 것도 알고 있었습니다. 이것이 과연 효과적이고 의미 있는 일인지 스스로 물었을 수도 있습니다. 과연 예수님이 이것을 좋아하실까 생각했을 수도 있습니다. 그러나 마리아는 주님이 필요하신 것을 채워 드리려고 옥합을 깬 것이 아닙니다. 오히려 주님이 자신을 채워 주셨는데 자신은 주님에게 필요한 것을 드릴 게 없었기에 옥합을 가져간 것입니다. 주님이 무엇인가 부족해서 드리는 것이 아니라 모든 것을 가진 그분에게 자신의 마음을 드리고 싶었던 것입니다.

잔치가 벌어진 자리에 마리아가 나타났습니다. 그런데 마리아는 예수님께 대접하는 마음으로 그 자리에 간 것이 아닙니다. 오빠를 살려 주신 것이 고마워서 선물을 드리러 간 것이 아니었습니다. 그녀는 예수님을 너무 사랑했습니다. 오빠를 살려 줘서가 아니라 그냥 예수님을 사랑하는 마음으로 예수님께 갔습니다. 마리아는 언제나 예수님 앞에서 자신의 감정을 숨기지 않았던 것처럼 그날도 자신의 마음을 드러냈습니다. 마리아는 잔치가 벌어진 곳에 들어가 예수님을 발견했습니다. 그리고 조용히 다가가 향유를 꺼내 그분의 머리와 몸과 발에 부었습니다. 그리고 자신의 머리를 풀어 예수님의 발을 닦습니다.

사랑하는 마음, 그 마음을 드리고 싶었습니다. 단순히 좋은 일에 대한 대가로서 고마움을 표현하는 일과 진심으로 사랑하는 마음을 표현하는 일은 다릅니다. 고마운 마음에 선물을 줄 때는 상대방이 필요한 것을 줍니다. 그에게 도움이 되는 것을 주려고 합니다. 그런데 사랑하는 마음을 표현할 때는 내가 원하는 것을 줍니다. 내가 생각하는 최고의 것을 주려고 합니다. 자신이 할 수 있는 가장 아름다운 것을 드러내려고 합니다. 마리아는 그것을 했습니다.

사람들은 마리아의 마음을 이해하지 못했습니다. 그녀가 예수님을 사랑하는 마음을 드러낸 것을 보지 못하고, 자신들의 기준에서 평가합니다. 그들은 나사로를 살린 대가를 그렇게 허비하냐고 했을 것입니다.

> "차라리 돈으로 주지. 아니면 차라리 그것으로 예수님이 말하는 대로 가난한 사람을 돕지. 차라리 나에게 주면 알아서 잘할 텐데…."

이런 말은 사랑해 본 적도 없고 사랑할 능력도 없는 사람들이 하는 말입니다. 그들은 그저 그게 얼마냐고 물을 뿐입니다. 어디서 돈이 나서 그렇게 했냐고 할 뿐입니다. 어디 쓸데가 없어서 그렇게 낭비하냐고 합니다. 그들은 정말 예수님을 사랑해 본 적이 있기는 한 걸까요? 진정으로 주님을 사랑하는 사람은 절대로 그렇게 말하지 못합니다. 그가 무엇으로 주님께 드리며, 어떤 행동을 했는지를 보지 않습니다. 사랑을 아는 사람들은 그 집에 가득한 향기보다 더 진하게 퍼진 마리아의 사랑을 보았을 것입니다.

예수님은 제자들에게 이제 내가 죽으러 예루살렘에 간다고 여러 번 말씀했습니다. 그러나 아무도 신경 쓰지 않았습니다. 그들은 그저 갈릴리라는 외곽에서 예루살렘이라는 중심지로 가는 것이 좋았고, 사람들의 주목을 받으며 승승장구하길 상상했을 뿐입니다. 예수님의 이모이자 요한과 야고보의 어머니는 찾아와서 자신의 아들들에게 높은 자리를 달라고 치맛바람을 일으켰습니다. 베드로는 환영하는 사람들에게 취해 예수님이 어떻게 될지 완전히 잊고 있었고, 가룟 유다는 어차피 죽으실 거라면 나라도 돈을 벌자는 마음으로 예수님을 팔려고 했습니다. 이 잔치 자리에서조차도 마음을 드리는 마리아의 모습은 보지 못하고 그들은 엉뚱한 이야기를 합니다. 누구 하나 마리아처럼 주님께 마음을 드리는 사람이 없었습니다.

예수님은 참 하나님이며 신이시지만, 또한 사람이셨습니다. 예수님이 죽음을 앞두고 있는 이 시점에 잔치를 즐기실 수 있었을까요? 아마도 마음이 무거우셨을지 모릅니다. 그런데 예수님에게 마음을 드리며 진정한 사랑을 표현하고자 한 마리아를 보시고 주님이 어떻게 그것을 아무렇지 않게 넘어가셨겠습니까? 마리아가 옥합을 깬 일이 죽음 앞에 있던 예수님의 마음에 닿았기에 주님은 불편해하는 사람들에게 이렇게 말씀합니다.

> 예수께서 이르시되 그를 가만 두어 나의 장례할 날을 위하여 그것을 간직하게 하라(요 12:7).

> "마리아가 하는 일을 그냥 하도록 두어라. 마리아는 내가 죽는 날을 위해 쓰려고 준비한 것을 사용하는 것이다. 내 죽음에 위로가 되는 일을 마리아가 하고 있다."

마리아는 주님의 십자가의 대속, 즉 우리를 위한 죽으심을 예비한 유일한 사람이었습니다. 이날 죄인들을 사랑하사 십자가에서 죽기로 하신 예수님이 죽음을 앞두고 유일하게 한 사람으로부터 사랑의 표현을 받았습니다. 인자는 머리 둘 곳이 없다고 하신 예수님이 사람의 위로를 받으셨다면 바로 마리아가 그 발에 엎드려 향유를 붓고 머리로 그 발을 닦았던 일이었습니다.

우리가 주님 앞에 마음을 표현하는 일은 때로는 이성적이지도 않고 합리적이지도 않으며, 효율적이지 않을 수도 있습니다. 사람들은 그런 우리를 이상하게 볼지도 모릅니다. 하지만 주님을 사랑하기에 나는 효율적인 것보다 마음이 가는 일을 하고 싶습니다. 사람들이 쓸데없이 낭비한다고 해도 내가 생각하는 방식으로 마음을 표현하고 싶습니다. 옥합을 깨트려 그분에게 드리고 싶습니다.

우리에게 마리아와 같은 마음의 표현이 있었으면 합니다. 우리가 마음을 드릴 때 그분도 그분의 마음을 보여 주십니다. 우리가 우리의 옥합을 깰 때 진정한 옥합이 바로 그분이라는 것을 알게 될 것입니다.

샤론의 꽃, 세상의 모든 아름다움보다 더한 향기로 가득한 그분은 십자가에서 옥합처럼 깨어지셨고, 그분의 향기로운 보혈이 흘러 우리 마음을 적셨습니다. 주님의 보혈에는 우리가 드린 어떤 향유보다 아름다운 향기가 납니다. 우리가 그분을 사랑한 것보다 더 큰 사랑을 그분이 우리에게 주셨기에 그분의 사랑으로 이미 영혼이 죽어 썩은 냄새가 나던 우리는 다시 살아났고 그분의 피로 의롭게 되며, 그분의 향기로 거룩하게 되었습니다.

내가 드린 옥합처럼, 그 보혈의 옥합이 우리를 씻으신 줄 믿습니다. 그리고 마리아처럼 마음을 드린 자들은 그보다 더 아름다운 그리스도의 보혈의 향기가 그 마음에 가득 차기를 바랍니다.

말씀의 적용을 위한 묵상

1. 내가 가장 어려운 상황에서 하나님께 드렸던 감사가 무엇이었는지 기억해 봅시다. 그 감사를 통해 나의 신앙에는 어떤 변화가 있었는지 함께 나누어 봅시다.

2. 혹시 다른 성도의 신앙생활의 모습이 나의 신앙관과 달라 마음에 거리낀 적은 없나요? 누군가 교회에 해 놓은 꽃이나 화분, 특별한 성물을 드린 일, 혹은 목사님이나 교역자들을 대접하는 것이 내 마음에 걸린 적은 없나요? 만약 그런 일이 있었다면 왜 그런 마음이 들었는지 돌아보며 생각해 봅시다. 우리의 봉사나 헌신은 어떻게 드려지면 좋을까요?

3. 교회의 선교나 봉사, 구제의 활동에서 효율과 효과를 추구하는 일과 비효율적이지만 하나님의 뜻이라고 생각되는 일 사이에서 고민해 본 적이 있습니까? 주님의 일을 할 때 가장 우선에 두고 해야 할 일은 뭐라고 생각하는지 함께 나누어 봅시다. 때로는 낭비처럼 보이지만 꼭 해야 하는 일이 있다면 그것은 무엇일까요?

14 예루살렘에 입성한 제자들

마음에 심어진 씨앗

종려나무 가지를 가지고 맞으러 나가 외치되 호산나 찬송하리로다 주의 이름으로 오시는 이 곧 이스라엘의 왕이시여 하더라 (요 12:13)

심어진 생각

제가 "지금부터 '코끼리'를 생각하지 말라"고 하면 코끼리 생각이 더 날 것입니다. 그런데 영어로 코끼리의 철자가 'elephant'라고 말해 주면서 이걸 외우라고 말하면, 자꾸만 잊어버리게 됩니다. 이상하게도 어떤 것은 잊어버리려고 해도 잊혀지지 않고, 반대로 어떤 것은 기억하려고 해도 잊어버리게 되는 것은 우리가 우리 마음을 컨트롤하지 못한다는 것을 보여 주는 것 같습니다. 이 이야기는 2010년에 개봉된 영화 〈인셉션〉(Inception)에 등장하는데, 영화에는 사람들의 마음에 어떤 특정한 생각을 심어 주려는 사람들의 이야기가 나옵니다. 사람의 마음에 어떤 생각의 씨앗이 심기면 그것은 그대로 있지 않고 점점 자라서 그 사람의 행동을 지배한다고 합니다. 그래서 영화에서는 심어진 생각 때문에 자살을 하는 일도 등장하고, 또 심어진 생각으로 인해 기업의 운명을 바꾸는 결정을 하게 되기도 합니다.

그런데 마음에 어떤 생각이 심어지는 과정을 살펴보면 자신이 결정하지 않은 것 같지만 실제로는 자신의 욕망과 깊은 관련이 있다는 것을 알 수 있습니다. 즉, 내가 어떤 생각을 품는 과정을 나 자신은 모른다고 할 수 있겠지만 우리의 무의식은 우리의 욕망을 따라 특정한 생각을 품고 그것을 끊임없이 자라게 한다는 것입니다. 단지 우리가 그것을 의식적으로 인지하지 못하는 것은 우리 자신이 우리 안의 욕망을 누르려고 하는 것이기도 하며, 한편으로는 우리 자신이 가진 욕망이 드러나는 것을 부끄러워하기 때문이기도 합니다. 문제는 이렇게 한번 우리 안에 어떤 생각이 심어지면 하나님의 말씀을 믿지 못하거나 내 마음대로 해석하게 된다는 것입니다.

이 장의 본문에는 여러 사람들에게 비슷한 일이 있는 것 같습니다. 그들은 모두 같은 장소에서 같은 일을 경험하지만 마음의 생각들은 그들의 욕망만큼이나 다 달랐습니다.

예수님의 말씀을 방해하는 생각들

요한복음 12장 12절 이후의 말씀에는 예수님이 예루살렘에 들어가신 뒤, 사람들의 일련의 반응들이 나타납니다. 다른 복음서들이 예수님이 나귀를 타고 예루살렘에 들어가신 그 과정에 관심을 가졌다면, 요한은 제자들과 사람들이 정말 중요한 것을 보지 못하고 다른 생각들에 사로잡혀 있었다는 점을 조심스럽게 지적하고 있습니다.

예수님은 공생애 기간 중 예루살렘에 여러 번 오셨지만 마지막 예루살렘 입성은 그야말로 대대적인 인파가 몰렸습니다. 나사로가 죽었다가 살아났다는 소문이 퍼졌고, 수많은 사람들이 갈릴리에서 예수님이 행하신 기적을 전해 듣고 그를 보기 위해 모였습니다.

요한복음은 사람들이 예수님을 보러 나온 이유를 다음과 같이 말합니다.

나사로를 무덤에서 불러내어 죽은 자 가운데서 살리실 때에 함께 있던 무리가 증언한지라. 이에 무리가 예수를 맞음은 이 표적 행하심을 들었음이러라(요 12:17-18).

예수님의 인기가 얼마나 대단한지 바리새인들조차도 예수님을 죽이려 하는 모의에 대해 비관적일 정도였습니다.

바리새인들이 서로 말하되 볼지어다 너희 하는 일이 쓸데없다. 보라 온 세상이 그를 따르는도다 하니라(요 12:19).

예수님에 대한 소문은 이스라엘 사람들에게만 퍼진 것이 아니었습니다. 유월절을 맞아 해외에서 온 유대인들과 이방인들까지도 예수님을 만나고 싶어 했습니다. 예수님의 제자들을 찾아가 예수님을 만날 수 있게 해 달라고 청탁을 할 정도였습니다.

명절에 예배하러 올라온 사람 중에 헬라인 몇이 있는데 그들이 갈릴리 벳새다 사람 빌립에게 가서 청하여 이르되 선생이여 우리가 예수를 뵈옵고자 하나이다 하니 빌립이 안드레에게 가서 말하고 안드레와 빌립이 예수께 가서 여쭈니(요 12:20-22).

이처럼 많은 사람들이 예수님이 하시는 일을 직접 목격했고 말씀을 들었으며, 또 이것을 전해 듣고 알게 된 사람들까지 예수님을 찾아왔습니다. 예수님은 이 상황에서 드디어 때가 되었다고 말씀합니다.

> 예수께서 대답하여 이르시되 인자가 영광을 얻을 때가 왔도다(요 12:23).

이 '영광을 얻을 때'란 과연 무엇일까요? 요즘 시대에 이처럼 많은 사람이 주목하고 있다면 보다 큰 무대로 나아갈 때를 말할지도 모르겠습니다. 정치인이라면 대통령에 출마하는 것이고, 배우라면 할리우드에 진출하는 것이고, 운동선수라면 더 높은 연봉을 받고 좋은 팀으로 이적하는 것일지도 모르겠습니다. 그러나 예수님은 이 '영광을 얻을 때'를 열매를 맺을 때라고 말씀하십니다. 그리고 다시 이렇게 말씀합니다.

> 내가 진실로 진실로 너희에게 이르노니 한 알의 밀이 땅에 떨어져 죽지 아니하면
> 한 알 그대로 있고 죽으면 많은 열매를 맺느니라(요 12:24).

이것을 보면 예수님이 말씀하시는 '영광을 얻을 때'는 예수님을 찾아온 사람들의 생각과는 많이 달라 보입니다. 특히 이 열매 맺음에 대한 말씀은 '땅에 떨어져 죽는 것'이 먼저 이루어져야 하기에 앞서 '영광을 얻을 때'와 대비됩니다. 영광을 얻는 것과 땅에 떨어져 죽는 것은 반대의 모습처럼 보이기 때문입니다. 예수님은 계속해서 이렇게 말씀합니다.

> 자기의 생명을 사랑하는 자는 잃어버릴 것이요 이 세상에서 자기의 생명을 미워하
> 는 자는 영생하도록 보전하리라(요 12:25).

예수님은 자신을 만나고 싶어 하는 사람들과 제자들에게 '영광의 때'에 함께하고 싶다면 자신의 생명을 미워해야 한다고 말씀합니다. 즉, 죽음을 두려워하지 않으며 살고자 하는 마음을 버리면 영생을 얻을 수 있다고 말합니다. 아마도 예수님을 찾아온 사람들은 이 말씀에 당황했을 것입니다. 먼저는 이 말뜻을 이해하지 못했을 것이고, 이해했다고 해도 자신들의 생각과 달랐을 것입니다. 제자들도 별반 다르지 않았을 것입니다. 누가복음에서도 예수님은 제자가 되려는 자들, 영생을 얻고자 하는 자들에게 분명히 말씀한 바가 있습니다.

> 이르시되 내가 진실로 너희에게 이르노니 하나님의 나라를 위하여 집이나 아내나 형제나 부모나 자녀를 버린 자는 현세에 여러 배를 받고 내세에 영생을 받지 못할 자가 없느니라 하시니라(눅 18:29).

이 제자가 되는 길은 주님이 여러 번 강조했던 내용입니다. 그런데 사람들은 이런 말씀을 잘 기억하지 못합니다. 아니 이런 말씀은 기억하려 하지 않습니다. 제자들조차도 고난과 죽음에 관한 말씀들은 잘 기억하지 못하고 나중에 예수님이 십자가에서 죽고 부활하신 후에야 깨달았다고 말할 정도입니다.

왜 그럴까요? 이유는 명확합니다. 예수님을 따르는 무리나 제자들조차 그들의 마음을 붙잡고 있는 다른 생각이 있었기 때문입니다. 그들을 붙잡고 있는 다른 생각은 예수님의 말씀의 의도가 들리지 않고 자신의 생각에 의해 해석됩니다. 아무리 주님이 중요한 말씀을 해 주어도 자신이 생각하는 것과 관련된 것만 기억이 납니다. 그렇게 되면 말씀은 깨달아지지 않습니다.

이처럼 자신들의 생각에 사로잡힌 자들이 많아질수록, 그리고 그들이 주님을 둘러싸고 있을수록 주님은 마음이 무겁고 괴로웠습니다. 특히 이번 예루살렘 입성은 전과 달리 고난받을 때임을 예수님은 잘 알고 있었습니다. 그래서 예수님은 그 마음을 드러내며 그들 앞에서 하나님께 기도합니다.

> 지금 내 마음이 괴로우니 무슨 말을 하리요. 아버지여 나를 구원하여 이때를 면하게 하여 주옵소서. 그러나 내가 이를 위하여 이때에 왔나이다. 아버지여, 아버지의 이름을 영광스럽게 하옵소서(요 12:27-28).

이때 하나님은 주님의 기도를 듣고 바로 응답하십니다.

> 이에 하늘에서 소리가 나서 이르되 내가 이미 영광스럽게 하였고 또다시 영광스럽게 하리라(요 12:28).

사람들은 하늘에서 들리는 이 음성을 제대로 듣지 못했습니다. 다들 말하기를 천둥이 울렸다, 천사가 말하였다고 이야기합니다. 하지만 소리가 어디서 났는가보다 중요한 것은 그 말씀의 뜻이 무엇이며 누구를 위한 말씀인지를 아는 것이었습니다. 예수님은 이 하늘에서 난 소리가 우리를 위한 것이라고 말씀해 줍니다.

> 예수께서 대답하여 이르시되 이 소리가 난 것은 나를 위한 것이 아니요 너희를 위한 것이니라(요 12:30).

그리스도가 영광을 받는 때, 즉 고난의 때는 우리들을 위한 것이기 때문입니다. 그러면서 심판의 날과 자신의 죽음이 어떤 것인지를 말씀해 줍니다.

> 이제 이 세상에 대한 심판이 이르렀으니 이 세상의 임금이 쫓겨나리라. 내가 땅에
> 서 들리면 모든 사람을 내게로 이끌겠노라 하시니 이렇게 말씀하심은 자기가 어떠
> 한 죽음으로 죽을 것을 보이심이러라(요 12:31-33).

예수님의 십자가의 죽음은 우리의 죄를 사하시는 사건이면서 또한 세상에 대한 심판의 사건입니다. 예수님의 십자가의 죽음은 고난과 치욕으로 패배의 자리에 몰리는 것 같지만 반대로 세상의 임금, 즉 사탄과 마귀의 권세, 죽음의 권세를 이기는 승리의 사건입니다. 예수님이 부활하여 하늘에 들리신 것은 곧 예수님을 믿는 우리 모두를 하늘나라, 영원한 생명으로 이끄시기 위함입니다. 이것이 인자가 영광을 얻는 때이자 열매를 맺는 때입니다. 이것은 곧 십자가의 죽음에 대한 주님의 말씀입니다.

그런데 예수님의 말씀을 듣던 자들이 예수님께 이렇게 묻습니다.

> 이에 무리가 대답하되 우리는 율법에서 그리스도가 영원히 계신다 함을 들었거늘
> 너는 어찌하여 인자가 들려야 하리라 하느냐. 이 인자는 누구냐(요 12:34).

이 질문은 예수님이 전부터 하신 말씀과 관련이 있습니다.

> 모세가 광야에서 뱀을 든 것같이 인자도 들려야 하리니 이는 그를 믿는 자마다 영
> 생을 얻게 하려 하심이니라(요 3:14-15).

예수님은 항상 자신을 인자라고 표현했습니다. 광야에서 놋뱀

이 들린 것처럼 인자가 들려야 한다는 말씀도 하셨습니다. 본문에서도 내가 땅에서 들리면 모든 사람을 이끌 것이라고 말씀했습니다.[79] 그런데 사람들은 왜 자꾸 그런 말을 하느냐고 묻습니다. 이해가 되지 않아서 하는 질문이겠지만 그보다는 먼저 자신들이 생각하는 그리스도, 메시아는 그렇게 들리지 않아야 하기 때문입니다. 그들은 율법에서 나타난 그리스도에 대한 자신들의 해석을 가지고 있었습니다. 그들의 생각에는 다음과 같은 구약의 말씀들이 있었습니다.

> 그는 내 이름을 위하여 집을 건축할 것이요 나는 그의 나라 왕위를 영원히 견고하게 하리라(삼하 7:13).

> 그날에 이새의 뿌리에서 한 싹이 나서 만민의 기치로 설 것이요 열방이 그에게로 돌아오리니 그가 거한 곳이 영화로우리라(사 11:10).

구약을 알던 그들에게 메시아는 나라를 세우며 그 나라를 다스리는 자입니다. 로마를 물리치고, 다시 한번 그 땅의 영광을 되찾는 것입니다. 다윗 왕조의 후손이자 새로운 왕의 자리를 얻을 자가 곧 메시아였습니다. 소위 민족주의적 이상향을 실현할 자를 바로 메시아로 믿고 있었습니다.

그래서 유대인들은 예수님으로부터 말씀을 듣고 기적을 보았지만 여전히 그들의 마음을 붙들고 있는 생각에서 벗어나지 못했습

---

[79] 요 12:32

니다. 예수님이 자신을 가리켜 인자라고 부르는 것조차도 이해하지 못했습니다. 잘못된 신앙관이 먼저 마음에 자리 잡고 있으니 예수님의 말씀은 들리지 않게 된 것입니다.

이런 사람들을 보고 예수님은 그들에게 어둠 가운데 있지 말고 빛으로 나오라고 말씀합니다.

> 예수께서 이르시되 아직 잠시 동안 빛이 너희 중에 있으니 빛이 있을 동안에 다녀 어둠에 붙잡히지 않게 하라. 어둠에 다니는 자는 그 가는 곳을 알지 못하느니라. 너희에게 아직 빛이 있을 동안에 빛을 믿으라. 그리하면 빛의 아들이 되리라(요 12:35-36).

말씀의 빛 가운데 있어야 마음을 덮고 있는 어둠을 이기고, 어둠에 붙잡히지 않게 됩니다. 이 빛 안에 거하고 이 빛을 믿어야 빛의 아들이 될 수 있는 것입니다. 예수님은 이 말씀을 하시고 그들을 떠나가 숨으셨습니다. 숨으셨다는 것은 그들이 어둠에 있다는 말을 듣고 돌이켜 회개하는 것이 아니라 반대로 예수님을 붙잡고 죽이려 했기 때문입니다. 자신들을 붙잡고 있는 생각에서 벗어나지 못하고 오히려 주님을 자신들의 생각에 맞추려 했기 때문입니다.

요한은 나중에 이 일들에 대해 기억하면서 그것이 구약의 말씀에 이미 예언되어 있다는 것을 깨달았습니다.

> 이는 선지자 이사야의 말씀을 이루려 하심이라. 이르되 주여 우리에게서 들은 바를 누가 믿었으며 주의 팔이 누구에게 나타났나이까 하였더라. 그들이 능히 믿지 못한 것은 이 때문이니 곧 이사야가 다시 일렀으되 그들의 눈을 멀게 하시고 그들

의 마음을 완고하게 하셨으니 이는 그들로 하여금 눈으로 보고 마음으로 깨닫고 돌이켜 내게 고침을 받지 못하게 하려 함이라 하였음이더라(요 12:38-40).

이 말씀은 이사야서 6장의 인용으로 마태복음과 마가복음의 경우 네 가지 밭에 뿌려진 씨앗이라는 비유설교에도 포함되어 있습니다. 그런데 인용된 말씀만 보면 마치 하나님이 사람의 마음을 완고하게 하시고 고침을 받지 못하도록 하셨다는 생각이 듭니다. 즉, 사람들이 예수님 말씀을 이해하지 못하고 자신들의 생각에 갇혀 있는 것이 마치 하나님이 그들을 그렇게 만드셨다는 것입니다. 그럼 정말 하나님은 사람의 마음에 하나님을 거역하는 생각을 불어넣어 주신 것일까요?

이 말씀의 원래의 본문을 볼 필요가 있습니다. 인용된 이사야 본문은 6장 9-10절입니다. 이 말씀을 이해하기 위해서는 이 말씀이 어떤 맥락에서 나왔는지 보아야 할 것입니다.

이사야 6장은 남유다의 웃시야 왕이 죽던 해에 이사야가 성전에서 하나님의 영광을 보게 된 일로 시작합니다. 온 성전에 주님의 영광이 가득하고 스랍들이 날면서 하나님의 영광을 찬양하고 성전에 연기가 가득 찬 것을 보게 됩니다. 이사야는 자신이 죄 가운데서 하나님을 보게 되었기에 자신이 망하게 되었다고 말합니다. 그때 스랍 중 하나가 재단의 숯을 집게로 집어 이사야의 입에 대며 악이 제거되고 죄가 사하여졌다고 말합니다.

이처럼 죄를 사함 받은 이사야가 하나님의 음성을 듣게 됩니다.

내가 또 주의 목소리를 들으니 주께서 이르시되 내가 누구를 보내며 누가 우리를 위하여 갈꼬 하시니 그때에 내가 이르되 내가 여기 있나이다 나를 보내소서 하였더니(사 6:8).

하나님은 자원하는 이사야에게 이렇게 말씀하십니다.

여호와께서 이르시되 가서 이 백성에게 이르기를 너희가 듣기는 들어도 깨닫지 못할 것이요 보기는 보아도 알지 못하리라 하여 이 백성의 마음을 둔하게 하며 그들의 귀가 막히고 그들의 눈이 감기게 하라. 염려하건대 그들이 눈으로 보고 귀로 듣고 마음으로 깨닫고 다시 돌아와 고침을 받을까 하노라 하시기로(사 6:9-10).

그러니까 "누가 하나님을 위해 사람들에게 갈 것인가?" 이렇게 말씀하시고선 막상 이사야가 간다고 하니 "이 백성의 마음을 둔하게 하고 귀가 막히고 눈이 감기게 하라"고 말씀합니다. 이것은 정말 아이러니한 말씀입니다. 전하라고 하면서 듣지 못하게 하라는 역설이 있습니다. 그러나 이것은 우상숭배와 죄악으로 심판을 받게 되는 이스라엘에 대한 하나님의 마음을 담고 있습니다. 죄악으로 인해 그들은 징계를 받아야 하지만 한편으로는 고침을 받아야 합니다. 하나님은 죄악을 징계하시지만, 언약의 말씀을 함께 주셔서 징계 가운데서도 회복될 소망을 잃지 않게 하고자 하시는 것입니다.

하나님이 심어 주시는 생각, 마귀가 심어 주는 생각

우리의 마음을 어둡게 하고 세상의 생각에 사로잡히는 것은 하나님이 하시는 것이 아닙니다. 오히려 하나님은 심판과 징계 가운데서도 결코 자신의 백성을 놓지 않으십니다. 버리지 않으십니다.

예수님이 말씀을 하셨다는 사실 자체가 그들이 깨닫지 못해도 그들에게 은혜가 있다는 것입니다. 예수님은 제자들이 깨닫지 못하지만 여전히 사랑하시며 그들에게 말씀을 전해 주십니다. 그래서 제자들이 나중에 이 말씀들을 기억하고 깨닫게 되는 것입니다.

> 제자들은 처음에 이 일을 깨닫지 못하였다가 예수께서 영광을 얻으신 후에야 이것이 예수께 대하여 기록된 것임과 사람들이 예수께 이같이 한 것임이 생각났더라 (요 12:16).

하나님은 우리가 듣지 못하는 것 같은 가운데서도 말씀을 주십니다. 그래서 언젠가 기억나게 하시고 다시 살아나게 하십니다. 그것이 바로 하나님이 우리 안에 심어 주시려는 말씀의 은혜입니다. 지금 깨닫지 못하더라도 하나님의 은혜로 다시 회복되어 생각나는 말씀이 우리 안에 있길 바랍니다. 가려진 것 같더라도 다시금 생각나 하나님에게 향할 수 있게 하는 말씀이 우리안에 있기를 바랍니다. 하나님이 그런 은혜를 주실 것입니다.

반면 우리에게 다시 돌이키고 깨닫지 못하도록 하는 생각을 넣어 주는 존재는 따로 있습니다. 그것은 바로 마귀입니다.

> 마귀가 벌써 시몬의 아들 가룟 유다의 마음에 예수를 팔려는 생각을 넣었더라 (요 13:2).

여기서 주목할 만한 단어는 바로 '벌써'입니다. 매끄럽게 번역하자면 '이미'가 맞을 것입니다. 그래서 표준새번역은 "악마가 이미 시몬 가룟의 아들 유다의 마음속에 예수를 팔아넘길 생각을 불어

넣었다"라고 번역합니다.

이 생각은 갑자기, 별안간 들어온 것이 아닙니다. 이미 오래전에 넣어졌고 이 생각이 자라서 가룟 유다의 마음을 사로잡는 순간, 그는 그동안 들었던 말씀과 보아 왔던 기적을 모두 부인하게 됩니다. 다른 바리새인들이 그들의 전통과 어릴 적부터 배운 랍비들의 구약 해석에 의해 예수님을 거부했다면, 가룟 유다는 그런 것과는 전혀 다른 방향에서 마음에 악한 생각이 자리를 잡게 됩니다.

요한은 마리아가 향유 옥합을 깰 때 가룟 유다가 한 말을 이야기하며 그를 도둑이라고 말한 적이 있습니다. 아마도 요한은 이미 알고 있었고, 예수님께 말했는지도 모릅니다. 그러나 예수님은 가룟 유다가 그렇게 하는 것을 놔두셨던 것 같습니다.

지적당하지 않았다는 것이 용서받았다는 것은 아닙니다. 벌을 받지 않았다고 죄가 사면된 것은 아닙니다. 가룟 유다는 자신 안에 조금씩 들어와 자신을 사로잡는 생각을 떨쳐내지 못했습니다. 처음에는 돈궤에서 적은 돈을 꺼내 자신을 위해 쓰는 것에서 시작했겠지만 나중에는 대범하게 꺼내갔을 것입니다. 그리고 돈이 더 많았으면 좋겠다는 생각에 마리아가 옥합을 깨뜨려 예수님께 드리는 것을 보고는 돈이 삼백 데나리온이라고 계산하게 됩니다. 마귀는 처음부터 예수님을 팔 생각을 넣었다기보다 예수님을 팔아넘길 생각이 그를 사로잡을 수 있도록 작은 욕심과 거짓과 악한 욕망들을 밀어 넣었습니다. 점점 커진 죄의 씨앗은 결국 예수님을 팔아넘길 생각으로 커집니다. 그런 생각을 해도 전혀 이상하거나 어색하지 않게 된 것입니다.

창세기에 가인이 동생 아벨을 죽이는 사건이 나옵니다. 가인이 아벨을 죽이기 전에 그의 마음에 악한 생각이 들어왔습니다. 하나님은 이것을 알려 주십니다. 경고하십니다.

> 여호와께서 가인에게 이르시되 네가 분하여 함은 어찌 됨이며 안색이 변함은 어찌 됨이냐. 네가 선을 행하면 어찌 낯을 들지 못하겠느냐. 선을 행하지 아니하면 죄가 문에 엎드려 있느니라. 죄가 너를 원하나 너는 죄를 다스릴지니라(창 4:6-7).

표준새번역을 보면 "죄가 너의 문에 도사리고 앉아서, 너를 지배하려고 한다"라고 말합니다. 한번 들어온 생각을 뽑아내지 못하면 그 생각은 점점 자라 우리 자신을 지배하게 될 것입니다. 가인은 이처럼 들어온 생각을 뽑아내지 못했습니다. 그리고 결국 아벨을 죽이게 됩니다.

사무엘하 11장에서 다윗은 왕궁을 산책하다 멀리서 목욕을 하는 여인을 보게 됩니다. 거기서 고개를 돌리고 집 안으로 들어갔으면 아무 일이 없었을 것입니다. 그런데 돌아서지 않고 계속 봅니다. 한번 생각이 그를 사로잡으니 잠을 잘 수 없습니다. 이제 사람을 보내어 누구인지 알아봅니다. 자신의 신하의 딸이며, 자신을 위해 전쟁에 나가 싸우고 있는 장군의 아내입니다. 거기서 돌이켜야 했습니다. 그러나 한번 들어온 생각은 그를 떠나지 않고 그를 점령해 갑니다. 이제 전령을 보내 밧세바를 데려옵니다. 그런데 그녀는 소위 말하는 생리가 끝난 가임 기간이었습니다. 다윗은 문제가 생길 것을 알았을 것입니다. 모를 수 없습니다. 그런데 죄는 그를 사로잡았고, 그는 결국 신하의 아내를 권력과 힘으로 소위 위계에 의

한 성폭행을 합니다. 다윗이 저지른 것은 아름다운 사랑도 아니고 어쩔 수 없는 것도 아니었습니다. 상대방이 원하는 일도 아니었고, 어느 누구에게도 이해받을 만한 일이 아니었습니다.

일이 저질러진 뒤 다윗도 알고 있었습니다. 후회가 몰려왔을 것입니다. 그래서 그녀를 집으로 돌려보냅니다. 그러나 죄는 결코 돌아가지 않습니다. 죄는 항상 더 큰 죄를 몰고 옵니다. 한번 죄에게 문을 열어 주면 죄는 결코 그냥 놔두는 법이 없습니다. 회개하지 않으면 더 큰 죄를 짓는 자리로 끌고 갑니다. 결국 다윗은 자신이 겁탈한 밧세바의 남편이자 자신을 위해 충성을 다하는 장군 우리아를 죽입니다.

마귀가 이미 마음에 죄를 넣었다는 말처럼 무서운 것이 없습니다. 마음을 혼란하게 하고 이성을 마비시키는 하나의 생각이 내 마음에 들어오면 그것은 우리 자신을 죽음에 이를 때까지 결코 멈추지 않는 브레이크가 고장 난 폭주 기관차가 됩니다. 작은 거짓말로 시작한 일이 큰 일이 되어 결국 인생을 망치는 일이 얼마나 많은지 모릅니다. 작은 잘못을 범했을 때, 사과하고 벌을 받으면 되는데 숨기고 숨기다 결국 손쓸 수 없는 상태로 가는 일이 얼마나 많은지 모릅니다.

우리 안에 숨겨진 생각들

우리는 예배 때마다 말씀을 듣고 때마다 기도하며, 하나님의 자녀요 성도라고 말하며 살고 있습니다. 그러나 때로 마귀는 우리에게 작은 죄의 씨앗을 심어 놓으려 합니다. 우리 마음을 뒤집어 놓을 작은 쥐 한 마리, 내 깨끗한 마음을 썩게 할 작은 곰팡이 하나를 넣어 두려 합니다. 특히 우리 마음이 상처를 받을 때, 스트레스를 받고 마음이 아픈 상황에 놓일 때 우리 속에 나쁜 생각들이 스쳐가게합니다.

또한 우리가 세상의 헛된 욕망에 미혹될 때 마귀는 욕심과 쾌락이라는 씨앗을 넣으려 합니다. 돈과 물질에 대한 생각들을 심어 놓으려 합니다. 그런 생각들은 생명의 말씀을 기복적 조건으로 이해하게 만들고, 자신의 노력과 의지와 은혜를 뒤바꾸어 버립니다. 때로는 미신과 같은 행위를 신앙이라고 착각하게 합니다. 또한 돈을 사랑하는 사람들은 자신의 이익과 말씀이 충돌하기에 말씀을 밀어냅니다. 성적인 죄에 빠져 있는 자는 욕망이 말씀을 밀어냅니다. 미움과 살기가 가득한 사람은 사랑하라는 그분의 말씀을 밀어낼 수밖에 없습니다. 뿐만 아닙니다. 세상의 지식과 학문과 명예와 권력에 대한 욕망은 의심의 씨앗을 심어 놓기도 합니다. 과학자는 자신이 아는 과학이 성경의 말씀을 밀어냅니다. 철학자는 자신의 철학이 성경의 말씀을 평가하며 밀어냅니다. 정치인은 대중의 인기와 권력이 말씀을 밀어냅니다.

그렇기에 우리는 우리 자신을 붙들고 있는 생각이 우리의 어떤 욕망을 드러내는지 말씀의 빛으로 살펴봐야 합니다. 그리고 우리의 이익과 욕망을 대변하는 생각에서 벗어나야 합니다. 성령의 빛, 말씀의 빛을 비추어 이것을 찾아내지 않으면 점점 자라 우리 마음을 삼키고 다스리려 합니다. 우리를 끌고 다니며 이성이 마비된 어리석은 자가 되게 합니다. 거짓말을 계속하게 하고 악을 행하면서도 담대하게 만듭니다. 결국 예수님을 팔아 버리는 자가 될지도 모릅니다. 그렇기에 우리는 반드시 주님의 말씀의 빛 가운데 나아와 어둠에 붙잡히지 않는 자들이 되어야 합니다.

우리가 악한 생각에서 벗어나기 위해서는 또한 기도하는 것을 잊지 말아야 합니다. 기도는 우리의 영적 감각을 민감하게 해 주며, 악한 것을 미리 파악하게 해 줍니다. 가룟 유다의 마음에 마귀가 악한 생각을 넣었다는 이야기 뒤에 예수님이 제자들의 발을 씻기는 장면이 나오는 것은 우연이 아닙니다. 여기서 발을 씻는다는 것은 죄를 회개하는 것이며, 이것은 곧 기도하는 삶을 말합니다. 그래서 날마다 발을 씻는 사람은 이런 악한 생각에서 벗어날 수 있습니다. 주님과 관계가 있는 사람이라면 날마다 발을 씻는 자리에 가야 합니다. 곧 죄를 회개하는 자리에 가야 합니다. 그것만이 마귀가 넣어 주는 생각을 버리고, 이겨 낼 수 있는 길입니다.

우리로 하여금 하나님의 말씀에서 멀어지게 하고, 그리스도의 영광의 자리에서 벗어나게 하는 악한 생각을 막기 위해 날마다 빛 되신 주님의 말씀 안에서 순종하며, 기도와 회개를 통해 악한 생각들을 제거해 나가는 삶이 이루어지길 바랍니다.

1. 혹시 이유 없이 나쁜 생각이나 미움이 내 마음을 한동안 사로잡고 있었던
   적이 있습니까? 어떻게 그런 일이 생겼는지, 그리고 또 어떻게 그것을
   이겨 냈는지 나누어 봅시다.

2. "머리 위로 새가 날아가는 것을 막을 수는 없어도 새가 머리 위에 둥지를
   짓는 것은 막을 수 있다"는 말이 있습니다. 내 신앙의 열매를 방해하는
   악한 씨앗이 자라 내 마음밭에 번지지 않도록 매일 매일 죄악의 잡초를
   뽑는 방법은 기도와 말씀과 순종일 것입니다. 내가 매일 실천하는 신앙
   의 습관과 마음을 지키는 방법들은 무엇이 있는지 나누어 봅시다.

3. 포도원을 허무는 작은 여우처럼 악한 영들은 우리의 약점을 잘 알고 우리
   를 유혹하고 무너지게 합니다. 내가 가장 취약한 신앙의 약점은 무엇인
   지 생각해 봅시다. 그리고 주님의 빛이 나의 약한 부분을 비추어 악한 유
   혹이 들어오지 않게 하도록 우리 자신을 주님 앞에 드러내놓는 삶을 실
   천하도록 합시다.

15

가룻유다
배반의 아이콘

> 예수께서 이 말씀을 하시고 심령이 괴로워 증언하여 이르시되 내가 진실로 진실로 너희에게 이르노니 너희 중 하나가 나를 팔리라 하시니 (요 13:21)

유다의 키스[80]

이탈리아 베니스에서 가까운 도시 중에 파도바(Padova)라는 도시가 있습니다. 베니스를 여행하는 사람들은 이 파도바라는 도시에 대부분 들르는데 그 이유는 이 도시에 있는 스크로베니 성당(Scrovegni Chapel)에 그려진 지오토(Giotto di Bondone)의 그림 때문입니다. 고대 로마의 경기장이 있던 자리에 세워졌기에 아레나 성당이라고도 불리는 이 작은 성당 내부에는 14세기 이탈리아 미술사에서 가장 중요한 의미를 갖는 지오토가 그린 여러 성화들이 가득 차 있습니다. 이 성당에 그려진 여러 성화들 중 눈에 띄는 작품이 하나 있는데 그것은 바로 〈유다의 키스〉(Kiss of Judas)라는 작품입니다.

이 그림에는 예수님을 체포하기 위해 햇불과 창을 들고 온 로마

---

80 Susanna Partsch, 『미술의 순간』(서울: 북하우스, 2005)을 참조하라.

병사들과 예수님을 지키기 위해 대제사장의 종의 귀를 자르는 격앙된 베드로의 모습이 한데 뒤섞여 있습니다. 살기와 증오가 가득하고, 사람들의 눈빛은 차갑고 하늘로 치솟아 있는 몽둥이는 미움이 분출되듯 어지럽게 보입니다. 예수님을 둘러싼 병사들은 세상의 모든 것들로부터 이 순간을 단절시키려는 듯 철벽같이 서 있습니다. 그림 중앙에는 그리스도와 가룟 유다가 서 있는데 예수님의 얼굴은 윤곽만 볼 수 있으며, 유다는 양팔로 예수님을 끌어안고 있어서 그의 옷이 예수님을 거의 가립니다. 다른 대부분의 성화에서는 예수님이 얼굴을 돌리는데 볼에 키스하는 장면이 그려진 것에 반해 이 그림은 얼굴과 얼굴이 거의 닿을 듯 그려져 있고 예수님은 정면으로 유다를 쳐다보며 유다는 그런 예수님을 정면으로 응시한 채 입술을 내밀고 있습니다.

이 성화가 유명한 이유는 그림 자체뿐 아니라 이 그림을 그리게 한 주문자와 관련이 있기도 합니다. 이 성당의 그림들은 1305년에 완성된 것으로 보이는데, 당시 파도바에서 부유한 상인이었던 스크로베니가 지오토에게 의뢰한 것입니다. 스크로베니의 부친은 악명 높은 고리대금업자였고, 자신도 악랄한 방법으로 돈을 많이 모았습니다. 그래서 그는 죄를 속죄하기 위해 당시 가장 비싼 화가를 불러 예배당에 벽화를 그리게 했습니다. 그렇게 함으로써 자신의 죄를 속죄하려고 한 것입니다. 그래서 전해지는 속설에 화가는 '유다의 키스'를 그릴 때 가룟 유다의 모델을 다름 아닌 그림의 주문자인 스크로베니로 했다고 합니다. 세계적 명화를 그리게 했지만 정작 자신은 가룟 유다의 모델이 되었으니 아이러니가 아닐까 합니다.

유다는 과연 누구인가?

본문의 주인공은 가룟 유다입니다. 예수님의 제자 중에 가룟 유다만큼 논란이 많은 제자도 없을 것입니다. 상상하기를 좋아하는 사람들은 가룟 유다가 예수님을 배신했기에 모든 구원의 일이 이루어졌다는 억지 논리를 폅니다. 세속적 뮤지컬에서도 가룟 유다만이 예수님의 뜻을 알았던 것처럼 묘사되는데, 아마도 그런 생각의 절정은 유다복음서라는 가짜 복음서로 대표되지 않나 싶습니다. 세상에는 가룟 유다를 어떻게 해서든 악인과 죄인의 자리에서 건져내고 싶어 하는 사람들이 많습니다.

성경에서 가룟 유다는 예수님을 판 제자라는 오명을 가지면서도 열두 제자의 명단에 꼬박꼬박 들어갑니다. 초대 교회에서 새롭게 열두 사도에 들어간 맛디아가 있었음에도 복음서를 쓴 기자들은 신기하게도 가룟 유다를 열두 제자의 명단에서 빼지 않았습니다. 그리고 그를 분명히 제자라고 밝힙니다. 확실히 그는 예수님의 제자로서 수많은 기적의 자리에 있었으며, 많은 비유의 말씀들을 들었습니다. 그는 똑똑했고 이치를 잘 알았기에 예수님과 제자들의 모든 활동 비용을 관리하는 사람이었습니다. 예수님이 잡히시기 전에 식사 자리에서도 그는 예수님과 가까운 자리에 있었습니다. 그러나 그는 예수님을 배신했고, 자신도 결국 자살을 하게 됩니다.

그가 어떤 사람이기에 이런 결말로 치닫게 되었는지, 무엇이 문제였는지 함께 살펴봅시다. 먼저 유다라는 이름을 보겠습니다. 예수님의 제자들 중에는 이름이 같은 사람들이 있는데, 성경은 가끔

씩 그 사람들의 별칭을 붙여 구분을 하기도 합니다. 예를 들어, 시몬은 베드로의 이름이기도 하면서 열심당 출신이었던 시몬의 이름이기도 합니다. 그래서 첫번째 제자는 주로 시몬이라고 부르지 않고 베드로라고 부릅니다. 마찬가지로 유다도 야고보의 아들 유다가 있고, 가룟 시몬의 아들 유다가 있습니다. 전자는 다대오라고 불리며, 후자는 가룟 유다로 부르고 있습니다.

이름 앞에 있는 가룟이란 말에 대해서는 여러 의견이 있는데 학자들은 가룟이란 말이 '가짜, 거짓말쟁이, 위선자'를 뜻하는 '세케르'에서 왔다고 봅니다. 이 말은 당시 아람어를 사용하던 기독교인들이 예수의 배반자를 부를 때 사용하던 별명이라는 것입니다. 하지만 이 견해는 유다가 배반한 후에 붙여진 것 같다는 약간의 문제점이 있습니다. 요한복음 6장에는 예수님이 제자들과 대화를 나누던 중 열두 제자 중에 한 사람은 마귀라고 하시는데, 요한은 이것에 대해 다음과 같이 부가적으로 설명합니다.

> 이 말씀은 가룟 시몬의 아들 유다를 가리키심이라. 그는 열둘 중의 하나로 예수를
> 팔 자러라(요 6:71).

즉, 가룟은 그의 아버지 시몬에게도 적용되어 가룟 시몬의 아들 유다라고 말합니다. 우리가 잘 아는 대로 성경의 이름들에는 성이 없습니다. 그래서 누구의 아들이란 표현을 쓰거나 그가 어느 동네 사람인지를 밝히는 표현을 씁니다. 그래서 나사렛 예수처럼 가룟 유다에서 가룟이 어떤 지명을 가리키는 것이 아닐까 생각됩니다. 학자들에 따르면 유대 남부의 가리옷, 혹은 그리욧이라는 곳이 그

가 자란 곳이 아닐까 생각합니다. 사실 이 지명이 현재 남아 있지 않아 여러 추측이 있지만 확실한 것은 예루살렘 남쪽에 있는 네게브 지역과 가깝다는 것이 일반적입니다. 그렇게 보면 다른 제자들 대부분이 갈릴리라는 지방 출신인 것에 비해, 적어도 유다는 예루살렘과 가까운 유대 남부 출신이라는 차이가 있다고 할 수 있습니다. 우리나라식으로 비유하자면 다른 제자들은 대부분 부산 출신인데, 유다는 경기도 출신이라고 할 수 있는 것입니다.

요한은 요한복음 서두에서 자신과 베드로, 야고보, 빌립 등이 어떻게 예수님을 만났는지 잘 설명해 주었습니다. 그들은 세례 요한의 제자였으며, 구약에서 말하는 메시아를 기다리는 사람들이었습니다. 세리였던 마태와 열심당으로 알려진 시몬과 같이 어떤 일을 하던 사람들인지 알 수 있는 제자들이 있었지만 가룟 유다는 어떻게 예수님을 만났는지 알 수 없습니다. 그럼에도 우리가 추정할 수 있는 것은 예수님은 거의 유대 남부를 가지 않으셨다는 것입니다. 그러니까 북쪽 갈릴리와 예루살렘을 주로 왕복하면서 사역을 하셨지만 예루살렘 남부로 깊이 내려가신 기록이 없습니다. 즉, 가룟 유다가 있는 마을에 가서 그를 부르셨다기보다 그가 예수님을 찾아왔을 가능성이 훨씬 큽니다. 그는 예수님에 대해 알았고 그가 스스로 예수님을 찾아왔으며 그렇게 제자가 되었다는 것입니다.

혹자는 가룟 유다가 열심당이라고 생각하는 사람들이 있습니다. 열심당에 대해 이해하기 위해서는 당시 이스라엘에 있는 네 분파를 알아야 합니다. 여기에는 정치권력을 잡은 사두개파와 민간 신앙의 권력을 잡은 바리새인들, 그리고 정통주의를 표방하며 세상과 분리되어 광야에서 공동체 생활을 했던 에세네파와 마지막으로 나라의 독립운동을 강하게 했던 열심당이 있습니다. 대표적으로 예수님의 제자 중 베드로와 이름이 같은 시몬이 이 열심당이었으며, 예수님이 십자가에 달리실 때 대신 풀려난 바라바도 이 계열이고 확실치는 않지만 예수님의 십자가 옆의 두 강도도 열심당일 가능성이 높다고 합니다. 그들은 독립을 위해 로마와 싸웠고, 항상 칼을 차고 다녔다고 합니다. 그래서 그들은 살인자로 폭도로 잡혀서 죽게 되었습니다.

어떤 학자들은 열심당인 가룟 유다가 예수님이 나라의 독립을 위해 싸우길 기대했다가 실망해서 예수님을 배신했다고 생각합니다. 자신은 예수님이 사람들을 모으고 봉기하여 로마의 권력과 싸워 나라의 독립을 이룰 것이라고 생각했지만 예수님이 그렇게 하지 않자 그를 배신하고 대제사장과 결탁하여 그를 넘겼다고 생각합니다. 그러나 성경에는 가룟 유다가 열심당이라고 볼 수 있는 힌트가 거의 없습니다. 그리고 설사 그가 열심당이라고 해도 예수님을 대제사장과 바리새인들에게 넘기는 일은 열심당이 할 만한 일은 전혀 아닙니다. 게다가 돈까지 받고 넘길 기회를 찾았던 것을 보면 더더욱 이해하기 어려운 해석입니다.

또 다른 측면에서는 가룟 유다가 이상주의자라는 것입니다. 그가 꿈꾸는 이상주의와 예수님의 이상과 달랐기 때문에 그를 배반했다고 해석하는 사람들이 있습니다. 그 모습이 잘 드러난 것은 마리아가 옥합을 깨트리는 장면에서입니다.

제자 중 하나로서 예수를 잡아 줄 가룟 유다가 말하되 이 향유를 어찌하여 삼백 데 나리온에 팔아 가난한 자들에게 주지 아니하였느냐 하니(요 12:4-5).

가룟 유다는 사람들의 가난을 해결하는 것이 중요한 문제라고 생각했다는 것입니다. 그런 그에게 예수님은 이렇게 말씀합니다.

가난한 자들은 항상 너희와 함께 있거니와 나는 항상 있지 아니하리라 하시니라 (요 12:8).

이 말씀은 예수님은 가난을 해결해 주시는 분이 아니라는 것입니다. 예수님의 구원 사역이 끝나도 가난한 자들은 항상 있을 것이라는 뜻입니다. 가룟 유다는 예수님의 이런 태도에 실망해 예수님에게서 돌아서서 배신을 했다는 것입니다. 그러나 이 역시 자의적인 해석이 되는 것은 결국 그가 예수님을 대제사장에게 넘겨주어 얻은 것은 사회적 변혁이나 새로운 질서체계가 아니라 단지 돈이었다는 것입니다. 그리고 그 값도 당시 노예를 사고파는 수준의 돈이었습니다. 또한 성경은 마리아의 옥합을 비난하는 그의 이런 태도가 돈을 밝히는 그의 습성에서 나온 것이라는 말해 줍니다. 성경의 견해는 요한의 견해가 아니라 가룟 유다에 대한 성령의 평가입니다. 따라서 우리는 가룟 유다가 가난한 자의 문제를 고민하던 사회주의적 이상주의자가 아니라는 것을 확신할 수 있습니다.

가룟 유다에 대한 또 다른 해석은 그가 너무 머리가 좋아서 예수님을 팔았다는 것입니다. 당시 로마는 사람들을 함부로 죽이거나 감옥에 가두지 않았습니다. 특히 사형에 관해서는 재판을 받게 하는 법정주의를 가진 나라였습니다. 바울의 경우를 봐도 항상 재판을 했지 재판없이 형을 집행하지 않았습니다. 가룟 유다는 예수님이 죄가 없음을 자신도 알고 다른 사람들도 다 안다고 생각했습니다. 실제로 예수님과 논쟁을 벌이거나 교묘한 문제로 예수님을 곤란에 빠트리려 했던 바리새인들의 시도가 모두 무위로 끝난 것을 잘 알고 있었습니다. 가룟 유다는 예수님을 잡고자 하는 대제장들에게 넘겨준다고 해도 결국 예수님이 로마 총독의 법정에 설 것이고, 총독은 종교적 중립이기에 결국 죄가 있는지 없는지만 보게 되어 예수님을 놓아줄 것이라고 예상했다는 것입니다. 그래서 평상시에 예수님과 제자들의 돈주머니를 맡으며 조금씩 개인적인 이익을 취했던 그의 생각이 예수님을 배신해도 별 문제 없을 것이라는 생각으로 발전했다는 것입니다. 그런데 막상 일을 벌였더니 로마 총독이 예수님을 십자가에 달려 죽게 넘겨주었다는 것입니다. 그래서 그것을 막으려 애썼지만 어쩔 수 없게 되어 죄책감에 자살을 했다는 것입니다.

이런 해석들의 공통점이 있습니다. 그것은 성경 전체가 말하는 바를 무시하고 특정한 구절로만 해석하려 한다는 점입니다. 또한 예수님과 당시 로마 및 유대 지도자들과의 관계를 너무 정치적으로 해석하면서 예수 그리스도의 사역을 유대민족의 해방을 위한 투쟁으로 몰아가는 것입니다.[81]

한편 가룟 유다를 우호적으로 보려는 시각에는 인본주의적 해

---

81 이런 해석들은 역사적 예수의 탐구에서 시작되어 해방신학 등에서 논의되었다.

석이 있습니다. 예수님이 가룟 유다의 계획을 알면 분명히 이야기해 주어야 하는데 십자가에 달려 죽기 위해 가룟 유다를 이용했다고 보기 때문입니다. 즉, 예수님은 가룟 유다를 이용했고, 가룟 유다는 알고 보면 피해자라는 식입니다.[82]

주님이 주신 기회들

요한복음을 보면 우리는 왜 예수님이 유다를 제자로 삼았는지 의아해할 수 있는 구절이 있습니다.

> 예수께서 대답하시되 내가 너희 열둘을 택하지 아니하였느냐. 그러나 너희 중의 한 사람은 마귀니라 하시니(요 6:70).

예수님은 왜 마귀를 제자로 삼으셨을까요?

> 인자는 자기에 대하여 기록된 대로 가거니와 인자를 파는 그 사람에게는 화가 있으리로다. 그 사람은 차라리 태어나지 아니하였더라면 제게 좋을 뻔하였느니라 (마 26:24).

이것은 그가 마치 정해진 것처럼 보이기까지 합니다. 그래서 사람들은 그가 세상에 태어난 것이 하나님의 계획이 있었던 것이라 생각하며 그 책임을 하나님께 돌리는 것입니다.

이런 비슷한 생각은 선악과를 만들어 아담과 하와가 범죄하게

---

82 이런 해석에 가장 유명한 버전은 Andrew Lloyd Webber의 뮤지컬 『Jesus Christ Superstar』일 것이다.

되었다는 논리와 같습니다. 이런 생각들은 죄의 원인을 제거하면 아무 문제가 없을 것을 왜 만들어서 그렇게 죄를 범하게 하느냐와 같은 원망으로 이어집니다. 그래서 모든 죄의 원인을 하나님께 돌립니다. 그렇게 되면 하나님은 악의 근원이 되며, 결코 선한 분이 아니시기에 우리는 믿을 수 없게 됩니다. 이것은 마귀가 항상 하는 말입니다.

> 뱀이 여자에게 이르되 너희가 결코 죽지 아니하리라. 너희가 그것을 먹는 날에는 너희 눈이 밝아져 하나님과 같이 되어 선악을 알 줄 하나님이 아심이니라(창 3:4-5).

그러나 마귀는 처음부터 하나님이 우리를 속이고 있다는 거짓말을 했습니다. 하나님이 우리를 속이고 우리를 사랑하지 않으며, 우리를 이용하신다는 것은 모두 마귀가 좋아하는 전략입니다. 처음부터 인간에게 써먹은 전략입니다. 여기에 넘어가는 것이 바로 죄를 짓는 것입니다. 사실 우리는 어떻게 마귀가 에덴동산에 들어오게 되었는지, 혹은 그 이전에 천사가 어떤 식으로 마귀가 되었는지 잘 알지 못합니다. 그리고 성경이 이것에 대해 자세히 말하지 않기에 임의로 생각할 필요도 없습니다.

그렇다면 이 문제의 핵심은 무엇일까요? 우리는 먼저 죄의 문제에 대해 성경이 요구하는 질문으로 우리의 눈을 옮겨 가야 한다는 것입니다. 그것은 "죄가 어떻게 우리에게 왔는가?"라는 질문이 아니라 "우리는 죄에서 벗어날 수 있는 회개의 기회가 있는가?"라는 것입니다.

성경은 원죄와 같이 죄의 근원에 대해 우리가 쉽게 이해하지 못할 것을 말하지만 원죄보다 더 중요한 것은 회개와 구원입니다. 하나님은 회개하는 자를 항상 용서하시고 그리스도를 믿는 믿음을 통해 구원해 주신다는 것입니다. 그래서 우리에게 죄와 마귀에 대한 연구보다 더 중요한 것은 회개와 구원에 대한 믿음입니다.

신자는 질문을 잘해야 합니다. "왜 하나님은 나를 이 세상에 태어나게 해서 힘들게 살며 죄짓게 하시는가?" 이렇게 질문하는 것이 아니라 "여전히 나에게 회개와 구원의 길이 있는가?"라고 질문해야 합니다. 전자는 쉽게 답을 얻지 못해도 후자는 항상 답이 있습니다. 그 답은 "하나님은 언제나 회개하는 자를 용서하시고 구원해 주신다"입니다.

실제로 예수님은 제자들 중의 한 사람이 자신을 팔 것이라고 여러 번 경고했습니다. 예수님이 미리 말씀해 주시는 이유는 그렇게 하라는 것이 아니라 아직 기회가 있다는 것입니다. 죄를 실제로 범하기 전까지 모든 예언은 회개를 촉구하는 것이며, 아직 기회가 있다는 것이지 당연히 죄를 지어야 한다는 것이 아니기 때문입니다. 요한복음 13장의 상황은 누구의 시점으로 보느냐에 따라 느낌이 다를 수 있습니다. 이 부분을 예수님과 가룟 유다를 중심으로 살펴봅시다.

가장 먼저 예수님은 제자들의 발을 씻어 주면서 가룟 유다에게 자신을 발견할 기회를 주었다는 것을 알 수 있습니다.

이는 자기를 팔 자가 누구인지 아심이라. 그러므로 다는 깨끗하지 아니하다 하시니라(요 13:11).

이것이 첫 번째 회개의 촉구라고 할 수 있습니다. 그러나 반응이 없었습니다. 예수님은 잠시 후 다시 말씀합니다.

예수께서 이 말씀을 하시고 심령이 괴로워 증언하여 이르시되 내가 진실로 진실로 너희에게 이르노니 너희 중 하나가 나를 팔리라 하시니(요 13:21).

예수님은 마음이 무거웠습니다. 괴로웠습니다. 왜냐하면 오랫동안 자신과 함께 있었던 가룟 유다가 아직도 마음을 잡지 못했기 때문입니다. 그는 예수님을 믿지 않았고, 점진적으로 흔들리고 있었습니다. 시간이 얼마 남지 않았는데 그는 아직도 돌이키지 않았습니다. 그래서 예수님은 더 분명하게 말씀해 주었습니다. 이것이 두 번째 회개의 촉구입니다.

그런데 이 말에 당사자 가룟 유다는 반응이 없고 오히려 다른 제자들만 심각해졌습니다. 분위기가 써늘해지고 고민에 빠졌습니다. 다들 말을 안 하니 베드로가 요한에게 머릿짓을 해서 예수님에게 물어보라고 시킵니다. 예수님 가장 가까이에 기대어 있던 요한이 예수님께 물었습니다.

예수께서 대답하시되 내가 떡 한 조각을 적셔다 주는 자가 그니라 하시고 곧 한 조각을 적셔서 가룟 시몬의 아들 유다에게 주시니(요 13:26).

예수님은 확실하게 가룟 유다가 예수님을 팔 것이라는 것을 말씀해 주었습니다. 이것이 마지막 회개의 촉구였습니다.

그 순간 그가 받은 떡 한 조각은 단순한 떡이 아니었습니다. 공관복음과 요한복음을 다 살펴보면 가룟 유다도 성찬을 받았다는 것을 알 수 있습니다.

> 이것은 죄 사함을 얻게 하려고 많은 사람을 위하여 흘리는 바 나의 피 곧 언약의
> 피니라(마 26:28).

그날 나누어 주던 떡과 함께 마셨던 포도주는 죄 사함을 얻게 하려고 주시는 그리스도의 피와 살이라고 하셨습니다. 특별히 가룟 유다에게는 떡을 떼어 주면서 자신을 팔 자가 될 것임을 지적해 주었습니다. 이것은 마지막 기회였습니다. 회개의 기회이자 돌이킬 기회였습니다. 예수님의 손에 든 떡을 받을 때, 그때 그가 그 기회를 잡았어야 했으며 주님 앞에 엎드려 회개했어야 했습니다.

사람들은 만약 가룟 유다가 배신을 안 하면 어떻게 되는 거냐고 물을지 모릅니다. 만약이란 말은 인간이 하는 말이긴 하지만 신학적으로 답을 하자면 하나님은 죄인이 회개하는 일 때문에 예언이 깨지는 것을 싫어하시는 분이 아닙니다. 할 수만 있다면 예언이 깨어지더라도 죄인이 회개하는 것을 원하시는 분이 하나님이십니다. 요나서에는 요나에게 니느웨를 멸하겠다는 예언을 하게 하셨지만, 회개한 자들에게 벌을 내리지 않는 하나님의 모습이 나옵니다. 하나님은 죄인의 회개를 원하시지 그가 예언대로 죽는 것을 원하는 분이 아닙니다. 사울 왕을 버리겠다고 하신 하나님은 오랫동안 다윗을 쫓아다니며 죽이려 하는 사울을 살려 두셨습니다. 다윗도 그를 죽이지 않았습니다. 이유는 하나입니다. 그에게 여전히 돌이킬 기회를 주시는 분이 하나님이시기 때문입니다.

이런 예의 가장 대표적인 사람은 아합 왕입니다. 하나님은 아합

이 나봇의 포도원을 빼앗은 것에 대해 엘리야를 통해 그를 심판하겠다고 말씀하셨습니다. 그러자 아합은 그 말을 듣고 회개의 모습을 보입니다.

> 아합이 이 모든 말씀을 들을 때에 그의 옷을 찢고 굵은 베로 몸을 동이고 금식하고 굵은 베에 누우며 또 풀이 죽어 다니더라(왕상 21:27).

하나님은 이런 아합을 보시고 엘리야에게 이렇게 말씀합니다.

> 아합이 내 앞에서 겸비함을 네가 보느냐. 그가 내 앞에서 겸비하므로 내가 재앙을 저의 시대에는 내리지 아니하고 그 아들의 시대에야 그의 집에 재앙을 내리리라 하셨더라(왕상 21:29).

회개는 심판을 연기시키기까지 합니다. 아합에게도 기회를 주셨다면, 가룟 유다에게도 그러하셨을 것입니다.

마지막 기회를 잃다

주어진 기회에 회개의 입을 다물면, 마귀는 더 크게 역사합니다. 유다는 기회를 얻었지만 시치미를 뗍니다. 자신이 그 사람이냐고 오히려 반문하며 아닌 척했습니다. 그렇게 자신을 속이자 마귀는 그의 안에서 더 심하게 역사하게 되었습니다.

가룟 유다는 예수님과의 식사 자리를 벗어나 대제사장에게 가서 예수님을 넘겨주겠다고 말합니다. 그들이 어디서 넘겨줄 것인가를 묻자 가룟 유다의 머리에는 한 장소가 떠올랐습니다. 예수님이 항상 기도하러 가시는 장소, 그동안 제자들과 자주 갔던 그 장소, 자신도 갔었고 함께 기도했던 그곳을 떠올렸습니다.

그는 많은 병사들 앞에 서서 그곳으로 향했습니다. 그는 가는 길에 유월절 식사 후 정말 예수님이 그 산에 오실지 생각했습니다. 마음이 오락가락했을 것입니다. 차라리 그곳에 예수님이 나타나지 않으시면 좋겠다는 생각을 했을지도 모릅니다. 그렇다면 대제사장들에게 다음 기회를 찾자고 말하고 빠져나갈 기회를 얻을 수도 있을 것이라고 생각했을지도 모릅니다. 그러나 잘못된 일은 일단 시작되면 아무리 작은 확률의 일도 모두 맞아떨어지는 법입니다. 그의 발은 이미 그곳으로 향했고, 어두운 밤에도 어김없이 예수님과 제자들을 만났습니다.

어두워서 잘 보이지 않자 유다는 병사들에게 자신이 입 맞추는 사람이 예수님이라고 말해 줍니다. 그리고 그 앞으로 다가가 자신이 지금까지 따르던 그 스승 앞에 섭니다. 그리고 사람들을 살리시고 고치시고 위로하시고 먹이시고 가르치시던 그분에게 이렇게 말합니다.

곧 예수께 나아와 랍비여 안녕하시옵니까 하고 입을 맞추니(마 26:49).

예수님은 그에게 이렇게 말합니다.

예수께서 이르시되 친구여 네가 무엇을 하려고 왔는지 행하라 하신대 이에 그들이 나아와 예수께 손을 대어 잡는지라(마 26:50).

예수님은 결국 친구의 손에 배신을 당하시고 제자들은 흩어졌습니다. 이후 예수님은 대제사장의 집에서 밤새 심문당하시고 빌

라도 총독 앞으로 끌려갑니다. 그리고 거기서 풀려나지 못하고 십
자가 형을 선고받게 됩니다. 이 모든 광경을 가룟 유다도 지켜보았
습니다. 그는 자신이 한 일이 무슨 일이었는지 드디어 깨닫게 되었
습니다. 그는 일을 돌이키고자 대제사장에게 갔지만 그들은 상관
하지 않았습니다.

> 그때에 예수를 판 유다가 그의 정죄됨을 보고 스스로 뉘우쳐 그 은 삼십을 대제
> 사장과 장로들에게 도로 갖다 주며 이르되 내가 무죄한 피를 팔고 죄를 범하
> 였도다 하니 그들이 이르되 그것이 우리에게 무슨 상관이냐 네가 당하라 하거늘
> (마27:3-4).

그는 그 자리에서 쫓겨났습니다. 자신이 한 일을 다시 되돌릴
수 없다고 생각한 그는 마지막 기회를 보지 못하고 예수님을 팔아
넘길 때처럼 다시 결심을 합니다.

> 유다가 은을 성소에 던져 넣고 물러가서 스스로 목매어 죽은지라(마 27:5).

그렇게 예수님이 안타까워했던 제자는 기회를 모두 소진해 버
립니다.

종교적 경험과 참된 믿음의 차이

아마도 가룟 유다가 목을 매어 죽기 전 그의 머릿속에는 수많은
생각들이 지나갔을 것입니다. 그러나 그를 사로잡은 마귀는 죄책
감만 주어 그는 예수님과 함께했던 그 시간의 소중한 기억들을 되
살리지 못했습니다. 아무런 말씀도 기억하지 못했습니다. 수없이

들었던 회개와 용서의 말씀들을 기억하지 못했습니다. 그는 자신의 죄를 직면하려 하지 않고 도망치기로 했고, 그렇게 그의 시간이 끝나고 기회도 사라져 버렸습니다. 왜 가룟 유다는 회개와 용서를 기억하지 못했을까요? 그것은 아마도 그가 예수님을 따르며 많은 경험을 했지만 하나님의 아들이신 예수님을 믿지 않았기 때문일 것입니다.

그는 사도의 직무를 맡았던 사람이었습니다.

이 사람은 본래 우리 수 가운데 참여하여 이 직무의 한 부분을 맡았던 자라
(행1:17).

그는 예수님이 제자들을 마을로 보내어 복음을 전하게 하실 때 다른 제자들과 함께 말씀대로 각 마을에 가서 복음을 전했던 자였고, 사탄이 하늘로부터 번개처럼 떨어지는 것을 경험했습니다. 그는 오병이어의 기적의 현장에서 떡과 물고기를 나누어 주었으며, 군중들 속에서 예수님의 옷을 만져 병이 낫는 여자도 보았습니다. 또 갈릴리 호수를 걸어오시는 예수님도 보았고, 거라사의 무덤가에서 방황하던 군대 귀신 들린 사람을 고쳐 주시는 것도 보았습니다. 그는 나사로가 살아났을 때 그 자리에 있었고, 그의 동생 마리아가 예수님의 발아래에 옥합을 깨는 것도 보았습니다. 그러나 그는 복음에 사로잡히지 않았습니다. 그는 예수님을 하나님의 아들이라고 완전히 믿지 않았습니다. 요한복음에서는 이렇게 말하고 있습니다.

그러나 너희 중에 믿지 아니하는 자들이 있느니라 하시니 이는 예수께서 믿지 아

니하는 자들이 누구며 자기를 팔 자가 누구인지 처음부터 아심이러라(요 6:64).

가룟 유다는 예수님을 믿지만 어쩔 수 없는 상황에서 그렇게 된 것이 아닙니다. 그는 처음부터 믿지 않았고, 그러면서도 돈과 편리함, 사람들의 환호 속에서 우쭐함에 젖어 그 자리에 있었던 것입니다. 그래서 믿음이 없기에 결국에는 주님을 배신하게 되었습니다. 믿음이 없기에 배신하고도 돌이킬 기회를 얻지 못했고, 믿음이 없기에 자살을 결심하면서도 회개와 용서를 떠올리지 못했습니다.

가룟 유다를 보면 아무리 기적을 경험하고 말씀을 많이 들어도 믿음으로 이어지지 못한다면 아무 소용이 없다는 것을 느끼게 됩니다. 믿음이 없이 교양이나 지식적 태도로 교회에 나오는 일은 종교행위일지는 모르지만 신앙은 아니라는 것입니다. 분명 믿음은 들음에서 나지만 믿음이 없이 듣는 것만으로는 결코 신앙은 지속되지 못합니다.

가룟 유다가 살인자나 강도나 흉악범죄자가 아님에도 결국에는 배신의 길을 가는 이유가 여기 있습니다. 믿음이 없으면 자신에게 일어난 모든 일이 하나님의 능력이라는 것을 깨닫지 못합니다. 그래서 믿음이 없으면 자신이 보고 경험한 놀라운 일도 받아들이지 못하게 되며, 결국 주님을 버리게 됩니다. 그러면서 말씀을 적은 돈과 바꾸고, 신앙을 작은 명예와 바꾸고, 거룩한 삶을 작은 쾌락과 바꿉니다. 그러다 심판이 다가오면 자신이 한 일에 대해 자신의 원래 의도는 그것이 아니라고 항변할 것입니다. 그러나 중요한 것은 의도가 아닙니다. 믿지 않았다는 것이 중요한 문제이며, 모든 것의 원인이라는 것입니다. 믿음이 없으면 그 오랫동안 들었던 회개와 용서가 기억나지 않고, 자신에게 주어진 이 시간이 얼마나 소중한 기회인지 잊어버리게 되는 것입니다.

요즘 시대에는 믿음 없는 성도, 믿음 없는 교인, 믿음 없는 신자가 많이 있습니다. 설교는 좋은 인격을 위해 듣는 충고가 되고, 봉사는 사회적 책임을 다하는 행위가 됩니다. 그러나 믿음이 없으면 언젠가 가룟 유다의 길을 가게 될지 모릅니다. 우리 가운데 하나님이 하시는 모든 일들을 경험하면서도 믿지 못한다면, 결국 주님을 떠나게 될 것입니다.

우리는 믿어야 합니다. 주님을 믿고 그의 말씀을 따르고 그가 하신 일, 지금도 우리에게 행하시는 그의 능력을 믿어야 합니다. 그가 참 하나님이시며 인간으로 오셔서 우리를 위해 죽어 주셨고 다시 살아나셨으며, 또다시 오실 것을 믿어야 합니다. 우리는 앞으로 예비된 심판을 믿고, 천국과 지옥이 있음을 믿어야 합니다. 이 믿음만이 우리를 주님의 제자로서 온전히 서게 하는 줄 믿습니다. 그리고 오늘의 시간을 잡아야 합니다. 오늘의 시간들은 기회의 시간입니다. 회개의 시간이며, 변화의 시간입니다. 오늘 이 기회를 붙잡고 주님을 믿음으로 새롭게 변화되는 사람이 됩시다.

1. 사람들은 성경 말씀 그대로를 받아들이기보다는 변형되거나 꾸며진 이 야기를 더 좋아하며, 십자가에 죽으신 예수님보다 자살한 가룟 유다를 더 동정하기도 합니다. 더 나아가 음모론이나 비성경적 이론에 더 관심 을 갖습니다. 성경을 토대로 했다고 하면서도 성경과 동떨어진 영화나 책, 드라마 등을 믿지 않는 사람들에게 어떻게 설명하면 좋을까요? 그것 은 단순히 문화적인 것일까요, 아니면 성경을 왜곡하는 악한 것들이라고 보아야 할까요?

2. 성경은 하나님의 예정과 함께 인간의 자유의지를 모두 말씀해 줍니다. 가룟 유다가 하나님이 정하신 대로 예수님을 팔았다고 생각하는 사람들 에게 우리는 어떤 말을 해 주어야 할까요? 그가 수많은 은혜와 기회들을 받았다는 것을 어떻게 설명해 주면 좋을까요?

3. 기독교를 하나의 종교로 가지는 사람과 참된 믿음의 사람들은 겉모양은 같을지 모르나 그 열매는 완전히 다릅니다. 무엇보다 주님이 우리에게 성령을 부어 주시고 은혜를 베푸셔야 하지만 우리가 종교인이 되지 않고 참 그리스도인이 되기 위해서는 무엇을 해야 할까요? 나로 하여금 교회 다니는 사람이 아닌 참된 그리스도인이 되게 하는 표식은 무엇일까요?

16 발을 씻어 주신 예수님
상관 있는 사람들

베드로가 이르되 내 발을 절대로 씻지 못하시리이다 예수께서 대답하시되 내가
너를 씻어 주지 아니하면 네가 나와 상관이 없느니라 (요 13:8)

죽기 전에 하는 후회

만약 살 날이 일주일밖에 남지 않았다면 무엇을 하고 싶습니까? 가족과 여행을 가고 싶어 하는 사람도 있을 것이고, 그동안 연락하지 못했던 사람을 찾거나 미안하거나 감사한 마음을 전하는 사람도 있을 것입니다. 전에 어떤 프로그램를 봤는데 말기 암에 걸린 아버지와 아들이 마지막으로 온천에 같이 가서 함께 목욕을 하는데 나중에 아들이 아버지 등을 밀어드린 것이 제일 기억에 남는다고 말하던 모습이 인상적이었습니다. 사람들은 마지막 시간이 다가오면 관계를 정리하고 싶어 합니다. 오랫동안 소원한 관계도 회복하려 하고, 죽기 전에 용서를 구하거나 사랑한다는 말을 하고 싶어 합니다.

호주 출신의 작가이자 죽음을 앞둔 환자들을 수년 동안 간호한 브로니 웨어라는 사람은 '죽음을 앞둔 사람들이 남긴 후회 5가지'

라는 책을 통해 이런 후회들을 소개했습니다.[83] 그는 "짧게는 3주, 길게는 12주 동안 생의 마지막을 보내는 환자들 곁에서 지내면서 발견한 것은 그들이 인간관계와 사랑에 대해 가장 많이 후회한다는 것이다"라고 말했습니다. 그가 이야기한 '죽음을 앞둔 사람들이 남긴 후회 5가지'는 이렇습니다.

남들의 기대에 부응하기 위해 진정한 '나 자신'으로서 살지 못했다

죽음을 앞둔 환자들 대부분이 자신이 하고 싶은 일과 진짜 꿈이 무엇인지조차 깨닫지 못했다고 합니다.

직장 일에 너무 바빴다

남성 환자 대부분이 가족들과 더 많은 시간을 보내지 못하고 직장 업무를 위해 몸 바쳐 일했던 과거가 후회된다고 했으며 "그들은 직장에서의 일이 너무 바빠 자신의 아이들이 커가는 것을 지켜볼 수 없었으며, 사랑하는 배우자와도 충분한 시간을 보내지 못한 과거를 아쉬워했다"고 합니다.

진심을 표현할 용기를 내지 못했다

많은 환자가 원만한 사회생활을 위해 자신의 목소리를 내지 못했던 과거를 후회했다고 합니다. 저자는 "자신의 감정을 숨긴 결과로 생겨난 '억울함'이 환자의 병세를 키운 경우가 많았다"고 했는데, 솔직하게 말하지 못하면 병이 더 악화되는 것 같습니다.

---

83   민정현, "사람이 죽기 전 가장 후회하는 것 5가지" 조선일보 기사 참조, 2016.02.04.

친구들과 연락하지 못했다

바쁜 일상 속에서 오랜 친구들과 꾸준한 연락을 유지하는 것은 분명히 누구에게나 힘든 일이지만 죽어 가는 환자들은 오래전 연락이 끊어져 버린 친구를 다시 찾는 것이 불가능하며 그들이 얼마나 소중한 존재였는지 너무 늦게 깨달았다며 후회하는 경우가 많았다고 합니다.

자신을 더 행복하게 만들지 못했다

저자는 "많은 환자가 행복이란 자기 자신이 만드는 것이란 걸 깨닫지 못했다"고 합니다. 특히 사람들이 '변화'에 대해 두려워하며 타인의 눈치를 보고, 그들이 삶 속에서 만들어 낸 일반적인 습관과 행동 패턴들로 인해 진정한 행복을 잃어버렸다고 합니다.

예수님은 보통 사람처럼 죽기 전에 후회를 하시진 않았을 것입니다. 하지만 시간이 얼마 남지 않았다는 것을 알았기에 십자가에 달리기 전 제자들과 마지막 추억의 시간을 갖기로 합니다.

마지막 시간들

이제 예수님은 때가 되었다는 것을 아셨습니다.

저녁 먹는 중 예수는 아버지께서 모든 것을 자기 손에 맡기신 것과 또 자기가 하나님께로부터 오셨다가 하나님께로 돌아가실 것을 아시고(요 13:3).

복음서에는 이 유월절 전 식사 자리에서의 일이 모두 기록되어 있습니다. 그런데 마태, 마가, 누가 이 세 복음서에는 공통적으로 가롯 유다가 예수님을 팔고 베드로가 예수님을 부인할 것이라는 것과 함께 성찬을 세우신 일이 나옵니다. 그래서 포도주와 떡을 나누시며 예수님의 살과 피를 기념하라는 말씀이 등장합니다.

그런데 요한복음에서는 가롯 유다와 베드로 이야기는 등장하지만, 성찬의 이야기는 나오지 않습니다. 대신 제자들의 발을 씻어 주시는 이야기와 그 이후 14장부터 17장까지 4장에 걸쳐 예수님의 마지막 담화와 하나님께 드린 기도가 나옵니다. 이것의 비중으로 보면 요한복음에서 유월절 저녁식사 자리에서 기도하러 겟세마네 동산까지 가기 전 5장은 요한복음의 전체 21장 중에서 23%에 가깝습니다. 요한복음에는 기적과 이적을 행한 일들이 상대적으로 적은 반면, 우리가 지금까지 본 바대로 사람들과의 특별한 만남과 마지막 제자들과의 긴 대화가 주된 내용을 차지합니다. 이것이 요한복음의 특징이라고 생각됩니다.

제가 볼 때 요한복음 13장에서 17장까지가 예수님이 죽기 전 마지막으로 제자들에게 주신 선물의 시간이라는 생각이 듭니다. 이 마지막 시간은 제자들과 먹고 마시며, 그들과 오랫동안 이야기하는 시간이었습니다. 그 시간이 지나 십자가의 고통을 겪고 부활하셔서 하늘로 오르시기 전 부활의 특별한 몸을 가지고 계셨다는 점을 생각해 보면, 어쩌면 정말 사람으로서 제자들과 가졌던 마지막 시간이 아니었나 생각됩니다. 그렇기에 이 시간에 예수님은 제자들에게 꼭 해 주고 싶었던 일이 있었을 것입니다. 그 일이 바로 제자들의 발을 씻어 주는 일이었습니다.

왜 발을 씻겨 주고 싶으셨을까요? 발을 만지는 일은 어떤 일일까요? 일종의 스킨십 같은 것일까요? 예수님은 제자들과 함께 유월절 식사 자리를 보내고 계셨습니다. 당시의 식사 문화는 좀 독특합니다. 식탁을 차리고 의자에 앉아서 먹는다기보다 발을 식탁 반대 방향으로 향하고 약간은 반쯤 누워서 음식을 먹었습니다. 쉽게 말하자면 쇼파나 쿠션에 기대서 먹는 모습을 상상하면 됩니다.

그리고 당시 유대인들의 신발은 발모양의 나무 위에 가죽을 고정하여 가죽 끈을 연결한 일종의 슬리퍼 같은 모양이었습니다. 그래서 발에 흙이 들어가 쉽게 더러워졌습니다. 물론 예루살렘은 큰 도시라 그래도 어느 정도 도로가 깨끗하게 유지되었겠지만 여전히 골목은 더러웠고, 발이 지저분할 것이라 보여집니다. 보통은 하인들이 주인의 발을 씻어 줍니다. 그런데 예수님이 식사 도중에 갑자기 제자들의 발을 씻어 주겠다고 하신 것은 이례적인 일이었던 것 같습니다. 아니 처음 있는 일이라 모두가 당황하지 않았나 싶습니다.

예수님이 식사 자리에서 일어나 겉옷을 벗고 수건을 가져다 허리에 두르고 대야에 물을 떠서 제자들을 불러 하나씩 씻어 주십니다. 말씀을 보면 베드로가 가장 마지막 차례로 보이는데, 그렇다면 제자들 가운데서도 나름 서열이 낮은 순서대로 발을 씻어 주신 것 같습니다. 제자들은 예수님의 의도를 모른 채 그냥 시키는 대로 의자에 앉아서 발을 씻겨 주시는 것을 그대로 받았습니다. 무언가 심상치 않다는 것을 알았지만 쉽게 말을 꺼내는 사람은 없었습니다.

그런데 베드로는 자기 차례가 되자 예수님께 물었습니다.

"주여, 내 발을 정말 씻기시려고 하는 것입니까?"

예수님은 베드로를 보시면서 이렇게 말씀합니다.

"너는 지금 내가 하고 있는 일을 깨닫지 못할 것이다. 그러나 나중에 이해하게 될 것이다."

베드로는 그냥 넘어가지 못했습니다.

"아닙니다. 절대로 내 발을 씻기실 수 없습니다."

예수님은 다시 말씀합니다.

"만약 내가 너를 씻어 주지 않는다면, 너는 나와 상관이 없다."[84]

상관이 없다는 말을 하자 베드로는 놀랐습니다. 그리고 이것이 예수님과 관계된 사람만 받을 수 있는 일이라면 자신이 제일 가까우니 더 많이 받아야겠다고 생각하고 이렇게 말했습니다.

"그렇다면 내 발뿐 아니라 손과 머리도 씻어 주십시오."

예수님은 다음과 같이 말씀합니다.

"이미 목욕한 자는 발밖에 씻을 필요가 없느니라. 온몸이 깨끗하니라. 너희가 깨끗하나 다는 아니다."[85]

이제 발을 씻어 주신다는 것의 의미가 드러났습니다. 목욕이 단

---

84 요 13:8
85 요 13:10

번에 우리의 죄를 씻어 구원에 이르게 한다면, 발을 씻어 주시는 것은 우리의 삶에서 일어나는 죄를 씻어 주신다는 의미를 가지고 있는 것입니다. 예수님이 제자들과 마지막 식사를 하면서 그들에게 해 주신 일, 죽기 전 그들의 마음에 남겨두고 싶었던 일이 여기에 있습니다.

발 씻음의 의미

목욕과 발 씻음이란 대비는 깊이 생각할수록 매우 독특한 면이 있습니다. 가장 먼저는 예수님이 아직 십자가에 달려 죽으시기 전이었습니다. 그래서 시간적으로는 대속의 사건은 일어나지 않은 상태입니다. 그러나 예수님은 제자들에게 "이미 목욕한 자는 씻을 필요가 없다"라고 말씀해 주셨습니다. 즉, 시간적으로는 십자가의 대속사건이 일어나지 않았지만 예수님을 하나님의 아들이자 우리를 구원할 구세주로 믿는 자들에게는 이미 대속의 사건이 일어난 것과 같은 상태라는 것을 말해 줍니다. 이것을 확대하면, 예수님이 오시기 전에 죽은 자들도 하나님이 메시아를 통해 자기의 백성을 구원하실 것이라는 것을 믿는 자들은 모두 그리스도의 대속의 은혜를 받는다고 할 수 있습니다.

히브리서 11장에는 이런 말씀이 나옵니다.

믿음으로 모세는 장성하여 바로의 공주의 아들이라 칭함 받기를 거절하고 도리어 하나님의 백성과 함께 고난받기를 잠시 죄악의 낙을 누리는 것보다 더 좋아하고 그리스도를 위하여 받는 수모를 애굽의 모든 보화보다 더 큰 재물로 여겼으니 이는 상주심을 바라봄이라(히 11:24-26).

모세는 예수님을 보지 못했지만 그가 그리스도를 위하여 고난을 받았다는 것은 곧 하나님이 자기 백성을 구원하실 것이라는 믿음을 그가 가졌기 때문입니다. 모세는 자신의 삶에서 경험한 하나님의 은혜를 모두 그리스도의 대속으로 믿었다고 말할 수 있습니다.

그리스도의 구원의 은혜는 십자가 사건 이후에 태어난 자들에게만 적용되는 사건이 아닙니다. 하나님이 영원 전에 선택한 모든 백성들을 구원하시기로 결정했다면, 그들은 어느 시대에나 모두 예수 그리스도로 말미암아 구원을 받는 것입니다. 구약에 나오는 노아든 아브라함이든 다윗이든 모세든 그들이 하나님의 구원의 은혜를 믿었다면 그것은 곧 하나님의 약속을 믿은 것이며, 그 약속은 육신이 되어 우리에게 나타나신 그리스도이기에 약속을 믿는 믿음은 곧 그리스도를 믿는 것입니다.

이 대속의 구원을 목욕이라고 했다면, 발 씻음은 우리의 매일의 삶의 죄를 씻음이라고 할 수 있습니다. 웨스트민스터 신앙고백서도 구원받은 자들이 영원한 하나님의 나라에 가기까지 계속해서 성화의 삶을 살아야 할 것을 가르치면서 날마다 죄를 씻는 회개의 삶을 우리에게 요구하고 있습니다.

"이 성화는 전인격을 통하여 되어지는 것이지만(살전 5:23), 이 땅에서는 불완전하다. 그래서 모든 부분에 얼마간의 부패의 잔재들이 여전히 남아 있으며(요일 1:10; 롬 7:18,23; 빌 3:12) 그로 인하여 계속적이고 화해될 수 없는 전쟁이 일어나, 육체의 소욕(所欲)은 성령을 거스르고, 성령은 육체를 거스려 싸운다"(웨스트민스터 신앙고백서 13장 성화).

예수님은 십자가의 구속을 통해 그의 모든 제자들, 하나님의 백
성들을 구원하는 일을 완성하셨지만 이 땅에서의 불완전한 삶을
살며 계속해서 싸워 나가야 하는 제자들에게 마지막 선물을 주셨
습니다. 그들이 십자가 이후의 삶에서 혹시라도 범죄하였더라도
그날에 예수님이 자신들의 발을 씻어 주심을 기억하게 하고 싶었
습니다. 그래서 아마도 제자들은 이후 죄를 지을 때마다, 혹은 하
루를 마치며 기도할 때마다 예수님이 자신의 발을 씻어 주셨던 일
을 기억했을 것입니다. 또 더러워진 발을 주님 앞에 내밀게 되는
자신의 모습을 기억하며 신앙의 결심을 다지고 예수님을 다시 만
날 날을 소망했을 것입니다. 즉, 이런 기억은 아무에게나 주어지는
것이 아닌 특별한 관계를 가진 사람에게 주는 선물이라고 할 수 있
습니다.

주님은 이처럼 발을 씻어 주시는 일에 대해 베드로에게 이 일이
예수님과 상관이 있는 사람에게만 있는 일이라고 말씀해 주셨습
니다.

베드로가 이르되 내 발을 절대로 씻지 못하시리이다. 예수께서 대답하시되 내가
너를 씻어 주지 아니하면 네가 나와 상관이 없느니라(요 13:8).

그렇습니다. 예수님이 우리 발을 씻어 주시는 일, 우리가 매일
의 삶의 모습을 주님 앞에 내어 놓고 발을 씻어 달라고 하는 일이
있어야 그분과 우리 사이에 관계가 있다는 것입니다. 예수님이 우

리와 어떤 관계냐고 말할 때 날마다 우리의 발을 씻어 주시는 분이라고 말하는 것, 그것이 그분과 우리와의 관계입니다.

예수를 믿는다는 것은 곧 죄로 인해 원수 되었던 하나님과의 관계가 다시 회복됨을 말합니다. 하나님은 그리스도의 피로 말미암아 우리를 의롭다 칭하시고, 양자로 삼아 주셨습니다. 그러나 예수님은 여기서 그치지 않았습니다. 단지 우리를 의롭다 칭하게 하시는 대속의 피를 주신 화목제물로서 자신의 역할을 제한하지 않았습니다. 예수님은 큰 형님이 되셔서 우리가 하나님의 자녀로 살아갈 수 있도록 도우십니다. 그것은 우리 죄를 날마다 씻어 우리가 하나님의 자녀로서 하나님 앞에 설 수 있게 하는 것입니다. 그것이 곧 발을 씻어 주시는 것이며, 우리와 맺는 특별한 관계입니다.

만약 발을 씻지 않는 자, 그리스도를 통해 날마다 삶의 죄에 대한 씻음을 얻지 못하는 자가 있다면 그는 어떤 사람입니까? 말 그대로 그는 예수님과 상관이 없습니다. 예수님이 그의 형제 되지 못합니다. 예수님이 발을 씻어 주며 그의 발을 만져 주시지 않으면, 그는 하나님 앞에 서지 못하며 하나님의 자녀로서 설 수 없는 것입니다.

우리가 날마다 하나님의 도움을 구하고 날마다 하나님의 은혜를 구하며 축복을 구한다면, 먼저 예수님과의 관계가 어떠한지 살펴봐야 합니다. 그분 앞에 날마다 죄를 고백하며 발을 씻지 않으면, 우리는 주님과 관계가 없으며 더 나아가 하나님 앞에 온전히 설 수 없다는 것을 알아야 합니다. 하나님의 은혜를 구하는 자들이라면 먼저 그리스도 앞에 발을 내어 놓고 씻음을 받기를 바랍니다.

날마다 회개의 삶이 이루어지기를 바랍니다. 그분이 기꺼이 우리를 씻으시며 우리를 깨끗하게 하사 하나님 앞에 서게 하실 줄 믿습니다.

지속된 관계를 맺는 길

예수님은 제자들의 발을 씻어 주신 이후 제자들에게 이렇게 말씀해 줍니다.

> 내가 주와 또는 선생이 되어 너희 발을 씻었으니 너희도 서로 발을 씻어 주는 것
> 이 옳으니라. 내가 너희에게 행한 것같이 너희도 행하게 하려 하여 본을 보였노라
> (요 13:14-15).

주님이 이런 일을 하신 이유는 곧 우리가 서로의 발을 씻어 주게 하시기 위함이라고 말씀합니다. 이 말은 곧 주님이 날마다 우리의 죄를 용서하시는 것처럼 우리도 서로 용서하라는 것입니다. 주님이 날마다 우리의 죄를 사하시는 것을 따라 우리도 서로의 죄를 용서해야 합니다.

주기도문을 외울 때 우리는 이렇게 말합니다.

> 우리가 우리에게 죄지은 자를 사하여 준 것같이 우리 죄를 사하여 주시옵고(마
> 6:12).

다르게 말하면 "우리가 다른 사람들의 발을 씻어 준 것처럼 우리 발을 씻어 주옵소서"라고 하는 것입니다. 어쩌면 우리는 순서적으로 주님 앞에 발을 내밀기 전에 다른 사람들의 발을 먼저 씻어 주

어야 하는지도 모릅니다.

> 그러므로 예물을 제단에 드리려다가 거기서 네 형제에게 원망 들을 만한 일이 있
> 는 것이 생각나거든 예물을 제단 앞에 두고 먼저 가서 형제와 화목하고 그 후에 와
> 서 예물을 드리라(마 5:23-24).

이 말씀은 형제의 발을 씻어 주지 않은 일이 기억나거든 가서 먼
저 씻어 주고 다시 와서 나에게 발을 씻어 달라고 하라고 말할 수
도 있을 것입니다. 먼저 용서하는 일이 있어야 우리도 예수님께 나
아갈 수 있습니다. 아니 예수님께 나아오는 자는 언제나 내가 먼저
씻어 주었어야 할 사람이 떠오르게 되어 있습니다. 예수님이 내 발
을 만지실 때 내가 해야 할 일들이 기억나는 것, 그것이 정상적인
신앙이라고 할 수 있을 것입니다.

하지만 한 가지 기억할 것이 있습니다. 이런 용서의 일은 숙제가
아닙니다. 내가 주님에게 가기 위해 의무로서 해야 하는 일이 아닙
니다. 더러워서 만지기 싫은데, 대충 물 좀 뿌리고 수건으로 닦아
주고 끝내는 그런 봉사가 아닙니다. 예수님이 우리의 발을 씻기시
며 서로 관계가 있다고 말씀하신 것처럼 우리가 다른 사람의 발을
씻어 줄 때 우리는 그 사람과 관계가 있는 사람이 됩니다.

우리가 누군가를 용서할 때 우리는 그 사람과 진정한 관계를 맺
게 됩니다. 진정한 용서가 없는 사람들은 아무런 상관이 없는 사람
들입니다. 용서가 있는 사람들이야말로 진정한 관계가 있는 사람
들이며, 서로가 서로에게 의미가 있는 사람들이 됩니다. 그래서 용
서는 한 번에 끝나는 일이 아닙니다. 용서는 우리가 서로 엮여 있

다는 것을 확인시켜 줍니다. 용서는 관계를 끊어내고 정리하는 기회로 삼을 수 없으며, 오히려 용서는 우리가 더 가깝고 서로 상관 있는 사람들이며 깊은 관계로 나아가야 할 사람들임을 보여 주는 행위입니다.

그래서 용서가 어려운 것입니다. 그냥 꾹 참고 발 한번 씻어 주고 돌아서서 다시 보지 않으려 한다면, 그것은 용서가 아닙니다. 우리는 그 사람과 다시 관계가 형성되고, 상관있는 사람이 되고자 하는 것이 용서임을 깨달아야 합니다. 주님이 분명히 우리에게 말씀했습니다.

"발을 씻어 주지 않으면, 너와 내가 상관이 없다."

그분은 십자가의 죽음으로써 우리를 구원하시고 모든 일을 다 끝냈다며 손을 떼시지 않았습니다. 그것으로 우리와 관계를 끊으시고 하늘로 가신 것이 아닙니다. 계속 관계를 맺으시며 우리와 가까이 계시고자 했습니다. 하나님의 자녀 된 우리를 큰형으로서 이끄시는 것입니다.

우리도 똑같이 말할 수밖에 없습니다. 우리가 서로 용서하지 않으면 다시 관계가 형성되지 못하며 만약 우리가 서로 용서한다면 우리는 서로 상관있는 사람, 관계가 형성된 사람이 됩니다. 그것은 무슨 관계입니까? 그것은 곧 그리스도 예수로 말미암아 하나님의 자녀가 된 관계입니다. 하나님 안에서 형제이자 자매가 된 관계입니다.

"내가 너희에게 행한 것같이 너희도 행하게 하려 하여 본을 보였다"는 주님의 말씀은 우리 모두가 죄로 파괴된 관계에서 서로 관계를 회복하게 하려 하심입니다. 예수님을 통해 구원받은 자들은 이것을 피할 수 없으며, 거부할 수 없습니다. 그분의 보혈로 죄 씻음의 목욕을 한 자라면 반드시 형제를 사랑하고 그들의 죄를 용서하며, 그들과 다시 관계를 맺어야 하는 것입니다. 구원의 백성들과 관계를 회복하지 못하고는 우리가 주님과 상관있는 사람이라고 말할 수 없습니다. 주님과 관계를 깊이 가진다면 반드시 우리는 다른 주님의 백성들과 깊은 관계를 맺어야 하는 것입니다.

이 말씀대로 우리는 서로의 발을 씻어 주는 사람이 됩시다. 서로 깊은 관계를 다시 회복합시다. 서로 상관있는 사람들이 됩시다. 그리스도가 우리와 그러하듯 하나님의 자녀이자 주의 제자들이 모두 서로 사랑하고 용서하며, 깊은 관계를 맺어 가는 사람들이 됩시다.

말씀의 적용을 위한 묵상

1. 성령으로 거듭난 사람이라 할지라도 우리는 날마다 발을 씻음과 같은 회개의 시간을 가져야 합니다. 이 발 씻음은 주님의 십자가의 못 박힌 손이 우리를 씻기시는 사귐의 시간이며, 그가 용서와 섬김의 모범을 보이는 시간이기도 합니다. 주님과의 이 귀한 시간을 날마다 갖기를 소망하며, 주님을 만나는 나만의 특별한 시간을 만들어 봅시다.

2. 주님은 모범을 보이사 우리도 다른 사람의 발을 씻어 줌으로써 서로 사귐의 관계를 갖도록 하셨습니다. 내가 용서하지 못한 사람이 있는지 생각해 보면서 주님이 본을 보이신 것같이 우리도 주님을 따라 용서와 섬김의 자리로 갈 수 있기를 바랍니다. 내가 가장 용서하지 못하는 사람이 있었다면 그를 생각하며 기도하고, 용기를 내어 그에게 전화를 하거나 만나 보는 시간을 만들어 보는 것은 어떨까요?

3. 용서가 신자로서의 의무가 아니라 진실한 사귐의 시간이 되려면 용서 이후에 그 사람과 더 가까워지는 자리로 나아가야 합니다. 하지만 때로 용서하기에 다시는 보고 싶지 않다고 말한다든가, 관계를 정리하기 위해 어쩔 수 없이 용서한다고 말하는 사람들도 있습니다. 용서가 단절이 아닌 사귐으로 이어지기 위해서는 어떻게 해야 할까요? 용서를 통해 더 깊은 관계로 나아간 경험이 있다면 나누어 봅시다.

17 헤롯 안디바
내 인생의 안전핀[86]

> 군인들이 가시나무로 관을 엮어 그의 머리에 씌우고 자색 옷을 입히고 앞에 가서 이르되 유대인의 왕이여 평안할지어다 하며 손으로 때리더라(요 19:2-3)

> 헤롯이 그 군인들과 함께 예수를 업신여기며 희롱하고 빛난 옷을 입혀 빌라도에게 도로 보내니 헤롯과 빌라도가 전에는 원수였으나 당일에 서로 친구가 되니라(눅 23:11-12)

동명이인

성경에는 같은 이름이 여러 시대에 등장해 그 인물이 누구인지 헷갈리게 하는 경우가 있습니다. 대표적으로 영어로는 파라오라고 하는 바로는 이집트 왕을 의미하는데 아브라함 때도 바로가 등장하고 요셉 때에도, 그리고 430년이 지난 모세 때도 등장합니다. 이 바로는 이름이 아니라 이집트 왕을 의미하기에 어느 시대이건 이집트 왕은 바로라는 말을 쓴다고 보면 됩니다. 비슷한 이름으로는 구약의 열왕기상·하에 자주 등장하는 벤하닷이 있는데 이는 다메섹의 아람 왕을 가르키는 말입니다.

이런 명칭 중에 신약에 나오는 대표적인 이름이 바로 헤롯입니

---

[86] 요한복음에는 헤롯 안디바와 예수님과 만나는 내용이 나오지 않는다. 이 장의 본문은 마 14:1-12; 막 6:14-29; 눅 9:7-9이다.

다. 헤롯은 예수님이 태어나기 전부터 사도행전에 이르기까지 여러 번 등장하는데, 이들은 모두 헤롯 왕가 출신의 왕의 이름들입니다. 성경에는 구체적으로 헤롯이라는 이름의 왕이 네 사람 등장합니다. 첫 번째는, 예수님이 태어나셨을 때 동방박사들이 별을 보고 찾아왔다가 만난 헤롯입니다(마 2:1). 이 사람을 헤롯 대왕이라 합니다. 두 번째는, 세례 요한의 목을 벤 헤롯 안디바입니다(막 6:27). 세 번째는, 베드로를 잡아 옥에 가두었고, 이후 벌레에게 먹혀 죽은 헤롯입니다(행 12:23). 이 사람은 헤롯 대왕의 손자인 헤롯 아그립바 1세입니다. 네 번째는, 바울이 잡혀서 심문당할 때 그 앞에 섰던 아그립바 왕이 나오는데 이 사람이 아그립바 1세의 아들인 헤롯 아그립바 2세입니다(행 26:1).[87]

헤롯 왕가의 이야기는 마카비 혁명으로 거슬러 올라갈 정도로 사연이 길지만 간단하게 말하자면 헤롯 일가는 로마의 유력자들과 좋은 관계를 유지하고 있었으며, 로마의 힘을 등에 업고 유대의 왕이 되게 됩니다. 예수님이 태어날 때 있었던 헤롯 대왕은 매우 잔혹한 사람으로 베들레헴의 아이들을 죽이기까지 했었는데(마 2:16), 그는 예수님이 태어난지 얼마 되지 않아 죽게 됩니다. 이후 그의 아들들이 유대의 여러 지역을 나누어 다스렸는데, 이들을 분봉왕이라고 부릅니다. 이들이 다스리던 지역을 크게 세 곳으로 나눌 수 있는데, 헤롯 아켈라오가 다스리던 지역이 유대와 사마리아이고 헤롯 안디바가 다스리던 지역은 갈릴리, 그리고 그의 동생 빌립이

---

87 이장연, "[이장연 목사의 신구약 중간사 12] 헤롯 왕가," 기독신문 참조, 2009.9.28.

다스리던 지역이 갈릴리 동편 드라고닛 지방입니다. 그런데 유대 지역을 다스리던 아켈라오가 폭정을 행해 문제를 일으키자 로마는 그곳에 총독을 보내게 됩니다. 그렇게 온 총독 중에 우리가 잘 아는 빌라도가 있습니다.

세례 요한의 죽음

본문에 나오는 헤롯은 헤롯 안디바입니다. 그는 동생 빌립의 아내 헤로디아를 빼앗아 자신의 아내로 삼았습니다. 이 일로 세례 요한은 그의 행동을 비판했는데, 헤롯 왕은 자신의 잘못 때문에 번민하면서도 세례 요한의 지적을 따르지 못하고 있었습니다. 반면 그의 아내가 된 헤로디아는 그런 요한을 원수로 여기고 죽이고 싶어 했습니다. 하지만 요한이 워낙 유명하고 선지자와 같은 입지를 가진 사람이라 헤롯은 사람들을 두려워해 그를 감히 죽일 수 없었습니다. 헤로디아가 요한을 죽이지 못한 것은 아무래도 헤롯 왕 때문이었습니다. 헤롯은 요한을 의롭고 거룩한 사람으로 알고 두려워했으며, 가끔씩 감옥에서 세례 요한을 만나 그의 말을 들을 때 번민하면서도 달갑게 들었다고 합니다.

> 헤로디아가 요한을 원수로 여겨 죽이고자 하였으되 하지 못한 것은 헤롯이 요한을 의롭고 거룩한 사람으로 알고 두려워하여 보호하며 또 그의 말을 들을 때에 크게 번민을 하면서도 달갑게 들음이러라(막 6:19-20).

이런 와중에 우연한 일이 벌어집니다. 헤롯이 자기 생일날 귀족들과 천부장들 같은 사람들을 초청해 잔치를 열었습니다. 이때 술에 취해 기분이 좋아진 헤롯은 헤로디아의 딸 살로메가 사람들 앞에서 춤을 추어 헤롯을 기쁘게 해 주자, 그에게 호기를 부렸습니다. 소설이나 동화를 보면 항상 "원하는 것이 무엇이냐? 나라의 절반이라도 주겠다"라는 말이 나오는데 같은 말을 꺼낸 것입니다.

> 헤로디아의 딸이 친히 들어와 춤을 추어 헤롯과 그와 함께 앉은 자들을 기쁘게 한지라. 왕이 그 소녀에게 이르되 무엇이든지 네가 원하는 것을 내게 구하라 내가 주리라 하고 또 맹세하기를 무엇이든지 네가 내게 구하면 내 나라의 절반까지라도 주리라 하거늘(막 6:22-23).

그런데 그 살로메는 헤롯 안디바의 딸이 아니라 전 남편 빌립의 딸이었습니다. 헤로디아의 딸 살로메는 자기 어머니에게 달려가 헤롯 왕이 자기에게 모든 것을 약속했다며 뭘 달라고 해야 할지를 묻습니다. 헤로디아는 항상 자신을 지적하며 괴롭혔던 세례 요한을 떠올리고 그를 죽일 수 있는 기회라고 여깁니다. 그는 주저없이 딸에게 세례 요한의 머리를 달라고 청하라 말합니다. 이런 걸 시키는 여자도 정말 악하지만, 그걸 또 헤롯에게 말하는 살로메라는 딸도 참 그 어머니에 그 딸이다 싶습니다.

살로메는 어머니가 시킨 대로 헤롯 왕에게 돌아가 세례 요한의 머리를 쟁반에 담아 달라고 말합니다. 아마도 그 말을 들은 순간 헤롯 왕은 술이 확 깼을 것입니다. 전혀 예상치 못한 살로메의 소원에 그는 정신을 차리고 고민을 하게 되지만, 이미 수습하기 어려운 상황이 되어 갑니다. 흥에 취해 순간의 호기로 뱉어낸 말이었다고는 하나 여러 사람들 앞에서 말한 것이며, 나라의 반이라도 주겠다고 한 마당에 이건 아니라고 발을 뺄 수는 없었습니다. 결국 헤롯은 시위병에게 명령해서 요한을 죽이라고 합니다. 그렇게 세례 요한의 머리는 쟁반에 올라가게 되고, 제자들은 그의 시체를 가져다 장례를 치르게 됩니다.

이 세례 요한의 죽음과 관련된 이야기는 세례 요한 관점에서는 어이가 없는 죽음입니다. 광야에서 수많은 사람들에게 회개를 외치며 예수 그리스도의 길을 예비했던 사람의 죽음치고는 너무 초라하기 이를 데 없습니다.[88] 정의를 위해 싸우다 죽은 것도, 강렬하게 저항의 메시지를 외치거나 미래를 예언하면서 죽은 것도 아니고 술기운에 호기를 부린 어떤 어리석은 왕의 맹세로 인해 쟁반 위에 머리가 올라가 죽었다는 것이 참으로 쓸쓸해 보이기까지 합니다.

헤롯 안디바의 회상

마태복음과 마가, 누가복음에 모두 나오는 이 기사는 서술 방법이 독특합니다. 이 세 곳의 본문들은 먼저 세례 요한의 관점에서 이야기가 서술되지 않았습니다. 중심인물이 세례 요한이 아니라 헤롯 안디바라는 왕에게 초점을 두고 서술됩니다. 그래서 옥중에서 세례 요한이 어떤 일을 했는지, 또 뭐라고 구체적으로 왕에게 지적했는지는 나오지 않습니다. 또 한 가지는 이야기의 서술이 과거를 회상하는 방식으로 서술되어 있다는 점입니다. 이런 서술 방

---

[88] 정병선 목사는 이 일에 대해 "세례 요한의 무거운 삶과 가벼운 죽음"이라는 이름을 붙였다. 정병선, "[마가의 예수 이야기 13] 나에게 걸려 넘어지지 않는 사람 복 있다." 뉴스앤조이, 2007.6.8.

식을 플래시백(flashback)이라고 하는데, 예를 들어 영화에서 어떤 노인이 과거를 회상하면서 이야기가 시작되는 것과 같은 것입니다. 성경에 어떤 일을 계기로 과거의 일을 떠올리는 방식의 내러티브는 세례 요한의 죽음과 관련된 본문이 유일한 것 같습니다. 그리고 이 플래시백을 하는 주체는 예수님의 제자나 다른 사람이 아니라 바로 헤롯 안디바라는 점입니다. 그래서 이 본문을 대할 때 우리는 헤롯 안디바라는 사람의 마음을 잘 살펴봐야 할 것 같습니다.

이야기는 예수님의 행적에 대한 이야기를 듣고 세례 요한을 떠올리며 괴로워하는 헤롯 안디바의 모습에서 시작합니다.

> 이에 예수의 이름이 드러난지라. 헤롯 왕이 듣고 이르되 이는 세례 요한이 죽은 자 가운데서 살아났도다. 그러므로 이런 능력이 그 속에서 일어나느니라 하고 어떤 이는 그가 엘리야라 하고 또 어떤 이는 그가 선지자니 옛 선지자 중의 하나와 같다 하되 헤롯은 듣고 이르되 내가 목 벤 요한 그가 살아났다 하더라(막 6:14-16).

예수님의 행적이 널리 퍼지면서 사람들 사이에는 예수님에 대한 소문이 퍼졌습니다. 사람들은 그가 엘리야와 같다고도 하고, 어떤 사람들은 세례 요한이 살아났다는 말도 합니다. 이런 소문에 대해 예수님도 제자들에게 물은 적이 있습니다.

> 예수께서 빌립보 가이사랴 지방에 이르러 제자들에게 물어 이르시되 사람들이 인자를 누구라 하느냐 이르되 더러는 세례 요한, 더러는 엘리야, 어떤 이는 예레미야나 선지자 중의 하나라 하나이다(마 16:13-14).

예수님은 세례 요한과 비슷한 나이에다 외가 쪽으로 친척관계가 있어 외모에서 비슷한 풍모를 풍겼을지도 모릅니다. 또 예수님을 따르는 베드로나 요한, 안드레 같은 제자들은 모두 세례 요한의 제자였었기에 사람들은 예수님을 보며 쉽게 세례 요한을 떠올렸을 것입니다. 그런 예수님에 대한 이야기를 듣고 지금까지 잊고 있었던, 아니 잊고 살고 싶었던 세례 요한을 떠올린 사람이 바로 헤롯 안디바인 것입니다. 그렇다면 헤롯에게 세례 요한은 어떤 사람이었을까요?

원래 헤롯의 가문은 정통성도 없고 왕으로서의 능력도 없는 그런 가문이라고 할 수 있습니다. 헤롯 대왕은 로마를 등에 업고 왕이 되었지만 에돔 사람이라 정통성이 없어 유대의 마지막 왕가인 하스모니안 왕가의 여자와 결혼을 합니다. 그러나 사람들은 그를 인정하기 싫어했습니다. 게다가 헤롯은 정신적으로도 불안정하고 난폭한 사람이었습니다. 그는 사람들을 믿지 못했고 자신의 아내와 두 아들을 죽였으며, 자신이 죽기 전 후계자도 죽이라고 명령할 정도였습니다. 그가 얼마나 잔인했는지 로마 황제 아우구스투스는 헤롯의 아들이 되기보다 그의 돼지가 되는 편이 낫다고 할 정도였습니다. 그런 아버지 밑에서 자란 아들들이라 그런지 그의 아들들은 다 문제가 많았습니다. 헤롯 안디바가 동생 빌립의 아내 헤로디아를 빼앗았다고 했지만 사실 이 헤로디아는 헤롯 대왕의 손녀입니다. 그러니까 동생 빌립도 이복누이랑 결혼한 것입니다. 또 헤롯 안디바는 빌립의 진짜 형도 아니고 이복형입니다. 요즘 말로는 막장 드라마에나 나올 법한 이 복잡한 관계가 그들의 모습이었습니다.

그런 헤롯 안디바에게 하나님의 율법으로 바른 가정의 모습을 지적해 준 세례 요한은 그에게 특별한 선생님과 같은 존재였습니다. 자신은 유대인이 아니라 에돔 사람의 피라 율법을 따르지 않아도 된다고 생각했겠지만 세례 요한의 지적은 헤롯 가문의 엉망으로 꼬인 가족관계에 바른 방향을 제시한 것이었습니다. 그래서 헤롯은 세례 요한이 자신을 지적하기에 감옥에 가두었지만 그의 말을 들을 때 크게 괴로워하였고, 오히려 달갑게 들었던 것입니다.

한마디로 말하자면 헤롯에게 세례 요한은 일종의 안전핀과 같은 존재였습니다. 그를 더 이상 악한 길로, 최악의 자리로 가지 않도록 붙잡아 주는 최후의 안전핀과 같은 존재였던 것입니다. 그래서 아내 헤로디아가 그토록 세례 요한을 미워하고 그를 죽이자고 해도 죽이지 않았고, 사람들이 그를 선지자로 알기 때문에 죽이면 안 된다고 하면서 살려두고 있었던 것입니다.

그러나 이 안전핀은 그리 오래가지 않았습니다. 세례 요한을 통해 마음에 번민을 느끼면서도 그를 감옥에 가두는 일은 절대로 안정된 상태도 아니고, 오래 지속될 평형이란 그런 곳에 존재할 수 없었습니다. 악은 자석과 같아서 가만히 있는 법이 없으며, 범위를 벗어나지 않으면 끊임없이 사람을 잡아당깁니다. 그리고 끊임없이 기회를 엿봅니다.

마침 기회가 좋은 날이 왔으니(막 6:21).

악은 기회를 놓치지 않습니다. 이 기회의 날에 악은 헤롯에게 이 불안정한 상태를 유지하지 말고 둘 중 하나를 결정하라는 압박을 가합니다. 그러나 한편으로 이 기회의 날은 그가 단순히 마음만 괴로워할 것이 아니라 구체적인 삶의 변화를 가져와야 할 기회를 잡으라는 날일 수도 있었습니다.

악이 기회를 삼는 날은 곧 회개의 마지막 날일 수도 있기 때문입니다. 불안정함을 해소하고자 하는 것은 악이나 선이나 마찬가지이기 때문입니다. 이 기회의 날은 모든 것이 망가지고 후회와 회환으로 휩싸이는 날이 될 수도 있고 반대로 회개하고 자신의 태도를 바로잡을 기회가 될 수도 있습니다. 마침 온 이 기회가 정말 좋은 날이 될 것이지 아닌지는 온전히 그의 판단에 맡겨져 있었습니다.

자신을 지탱해 주는 안전핀을 뽑은 자들

성경에는 이런 안전핀이 자신의 삶에 꼽혀 있다는 것을 모르고 계속해서 어리석게 살던 사람들이 많이 나옵니다. 대표적인 사람을 꼽으라면 바로 삼손일 것입니다. 삼손은 이스라엘을 다스리는 사사임에도 블레셋 여자와 결혼하려 했고, 결혼에 실패한 후에는 창녀를 찾아다녔습니다. 그러다 그는 삶의 중요한 기회의 날에 들릴라와 함께 있게 됩니다. 그렇게 엉망인 삶을 사는데도 그의 힘이 약해지지 않은 것은 그가 마지막 안전핀을 뽑지 않았기 때문입니다. 그 안전핀은 곧 그가 나실인으로 서원될 때 약속한 긴 머리였습니다(삿 13:5). 그의 머리카락은 그가 이방여자와 결혼하려 해도(삿 14:2), 시체를 만지고 거기서 나온 꿀을 먹어도(삿 14:9) 그에게 사사로서의 일을 감당할 수 있는 힘을 주었습니다. 그가 창녀를 찾아가 더러운 자리에 누워 있었어도 성문을 뜯고 산에 가져갈 수 있는 힘을 여전히 주었습니다(삿 16:1-3). 그러나 그가 들릴라에게 비밀을 말하자 안전핀이 뽑혔습니다. 머리가 잘리고 눈이 뽑혔습니다. 그는 기회의 날에 자신의 안전핀을 뽑고 말았던 것입니다.

가룟 유다도 이런 기회가 있었습니다.

> 열둘 중의 하나인 가룟 유다가 예수를 넘겨 주려고 대제사장들에게 가매 그들이 듣고 기뻐하여 돈을 주기로 약속하니 유다가 예수를 어떻게 넘겨 줄까 하고 그 기회를 찾더라(막 14:10-11).

가룟 유다는 예수님을 팔 기회를 찾았습니다. 그러나 주님은 그 기회가 그가 회개할 기회임을 가르쳐 주었습니다.

> 인자는 자기에 대하여 기록된 대로 가거니와 인자를 파는 그 사람에게는 화가 있으리로다. 그 사람은 차라리 나지 아니하였더라면 자기에게 좋을 뻔하였느니라 하시니라(막 14:21).

> "이 기회를 놓치면 너는 태어난 것을 후회하게 된다. 이 기회를 놓치면 너는 삶의 안전핀을 잃어버리게 될 것이고, 영원히 후회 속에 살 것이다."

예수님은 그에게 아직 안전핀이 있다는 사실을 가르쳐 줍니다. 가룟 유다에게 안전핀은 바로 예수 그리스도였습니다. 예수님이 그를 제자로 데리고 계신 것은 예수 그리스도의 말씀이 그로 하여금 더 나빠지지 않게 하는 안전핀이었기에 그렇게 하신 것입니다.

창세기 4장에서 가인은 자신의 제사는 하나님께 열납되지 못하고, 아벨의 제사만을 하나님이 받으신 것을 보고 분해했습니다. 하나님은 그런 가인에게 안전핀이 빠지지 않도록 주의하라고 말씀해 주십니다.

> 여호와께서 가인에게 이르시되 네가 분하여 함은 어찌 됨이며 안색이 변함은 어찌
> 됨이냐. 네가 선을 행하면 어찌 낯을 들지 못하겠느냐. 선을 행하지 아니하면 죄가
> 문에 엎드려 있느니라. 죄가 너를 원하나 너는 죄를 다스릴지니라(창 4:6-7).

"죄를 다스리라"는 말씀은 그에게 그 안전핀을 뽑으면 죄가 너를
다스릴 것이라고 말씀하는 것입니다. 죄는 자석처럼 우리를 잡아
당깁니다. 우리가 멀리 벗어나지 않고 가까이 갈수록 더 세게 잡아
당깁니다. 안전핀이 빠지면 우리는 죄에 빠져들어가 악을 범하고
하나님 앞에 범죄하는 자리로 나갈 수밖에 없습니다. 그 안전핀이
무엇이든 우리는 그것을 빼면 안 됩니다.

본문에 헤롯은 몇 가지 이유로 안전핀을 빼는 큰 후회의 길에 접
어들게 됩니다. 첫 번째로 그는 음주로 후회스러운 결정을 하게 됩
니다. 2,000년 전이나 지금이나 술로 인해 후회스러운 결정을 하
는 사람들이 많이 있습니다. 노아가 방주에서 나와 술을 먹다 실수
한 이후로 모든 사람들은 술을 먹고 후회스러운 일을 합니다. 얼마
나 많은 정치인이, 또 연예인이나 운동선수들 혹은 평범한 일반인
들까지도 술로 인해 후회스러운 상황에 처하는지 모릅니다. 그런
데도 사람들이 술을 멀리하지 않는 것은 불행한 일입니다.

물론 그들은 기분이 좋아졌다고 말하고 싶겠지만 사실은 술은
기분이 좋아졌다고 착각하게 만들지 실제로 기분 좋은 일을 만들
어 내지는 않습니다. 좋은 기분은 하나님의 말씀에 순종하며 일은
내가 애쓰고 노력할 때 생기지 술을 먹고 잊어버린다고 생기지 않

습니다. 이 간단한 사실을 잊고 사는 자들은 언제나 후회스러운 결정을 하며 자신의 삶의 안전핀을 뽑게 될 것입니다.

헤롯이 후회의 길로 접어든 두번째 이유는, 옳은 선택을 하기보다 사람들 앞에서 내뱉은 자신의 어리석은 말을 지키려고 했다는데 있습니다. 그는 자신이 잘못된 말을 한 것을 금방 알았습니다. 그러나 잘못된 말을 했다고 인정하고 돌이키면 되는데 그렇게 하지 않았습니다. 그는 체면 때문에 악한 말을 지키는 어리석은 자가 됩니다.

> 왕이 심히 근심하나 자기가 맹세한 것과 그 앉은 자들로 인하여 그를 거절할 수 없는지라(막 6:26).

사람은 말에 실수가 없는 사람이 없습니다.

> 우리가 다 실수가 많으니 만일 말에 실수가 없는 자라면 곧 온전한 사람이라. 능히 온몸도 굴레 씌우리라(약 3:2).

그러나 실수했다는 것을 알면 말을 다시 돌이키는 것이 낫지 실수한 말을 지키려고 악한 일을 계속하는 것이 좋을 수는 없습니다. 사람들은 이상하리만큼 좋은 결심으로 내뱉은 말은 쉽게 무시하고 지키지 않으면서도 나쁜 선택을 하는 말은 끝까지 지키려는 경향이 있습니다. 용서의 결심은 쉽게 무너지면서도 복수의 결심은 끝까지 지키려 합니다. 좋은 충고는 쉽게 잊어버리면서 나쁜 말은 끝까지 마음에 담아 둡니다.

하지만 생각해 보십시오. 나쁜 결심으로 한 말들은 지키지 않아도 됩니다. 나쁜 생각에서 나온 말은 번복해도 괜찮습니다. 혹시라도 사람들 앞에서 실수하는 말을 했다면 "내가 실수했다, 내가 잘못 말한 것이다"라고 하십시오. 그리고 바른길을 택하십시오. 그렇게 할 때 우리는 삶의 안전핀을 놓치지 않을 수 있습니다.

후회 그 이후

누가복음 9장에는 본문의 병행구절이 나옵니다. 누가복음에는 세례 요한이 어떻게 죽었는지 기술되어 있지는 않지만 헤롯이 예수님의 이야기를 듣고 예수님을 보고 싶어 했다는 이야기로 끝이 납니다.

> 분봉왕 헤롯이 이 모든 일을 듣고 심히 당황하니 이는 어떤 사람은 요한이 죽은 자 가운데서 살아났다고도 하며 어떤 사람은 엘리야가 나타났다고도 하며 어떤 사람은 옛 선지자 한 사람이 다시 살아났다고도 함이라 헤롯이 이르되 요한은 내가 목을 베었거늘 이제 이런 일이 들리니 이 사람이 누군가 하며 그를 보고자 하더라 (눅 9:7-9).

아마도 요한을 죽인 후 얼마 동안 후회하며 살던 헤롯은 예수님의 이야기를 들을 때 당황했을 것입니다. 왜냐하면 예수님이 하신 말씀과 그의 행적이 그에게 옳은 길을 가르쳐 주던 세례 요한을 떠올리게 했기 때문입니다. 그래서 그는 예수님을 만나고 싶어 했습니다. 어쩌면 그는 예수님을 만나 자신의 잘못을 회개하고 싶어 했는지도 모릅니다. 또 세례 요한이 자신에게 해 주었던 좋은 말을 예수님을 통해 듣고 싶어 했는지도 모릅니다. 그에게는 예수님을 만날 기회가 있었을까요? 또 예수님을 만나 자신의 과오를 회개하고 돌이켰을까요?

누가복음 13장 31절에는 예수님을 찾는 헤롯의 이야기가 나옵니다.

> 곧 그때에 어떤 바리새인들이 나아와서 이르되 나가서 여기를 떠나소서. 헤롯이
> 당신을 죽이고자 하나이다(눅 13:31).

말씀을 보니 그는 전혀 달라지지 않았습니다. 그는 놀랍게도 자신이 죽였던 세례 요한이 살아났다는 사람들의 말에 예수님을 잡아 죽이려 합니다.[89] 누가복음 9장 9절과 대비되는 이 구절은 헤롯 안디바의 생각이 바뀌어 이제는 완전히 돌이킬 수 없는 상태로 갔다는 것을 보여 줍니다.

그런 그가 예수님을 진짜 만나게 되는 일이 누가복음 23장에 나옵니다. 23장에는 예수님이 잡혀서 빌라도에게 갔다가 빌라도가 마침 예루살렘에 와 있던 헤롯에게 예수님을 보낸 일이 나옵니다.

> 빌라도가 듣고 그가 갈릴리 사람이냐 물어 헤롯의 관할에 속한 줄을 알고 헤롯에
> 게 보내니 그때에 헤롯이 예루살렘에 있더라. 헤롯이 예수를 보고 매우 기뻐하니
> 이는 그의 소문을 들었으므로 보고자 한 지 오래였고 또한 무엇이나 이적 행하심
> 을 볼까 바랐던 연고러라(눅 23:6-8).

---

89 이 말을 전해 들은 예수님은 헤롯을 '여우'라고 지칭했다. 고전 헬라어와 헬레니즘 시대에
서 여우는 술수가 뛰어나고 교활한 사람을 가리키는 욕설이었다. Fitzmyer, 『앵커바이블
누가복음Ⅱ』1711.

그는 세례 요한을 떠올리며 후회하기도 하고, 또 죽일 마음을 가졌던 예수님을 만났습니다. 그가 예수님을 진정으로 만나고 싶어했던 이유에 대해 누가는 어떤 이적을 볼까 바랐다고 전하고 있습니다. 그는 특별한 것을 예수님에게 기대했습니다. 혹시라도 세례 요한의 어떤 증표같은 것을 볼 수 있을까 기대했을지도 모릅니다. 그러나 예수님은 그가 원하는 어떤 대답도 하지 않으셨습니다. 헤롯에게는 더 이상 옳은 말을 해 주는 사람이 없었습니다.

그는 예수님이 죽었다가 다시 살아난 세례 요한이 아니라는 것을 알게 되자 안도하고 또한 실망했을지 모릅니다. 그리고 허풍스럽게 떠들며 예수님을 조롱합니다.

> 헤롯이 그 군인들과 함께 예수를 업신여기며 희롱하고 빛난 옷을 입혀 빌라도에게 도로 보내니(눅 23:11).

그렇게 헤롯은 인생일대에 가장 중요한 기회를 잃어버립니다. 성경에 나오는 헤롯 안디바의 이야기는 여기서 끝입니다. 그 후 역사가들의 기록을 보면 그는 기원후 36년에 다메섹 왕 이레다와의 전쟁에서 패배하게 되고 39년에 리용으로 유배를 당합니다. 그리고 알 수 없는 어느 해에 죽게 됩니다.

복음서에 나온 말씀들을 살펴보면 헤롯 왕가의 사람들 중에 헤롯 안디바는 가장 좋은 기회들을 얻었던 사람이었습니다. 세례 요한이 그를 가르쳤고, 예수님을 만나기까지 했습니다. 그러나 그는 자신의 욕망과 체면을 지키느라 세례 요한을 죽였고, 예수님을 만났으면서도 구원의 기회를 놓쳤습니다. 어쩌면 그는 죽기 전에 자신의 일생에서 만난 두 사람, 세례 요한과 예수님을 생각했을지도 모르겠습니다. 그리고 자신이 얼마나 큰 기회를 놓쳤는지 후회했을지도 모르겠습니다.

생각해 보면 헤롯 안디바와 같은 사람에게도 기회가 있었다는 것은 우리에게도 충분한 기회가 있다는 것을 말해 주는 것 같습니다. 우리에게도 악한 길로 빠지지 않도록 붙잡아 주고 바른 말씀을 듣고 회개할 수 있는 기회가 있지 않았을까요? 그런 기회를 주는 일이 있다면 그것은 바로 예배이고 성경이며, 교회일 것입니다. 또한 우리에게 신앙의 조언을 주는 믿음의 사람들일 것입니다. 이것이 바로 우리에게는 구원의 기회요, 우리의 삶을 지켜주는 안전핀입니다. 우리를 지키는 신앙의 안전핀을 굳게 잡고 날마다 더 좋아지는 신앙의 기회를 잡는 사람들이 되어야 할 것입니다.

1. 인생에서 좋은 충고를 해 주는 사람을 만난 적이 있었나요? '그때 그 충고를 들었다면…' 하면서 후회한 적은 없나요? 혹은 반대로 우리가 누군가를 위해 좋은 충고를 해 주었지만 그가 받아들이지 않아 아쉬운 일이 생긴 적은 없었나요? 그런 일이 무엇이었는지 생각해 보고 함께 나누어 봅시다.

2. 헤롯은 세례 요한이 잘못을 지적할 때 그것을 알면서도 돌이키지 못했고, 그의 말을 좋게 여기면서도 감옥에 가두었습니다. 갈등하는 것과 돌이키는 것이 다르고, 후회하는 것과 회개하는 것이 다르다는 것을 헤롯은 보여 주었습니다. 혹시 우리도 갈등하면서도 여전히 버리지 못하는 것이 있습니까?

3. 죄가 실제로 일어나기 전 우리 안에서는 많은 영적 싸움이 일어납니다. 그러다가 어떤 계기로 인해 내 안의 갈등은 하나의 실제적인 행동으로 나오게 됩니다. 헤롯의 경우에는 술자리에서 내뱉은 허황된 맹세와 사람들 앞에서의 체면 때문에 그 말을 다시 되돌려 담지 못해 세례 요한을 죽이는 자리로 가게 됩니다. 혹시 헤롯과 같이 헛된 맹세나 다짐 때문에 하지 말아야 할 일을 하게 된 적은 없나요? 좋은 결심은 작심삼일이면서도 나쁜 생각이나 결심은 끝까지 지키겠다고 생각한 적은 없었나요?

18 본디오 빌라도

결정하고 싶지 않은 결정

빌라도가 패를 써서 십자가 위에 붙이니 나사렛 예수 유대인의 왕이라 기록되었
더라 (요 19:19)

빌라도와 그의 부인 클라우디아

우리는 매번 사도신경을 외우면서 삼위일체 하나님 외에 두 명
의 사람들의 이름을 말합니다. 그중 한 명은 예수님의 모친 마리아
이고, 두 번째는 본디오 빌라도입니다. 우리는 그의 이름을 말하며
예수님이 그에게 고난을 당하신 것과 십자가에 달려 죽게 되었다
는 것을 다시 상기합니다. 이토록 오랫동안 그 이름이 신자들의 입
에 올랐지만 사실 빌라도에 대해 우리가 아는 것은 많지 않습니다.
알려진 바에 의하면 그는 귀족이나 높은 명문가 출신이 아니라 일
반 평민 출신의 호민관이라고 하지만 어떻게 정치에 입문해서 유
대 총독이 되었는지에 대한 기록이 거의 없기 때문입니다.

그는 유대에 총독으로 왔지만 그가 로마로부터 온 첫 총독은 아
니었습니다. 예수님 탄생 당시의 왕은 헤롯이었습니다. 편의상 사
람들은 그를 헤롯 대왕이라 부름으로써 이후 헤롯이라는 이름의

왕들과 구분합니다. 헤롯 대왕의 사후 세 명의 분봉왕이 유대를 다스렸는데, 이중 아켈라오가 학정을 펼칩니다. 이 학정에 반발한 유대인들이 그가 왕이 되지 못하도록 로마에 청원하게 됩니다. 그러나 백성들의 반대에도 불구하고 아켈라오가 분봉왕에 올랐으나 얼마 못가서 로마는 아켈라오를 통해서는 도저히 유대를 다스릴 수 없다고 판단하여 그를 기원후 6년에 퇴위시켰습니다. 그 후 다스리기에 어려웠던 유대땅은 황제가 임명한 총독의 직접적인 지배권 하에 들어가게 되었습니다.

로마에서 온 총독들은 유대땅에서 많은 수탈을 시행했습니다. 사실상 변방지역이던 유대땅은 그리 선호되는 지역이 아니었기에 총독들은 이곳에서 빨리 벗어나려고 했을 것입니다. 빌라도는 그라투스라는 총독에 이어 기원후 26년에 유대로 오게 됩니다. 요세푸스 등 당시 역사가들에 의하면, 그는 '고집스럽고 잔인한 사람'이었다고 합니다. 빌라도는 예루살렘에 금기시된 황제 초상이 그려진 군기를 들여옴으로써 유대인들의 큰 반발을 일으키기도 했습니다. 또 예루살렘성전에 디베료 황제를 기념하는 금방패를 설치하여 문제를 야기하기도 했습니다. 그뿐 아니라 빌라도는 수로공사 경비를 성전세로 담당하도록 지시한 후 유대인들이 반대하자 남자가 해마다 내는 반 세겔 헌납기금을 착복하였습니다. 그리고 이에 대한 반대시위를 강제로 해산시키면서 많은 사람들을 죽였습니다. 이에 대한 말씀이 누가복음에 이렇게 기록되어 있습니다.

그때 마침 두어 사람이 와서 빌라도가 어떤 갈릴리 사람들의 피를 그들의 제물에 섞은 일로 예수께 아뢰니(눅 13:1).

이런 빌라도에게는 부인이 있었습니다. 그녀의 이름은 클라우디아 프로쿨라로 알려져 있는데, 그녀의 아버지는 황제 티베리우스였고, 어머니는 황제 아우구스투스의 딸 율리아였습니다. 당시 황제 아우구스투스는 자신의 딸 율리아가 방탕한 생활을 하는데 분노하여 티베리우스와의 이혼을 허락하고 그녀를 로마에서 추방합니다. 그런데 추방되어 있던 동안 율리아는 클라우디아를 낳았습니다. 그러니까 나중에 황제가 되는 티베리우스의 진짜 딸은 아닌 것 같습니다. 그러나 티베리우스는 황제가 된 후 클라우디아를 자신의 딸로 인정하여 받아들였고, 그녀는 이후 황제의 딸로서 빌라도와 결혼을 하게 됩니다. 그렇게 그녀는 빌라도와 유대로 오게 되었으며, 여기서 예수님에 대해 알게 됩니다. 그리고 이 클라우디아는 빌라도가 예수님을 재판하는 과정에서 중요한 이야기를 빌라도에게 해 주게 됩니다.

성경에는 빌라도가 예수님을 처음 만난 것이 대제사장 가야바가 예수님을 심문하고 유월절이 시작되기 전 빌라도의 관정으로 끌고갔을 때로 기록되어 있지만 그 이전에 이미 예수님에 대한 소문이나 그가 하신 많은 일들에 대한 이야기를 알고 있었을 것으로 추측됩니다.

예수 그리스도의 수난
이제 예수님이 잡히시던 날부터 빌라도와 예수님의 만남을 추적해 봅시다. 예수님이 잡히시던 날에 가룟 유다는 군인들과 대제사장들과 백성의 장로들이 보낸 사람들과 같이 왔습니다. 이들에게 자신을 먼저 밝히신 분은 예수님입니다.

> 예수께서 그들에게 내가 그니라 하실 때에 그들이 물러가서 땅에 엎드러지는지라
> (요 18:6).

예수님이 자신을 밝히자 그들은 땅에 엎드려졌습니다. 이 과정을 보더라도 그들이 자신들의 힘으로 예수님을 잡은 것이 아님을 알 수 있습니다. 예수님이 스스로 가시기로 결정하셨기에 가능했던 것입니다. 땅에 엎드린 사람들에게 다시 예수님이 누구를 찾냐고 묻고 자신을 잡으려면 제자들을 보내라고 말합니다. 이때 베드로는 칼을 빼어 들어 대제사장의 종 말고의 귀를 자릅니다.[90] 예수님은 베드로에게 칼을 집어넣으라고 말하고 말고의 귀를 붙여 줍니다. 그리고 그들에게 잡혀가시게 됩니다.

예수님이 안나스의 집 뜰에서 심문을 받게 되는데 사도 요한은 그 장소에 따라가게 됩니다. 전해지는 바에 의하면 요한은 자신이 대제사장 가야바와 아는 사이라고 말합니다. 그러나 예수님이 잡혔지만 요한이나 말고의 귀를 잘랐던 베드로는 사람들이 전혀 건들지 않았다는 것은 놀라운 일입니다. 이에 대해 요한은 이렇게 말해 줍니다.

---

[90] 요한만이 귀가 잘린 사람의 이름이 '말고'라고 밝힌다. 이것을 보면 요한이 대제사장의 수하들을 아는 것처럼 보인다. 요 18:10

이는 아버지께서 내게 주신 자 중에서 하나도 잃지 아니하였사옵나이다 하신 말씀
을 응하게 하려 함이러라(요 18:9).

모든 고난은 오직 예수님만이 받았으며, 이 과정에서 예수님은 요한을 이 모든 일의 증인으로 세우신 것 같습니다.

예수님은 잡히신 후 가장 먼저 안나스에게 가게 됩니다. 이 사람은 대제사장 가야바의 장인일 뿐 현직 대제사장이 아닙니다. 그런데 왜 안나스에게 먼저 갔을까요? 당시 대제사장은 종신직입니다. 그러나 로마가 통치하던 시대에는 권력의 하수인이 대제사장직을 맡았는데 로마의 루키우스 비텔리우스는 당시 대제사장이었던 안나스를 해임합니다. 그러나 그 이후 발레리우스 그라투스에 의해 안나스의 사위 가야바가 대제사장에 임명됩니다. 안나스는 자신의 사위를 대제사상으로 만든 것입니다. 이처럼 안나스는 실질적인 종교권력을 가지고 있었는데 이후에도 그의 사위와 아들 총 5명이 대제사장직을 맡았습니다.[91]

안나스는 예수님을 심문하지만 처음부터 누명을 씌우고자 했기에 증거가 없다는 것은 문제가 되지 않았습니다. 이후 안나스는 자신이 명목상 대제사장이 아니기에 실제적인 종교재판이 가능한 산헤드린에 있는 가야바에게 보냅니다. 가야바의 재판정에서 예수님은 자신이 메시아임을 당당히 밝히셨습니다.

---

91 '안나스와 가야바가 대제사장으로 있을 때'(눅 3:2)라고 말하는 것은 안나스의 영향력이 대제사장과 같다는 것을 보여 준다. Carson, 『PNTC 요한복음』 1079.

내가 그니라. 인자가 권능자의 우편에 앉는 것과 하늘 구름을 타고 오는 것을 너희가 보리라(막 14:62).

이때 대제사장은 이 말을 신성모독이라며 자기 옷을 찢었고 그곳에 모인 모든 공회원들이 대제사장의 뜻에 찬동하여 예수님을 죽이자고 입을 모았습니다.

그들이 다 예수를 사형에 해당한 자로 정죄하고 어떤 사람은 그에게 침을 뱉으며 그의 얼굴을 가리고 주먹으로 치며 이르되 선지자 노릇을 하라 하고 하인들은 손바닥으로 치더라(막 14:64-65).

이렇게 예수 그리스도에 대한 산헤드린의 사형판결이 확정됩니다. 그러나 이들의 재판은 종교적인 것일 뿐 실제적 사법권이 없었습니다. 물리적 형벌, 특히 사형을 시키려면 로마의 허가가 필요했습니다. 그래서 이들은 가야바의 집에서 다시 빌라도 총독에게로 예수님을 데려갑니다.

이 시간이 새벽 3-4시경이었습니다. 빌라도는 갑자기 잠을 깨게 됩니다. 한참 잠을 자야 하는 시간에 어떤 청년을 데려와 죽여 달라고 하는 대제사장과 유대인 무리들이 왔다는 사실이 그리 맘에 들지 않았을 것입니다. 얼마나 중요한 일이기에 이 새벽에 난리인가 일어나 나가 보니 익히 이름을 들어 알고 있었던 예수님이 거기에 있었습니다. 빌라도는 이렇게 말합니다.

빌라도가 이르되 너희가 그를 데려다가 너희 법대로 재판하라(요 18:31).

그는 처음에는 자신이 이 일에 관여하고 싶어 하지 않았습니다. 그리고 특별한 처벌이 아니면 유대인들 스스로 자치권을 행사할 수 있을 것이라고 여겼기에 적당한 수준에서 일을 마무리하려고 했습니다. 그러나 유대인들이 자신들에게는 사람을 죽이는 권한이 없다고 하면서 사형을 선고해 달라고 요구합니다. 그는 일이 커졌다는 것을 직감합니다.

예수님이 죽어야 마땅하다고 주장하는 말에 빌라도는 예수님을 재판정에서 대면하게 됩니다. 그런데 예수님의 죄를 주장하는 대제사장들과 유대인들이 들어오지 않습니다. 말하자면 예수님을 기소한 검찰쪽이 들어오지 않은 것입니다. 왜냐하면 그들은 곧 유월절이기에 이방인인 빌라도의 재판정이 불결하다고 여겨 오직 예수님만 그 안으로 들여보내고 자신들은 밖에 서 있었습니다. 쉽게 말하면 재판정 안에는 예수님과 빌라도가 있었고, 대제사장이 보낸 종이 들락날락하면서 양쪽의 말을 전달해 주었던 것입니다.

대충 잠에서 깬 빌라도는 예수님의 죄명을 뭐라고 하고 데려왔는지 살펴보았습니다. 대제사장과 서기관들, 유대인들이 가져온 예수님의 죄명은 '자칭 유대인의 왕'이었습니다. 빌라도는 아마도 이 황당한 상황에 어이가 없었을 것입니다. 그는 예수님께 이렇게 묻습니다.

"네가 유대인의 왕이냐?"[92]

---

92 요 18:33

황당하면서도 비꼬는 듯한 질문에 예수님은 빌라도에게 되묻습니다.

"그 말은 네가 스스로 하는 말이냐, 아니면 다른 사람들이 나에 대하여 네게 한 말이냐?"[93]

빌라도는 순간 당황합니다. 밖에는 대제사장과 바리새인들이 사형을 선고해 달라고 몰려와 있는 상황에 예수님의 대답은 너무나도 당당했습니다. 빌라도는 예수님이 보통 사람이 아니라는 것을 직감합니다. 그는 예수님의 이 위엄있는 말에 다시 말합니다.

"나는 너희 유대인이 아니다. 너의 동족과 대제사장들이 너를 나에게 넘겼을 뿐이다. 그들이 너를 유대인의 왕이라고 죄명을 씌웠다. 도대체 너는 무슨 일을 한 것이냐?"[94]

예수님은 이 이방인 빌라도에게 명확한 답변을 해 줍니다.

"내 나라는 이 세상에 속한 것이 아니다. 나의 나라가 세상에 속한 것이라면, 나의 부하들이 싸워서 나를 유대 사람들의 손에 넘어가지 않게 하였을 것이다. 그러나 사실로 내 나라는 이 세상에 속한 것이 아니다."[95]

빌라도는 왕이라는 칭호를 사용했다는 예수님이 로마의 권력에 위해가 되는 것인지 알고 싶어 했는데, 예수님은 지금까지 사람들

---

93 요 18:34
94 요 18:35
95 요 18:36

에게 전한 복음, 즉 하나님의 나라가 이 세상에 속한 나라가 아니라는 점을 빌라도에게 말해 줍니다.

이제 빌라도는 왜 사람들이 예수님을 유대인의 왕이라고 말하는 것인지 궁금했습니다. 빌라도가 예수께 물었습니다.

"그러면 어떤 의미에서 네가 왕이냐?"[96]

예수님은 이렇게 말합니다.

"당신이 말한 대로 나는 왕이다.[97] 나는 진리를 증언하기 위하여 태어났으며, 진리를 증언하기 위하여 세상에 왔다. 진리에 속한 사람은, 누구나 내가 하는 말을 듣는다."[98]

빌라도는 예수님이 말하는 것이 이 세상의 권력이나 정치가 아닌 것을 알았습니다. 예수님이 말하는 나라는 이 세상이 아니며, 그가 왕이라는 말도 진리를 말하는 것이지 세속의 권력의 왕이 아니라는 매우 심오한 것임을 직감했습니다. 빌라도는 그 정도는 알아들을 수 있는 학식이 있는 사람이었습니다.

"진리라…."

그는 혼잣말을 중얼거렸습니다. 그러나 그는 이 새벽에 이런 것

---

96 요 18:37 그러면 네가 왕이 아니냐
97 "왕은 너의 말이고, 나의 말이 아니다" 혹은 "내가 왕이라고 네가 말한 것은 옳다" Carson, 『PNTC 요한복음』 1105.
98 요 18:37

을 따지며 판결을 하고 싶지 않았습니다.

그는 다시 심드렁하게 이렇게 묻습니다.

"진리가 뭔데?"[99]

그는 질문을 하고서도 답변은 들으려 하지 않았습니다. 그저 말을 건네고 그냥 밖으로 나갔습니다. 그리고 사람들에게 말합니다.

"나는 그에게서 아무 죄도 찾지 못하였노라."[100]

빌라도는 예수님과 대제사장 세력간의 종교적 갈등이 있는 것을 직감했습니다. 그래서 자신은 대제사장이 꾸미는 이 유대인들의 문제에서 발을 빼려 했습니다. 그렇게 고민하던 순간 빌라도는 예수님이 갈릴리 출신이라는 말을 듣고 문득 예루살렘에 와 있던 갈릴리 분봉왕 헤롯이 생각났습니다.

> 헤롯의 관할에 속한 줄을 알고 헤롯에게 보내니 그때에 헤롯이 예루살렘에 있더라
> (눅 23:7).

당시 헤롯은 갈릴리에 있는 자기 궁을 수리하는 중에 예루살렘에 와 있었습니다. 그래서 재빨리 갈릴리 지역을 다스리는 분봉왕 헤롯이 맡아야 할 사건이라고 하면서 예수님을 헤롯 왕에게 보냅니다.

99　요 18:38 빌라도가 이르되 진리가 무엇이냐 하더라
100　요 18:38

헤롯에게 예수님을 보낸 빌라도

이 헤롯 왕은 이전 헤롯 대왕의 여러 아들 중 한 명이었습니다. 헤롯 대왕이 죽고 배 다른 세 명의 아들들이 분봉왕이 되는데 갈릴리 지역의 분봉왕이 바로 이 헤롯 안디바입니다. 그는 이복동생의 아내 헤로디아를 부인으로 취했던 일로 세례 요한에게 크게 책망을 당했던 사람입니다. 그 일로 헤로디아는 세례 요한을 미워했고, 결국 남편의 생일 잔치에서 딸로 하여금 춤을 추게 하여 세례 요한을 참수하게 하였습니다.

헤롯은 예수님에 대한 천박한 호기심을 가지고 있었습니다. 그래서 빌라도가 예수님을 보냈을 때 특별한 이적을 보고자 하는 심정으로 예수님을 대하였습니다. 그러나 예수님은 그에게 일체 대꾸하지 않으셨습니다. 헤롯은 예수님에게 왕 노릇이나 해 보라는 조롱의 의미로 왕을 상징하는 화려한 옷을 입히고 희롱하다가 반응하지 않는 예수님에게 더는 흥미를 느끼지 못하고 다시 빌라도에게 돌려보냅니다.

이 일에 대해 성경은 빌라도와 헤롯이 평소에는 원수지간이었는데, 이날 친구가 되었다고 기록합니다.

헤롯과 빌라도가 전에는 원수였으나 당일에 서로 친구가 되니라(눅 23:12).

이로써 모든 세상의 권력들이 다 예수님을 조롱하며 없는 죄를 만드는 과정에 동참하게 됩니다.

헤롯은 악한 자였지만 예수님을 죽이려고 예루살렘에 온 것은 아니었습니다. 그러나 세상에 우연은 없습니다. 악한 자는 노력하지 않아도 죄의 기회에 발을 담그게 되며, 결코 우연이라도 자신의 죄를 회개하거나 용서받을 만한 기회를 얻지 못합니다. 그는 세례 요한을 죽였던 일을 잊었는지 예수님을 살리는 기회를 얻지 못하고 그를 다시 빌라도에게 돌려보냅니다.

아마도 빌라도는 다시 잠을 청하려 했을지 모릅니다. 그러나 새 벽부터 소란스러웠던 이 일이 해가 뜨기 시작할 무렵 다시 자신에 게로 온 것을 알게 됩니다. 빌라도는 이 시점에서 문제의 중요성을 인식했을 것입니다. 대제사장과 헤롯 모두 예수님을 죽이고는 싶어 하지만 직접적으로 관여하고 싶어 하지 않으며, 또 책임지고 싶어 하지 않는다는 것을 알게 됩니다. 대제사장들은 자신들이 나서서 예수님을 잡지 않았고, 가룟 유다의 배신으로 넘겨받았습니다. 그리고 예수님을 죽이는 일은 빌라도의 손에 맡깁니다. 헤롯도 이 일에서 손을 빼고 자신에게 넘깁니다.

빌라도는 고민에 빠집니다. 평민 출신 호민관에서 총독의 자리에 오는 동안 온갖 정치적인 일들을 겪어 봤지만 어떤 결정을 해야하는 일, 책임을 져야 하는 일에서 모두가 결과만을 노리고 자신에게 그 결정을 맡기는 일은 분명 좋지 않다는 것을 직감합니다. 그의 오랜 정치적 감각은 이것을 피해야겠다는 생각을 주었습니다. 헤롯조차 그냥 자신에게 보낸 예수님을 죽이는 일에 전혀 관여하고 싶어 하지 않았다는 것이 더 마음에 걸렸습니다. 그는 여기서 선을 긋고자 이렇게 말합니다.

이르되 너희가 이 사람이 백성을 미혹하는 자라 하여 내게 끌고 왔도다. 보라 내가

너희 앞에서 심문하였으되 너희가 고발하는 일에 대하여 이 사람에게서 죄를 찾지 못하였고 헤롯이 또한 그렇게 하여 그를 우리에게 도로 보내었도다. 보라 그가 행한 일에는 죽일 일이 없느니라(눅 23:14-15).

사람들을 만족시키려 한 빌라도

그는 헤롯을 핑계로 예수님을 놓아주려고 했습니다. 그러나 이런 말에 대제사장들과 유대인들이 강하게 반발했습니다. 게다가 그들은 판결을 내려달라는 것이 아니라 사람을 죽이게 해 달라는 요구를 계속했습니다. 빌라도는 확실히 예수님을 사형시킬 이유는 없다고 생각했지만 사람들의 분위기를 보아 적당한 선에서 처리하고자 채찍형을 선고합니다.

당시에는 죄인을 채찍질하는 세 종류의 방식이 있었다고 합니다. '푸스티가티오, 플라겔라티오, 베르베라티오'라고 불리는데 푸스티가티오는 가벼운 채찍질이라면 베르베라티오는 십자가 형에 처해지기 전에 받는 채찍질로 가장 최악의 채찍질이라고 할 수 있습니다. 처음에 예수님은 낮은 채찍질을 받았습니다.[101]

빌라도는 예수님을 채찍질하고 다시 데려와 사람들 앞에 세웠습니다. 그는 유대인들이 요구하는대로 사형을 시킬 순 없지만, 이 정도면 적당하다고 여겼을 것입니다. 또 그가 생각하기에 예수님이 그동안 유대에서 많은 기적을 베풀었다는 소문이 있으니 적어

---

[101] Carson, 『PNTC 요한복음』 1109-1110.

도 사람들 중에는 예수님을 풀어 달라고 말하는 변호자들이 있을 것으로 여겼습니다. 그래서 그는 유월절에 죄인을 사면하는 풍습을 따라 예수님을 놓아줄 방법을 하나 생각해 냅니다. 그래서 바라바와 예수 중에 한 사람을 놓아주려고 한다며 사람들에게 선택하라고 합니다. 그때 그에게 누군가가 찾아왔습니다. 아내가 보낸 사람이었습니다.

> 총독이 재판석에 앉았을 때에 그의 아내가 사람을 보내어 이르되 저 옳은 사람에게 아무 상관도 하지 마옵소서. 오늘 꿈에 내가 그 사람으로 인하여 애를 많이 태웠나이다 하더라(마 27:19).

빌라도는 새벽부터 자신을 골치 아프게 하던 일에 아내까지 말을 한 것을 기이하게 생각했을 것입니다.

> '왜 저들은 자기 백성을 죽이려 하는 것일까? 왜 아내는 이 사람을 죽이지 말라고 하는 것일까? 그리고 저 예수는 왜 자신을 변호하지 않는 것일까?'

이런 생각을 하며 자리에 앉아 있는데 사람들이 '바라바'를 놓아 달라고 외쳤습니다. 바라바는 누구일까요? 성경에서 그는 강도라고 나옵니다. 그런데 강도라고 번역되어 있는 '레세테스'란 말은 강도나 산적, 도둑을 말하기도 하지만 로마 권력에 저항하는 테러리스트들을 칭하는 말이기도 합니다. 이 점에서 NIV는 '반란에 참여한 자'라고 묘사합니다. 빌라도 입장에서는 쉽게 놓아줄 수 없는

일종의 저항 세력이었습니다.[102]

그의 이름 바라바의 뜻은 독특합니다. 헬라어 원문으로 읽으면 그의 이름은 '바르압바스'입니다. 이 말의 의미는 아버지의 아들이 란 뜻입니다. 더 흥미로운 사실은 마태복음 27장 16-17절에서 바라바가 '예수 바라바'(['Ιησοῦν] Βαραββᾶν)로 불린다는 것입니다.[103] 물론 현존하는 사본적 증거가 약하지만 초대 교부 오리겐(Origen)은 그가 사역하던 당시(기원후 240년) 대부분의 사본들에 '예수 바라바' 라는 이름이 기록되었음을 암시하였습니다. 그렇다면 마태복음에 두 명(예수 그리스도와 예수 바라바)이 동일한 이름을 갖고 있다는 것 자체가 매우 드라마틱하게 보입니다. 사람들의 외침은 '아버지의 아들 예수'를 놓아달라는 것이기 때문입니다.

대제사장들과 장로들에게 선동당하고 있는 유대인들의 외침은 그 자체가 자신들이 무슨 짓을 하고 있는지 드러냅니다. 자신들도 모르게 자신들이 어떤 것을 해야 하는지 스스로를 보게 되는 것입니다. 예를 들어, 사사기 16장에서 삼손은 들릴라의 유혹 앞에서 이런 말을 합니다.

> 삼손이 진심을 드러내어 그에게 이르되 내 머리 위에는 삭도를 대지 아니하였나니
> 이는 내가 모태에서부터 하나님의 나실인이 되었음이라. 만일 내 머리가 밀리면
> 내 힘이 내게서 떠나고 나는 약해져서 다른 사람과 같으리라 하니라(삿 16:17).

---

102 Carson, 『PNTC 요한복음』 1107.

103 εἶχον δὲ τότε δέσμιον ἐπίσημον λεγόμενον ['Ιησοῦν] Βαραββᾶν. 다음의 헬라어 성경에서 볼 수 있다. Westcott and Hort / [NA27 and UBS4 variants]. 그리고 NA28판에도 동일하다.

삼손은 블레셋의 창녀와 함께 지내면서 자신이 하나님의 나실인이라고 스스로 고백합니다. 그 자신의 입으로 자신이 누구인지 보게 만드는 것입니다. 사울왕도 다윗을 죽이려 다닐 때 다윗이 그를 살려 준 적이 있었습니다. 그때 그는 이렇게 고백합니다.

> 다윗이 사울에게 이같이 말하기를 마치매 사울이 이르되 내 아들 다윗아 이것이 네 목소리냐 하고 소리를 높여 울며 다윗에게 이르되 나는 너를 학대하되 너는 나를 선대하니 너는 나보다 의롭도다. 네가 나 선대한 것을 오늘 나타냈나니 여호와께서 나를 네 손에 넘기셨으나 네가 나를 죽이지 아니하였도다(삼상 24:16-18).

그도 역시 자신이 어떤 사람인지 고백합니다. 다윗의 의로움 앞에서 자신의 상태를 보았습니다. 그러나 죄는 결코 멈추지 않았고, 이들은 모두 죽었습니다. 그 말을 하는 순간 자신의 모습을 발견했을지라도 한번 시작된 악은 언제나 최악으로 달려가는 법입니다.

유대인들은 바라바를 놓아달라는 말을 하면서 자신들의 모습을 느꼈을 것입니다. 그들은 예수를 놓아달라고 말하면서 한편으로 예수를 죽이라고 말하고 있습니다. 그들의 말이 그들 자신을 보여주지만 그들은 깨닫지 못했습니다. 그들은 결국 예수님을 죽이는 살인자의 반열에 들게 되었던 것입니다.

빌라도는 상황이 이상하게 돌아가자 뒤로 물러나 자신의 자리에 앉았습니다. 잠시 이 사태를 어떻게 할 것인가 고민했습니다. 십자가에 못 박으라고 소리 지르는 사람들을 보며 빌라도는 정히 그렇다면 너희가 직접 데리고 가서 십자가에 못 박으라고 말합니다.

그때 유대인들이 이렇게 말합니다.

"우리에게는 율법이 있는데 그 율법을 따르면 그는 마땅히 죽어야 합니다. 그가 자기를 가리켜서 하나님의 아들이라고 하였기 때문입니다."[104]

빌라도는 이 말을 듣고 두려워했습니다. 그래서 다시 관저 안으로 들어가 예수님께 묻습니다.

"너는 어디서 왔는가?"[105]

예수님은 아무 대답도 하지 않습니다. 빌라도는 예수님이 자신에게 살려달라고 빌지 않는 것을 의아하게 생각했을 것입니다. 답답한 빌라도는 예수님께 소리쳤습니다.

"나에게 말을 하지 않을 작정인가? 나에게는 당신을 놓아줄 권한도 있고, 십자가에 처형할 권한도 있다는 것을 모르는가?"[106]

예수님은 이렇게 대답합니다.

"위에서 주지 않으셨더라면 너에게는 나를 어찌할 아무런 권한도 없을 것이다. 그러므로 나를 너에게 넘겨준 사람들의 죄는 더 크다 할 것이다."[107]

순간 빌라도는 예수님보다 자신이 더 큰 곤경에 처해 있다는 것을 깨닫습니다. 위기에 빠진 사람은 예수님이 아니라 빌라도 자신이었던 것입니다. 대제사장과 헤롯은 모든 것을 자신에게 떠넘겼

---

104 요 19:7
105 요 19:9
106 요 19:10
107 요 19:11

습니다. 그들은 예수님의 죽음에 대한 책임을 빌라도에게 돌리면서도 그들 손에 피를 묻히지 않으려 한다는 것이 뻔히 보였습니다. 게다가 진리를 말하는 이 예수, 이 땅의 나라가 아니라 하늘의 나라를 말하는 예수가 유대인들의 말대로 정말 하나님의 아들일지도 모른다는 생각이 들었습니다. 두려웠습니다. 그럼에도 빌라도는 이 상황에서 빠져나갈 수 있는 길이 보이지 않았습니다.

예수님은 죄가 없는 죄인으로 자신 앞에 서 있습니다. 자신에게는 판결의 권한이 있습니다. 옳은 선택을 할 수도 있지만 사람들은 잘못된 선택을 하라고 소리칩니다. 옳은 일을 하라고 응원해 주는 사람은 오직 자신의 부인밖에 없습니다.

빌라도는 아무도 원하지 않는 옳은 일을 선택할 것인가, 아니면 모두가 원하는 악한 일을 선택할 것인가 하는 기로에 놓여 있음을 발견합니다. 그가 고민하며 미적거리면서 예수님을 놓아주려고 할수록 유대인들은 더 크게 소리 지르며 십자가에 못 박으라고 합니다. 빌라도가 예수님을 변명할수록, 유대인들은 더 날뛰었습니다.

> "이 사람을 놓아주면 총독님은 황제 폐하의 충신이 아닙니다. 자기를 가리켜서 왕이라고 하는 사람은 누구나 황제 폐하를 반역하는 자입니다."[108]

빌라도는 이 말을 듣고 재판석에 다시 앉습니다. 적당히 하고 끝내려 했지만 수많은 유대인이 자신을 얕잡아볼까 봐 더는 판결을 끌 수 없다는 것을 알았습니다. 마음에 갈등이 왔지만 총독으로서

---

108   요 19:12

두려워서 놓아주었다는 말을 듣기는 싫었습니다. 그는 깊이 고민하며 유대인들에게 말합니다.

"보라 너희의 왕이로다."[109]

이제 빌라도도 자신이 모르는 참된 고백을 합니다. 자신의 입에서 이런 말이 나올 줄은 생각도 못했을 것입니다. 유대인들은 이 소리에 더 크게 예수님을 십자가에 못 박으라고 소리 지릅니다.

빌라도가 소리를 쳤습니다.

"진정 당신들의 왕을 십자가에 못 박으란 말이냐?"[110]

대제사장들이 이렇게 말합니다.

"우리에게는 로마 황제 폐하밖에는 왕이 없습니다."[111]

소리 지르는 유대인들, 군중 앞에 선 빌라도, 그리고 대제사장들 모두 진실을 말합니다. 하나의 진실은 예수님이 왕이며 하늘에서 온 하나님의 아들이라는 것이고, 다른 하나는 자신들이 하나님을 섬기지 않으며 세상의 왕을 섬긴다는 것입니다.

빌라도는 옳은 것이 무엇인지 알았지만 그것을 선택하기에는 너무 약했습니다. 그는 고민은 했지만 좋은 방향으로 가지 못했습니다. 그는 사람들에 떠밀려 나쁜 것을 선택합니다. 그는 결정을

---

109 요 19:14
110 요 19:15
111 요 19:15

했지만 그것은 자신의 결정이 아니며, 자신의 결정은 아니지만 결국 그의 결정이었습니다. 그래서 그는 자신의 결정을 거부하기로 합니다.

> 빌라도가 아무 성과도 없이 도리어 민란이 나려는 것을 보고 물을 가져다가 무리 앞에서 손을 씻으며 이르되 이 사람의 피에 대하여 나는 무죄하니 너희가 당하라 (마 27:24).

그는 이 결정이 자신의 결정이 아니라는 점을 말하고 싶었습니다. 대제사장과 헤롯처럼 그는 책임을 넘기고자 했습니다. 그래서 사람들 앞에서 일부러 손을 씻는 퍼포먼스를 보입니다. 드디어 예수님을 죽일 수 있다는 생각에 유대인들은 "그 피를 우리와 우리 자손에게 돌릴지어다"라고 말했습니다. 그들은 자신들의 말이 무슨 뜻인지 몰랐을 것입니다.

그러나 빌라도는 이 말에 확실히 자신의 책임이 없다는 변명거리를 잡았습니다. 자신은 선택한 것이 아니라 그 선택의 자리에서 빠져나간 자라는 것을 유대인들에게 확인받은 것입니다.

그날 빌라도가 예수님에게 내린 판결은 이렇습니다.

> "그는 죄인이 아니지만 죄인이다."

이것이 빌라도의 변명입니다. 자신의 결정이 아니라 남이 내린 결정에 책임만을 지게 된 변명입니다. 그러나 이 변명은 구차할 뿐 아니라 그 자신의 죄를 덮어 주거나 옹호해 주지 못합니다. 상황 때문에 어쩔 수 없었다는 말, 그것은 면책이 되는 말이 아닙니다.

의인은 언제나 상황을 극복합니다. 모두가 요구해도 옳은 선택을 합니다. 반면 어리석은 자는 악한 길을 알면서도 그것을 택합니다.

결국 빌라도는 바라바를 놓아주고 예수님을 다시 채찍질합니다. 이번 채찍질은 먼저와 달리 십자가 형을 앞둔 채찍질로써 너무 가혹해서 사람이 거의 그 채찍질에 죽게 됩니다. 채찍 끝에 달린 납덩어리들이 채찍질을 할 때마다 살을 뜯어냅니다.[112] 선혈이 낭자하게 뿌려지고 거의 실신 상태에 놓인 예수님은 다시 십자가를 지고 골고다로 향하게 됩니다. 빌라도는 어떤 이유에서인지 십자가 위에 붙이는 죄명을 자신이 직접 쓰기로 합니다.

> 빌라도가 패를 써서 십자가 위에 붙이니 나사렛 예수 유대인의 왕이라 기록되었더라(요 19:19).

이 명패는 히브리 말과 로마와 헬라 말로 기록했다고 말합니다. 대제사장들은 이 푯말이 맘에 들지 않았습니다. 그래서 빌라도에게 '유대인의 왕'이라고 쓰지 말고 '자칭 유대인의 왕'이라고 써 달라고 했습니다. 그런데 빌라도는 이렇게 대답합니다.

> 빌라도가 대답하되 내가 쓸 것을 썼다 하니라(요 19:22).

그는 분명 예수님이 누구인지 알았습니다. 명패를 이렇게 씀으로써 유대인들이 그들의 왕을 죽였다고 말하고 싶었을 것입니다. 그러나 그는 자신의 책임을 피할 순 없었습니다. 그도 이 세상에

---

[112] 이 채찍형이 '베르베라티오'이다. Carson, 『PNTC 요한복음』 1111.

속하지 않은 하늘나라의 왕을 죽이는 일에 가담했습니다. 그는 진리를 말하는 왕을 채찍질했으며, 모욕당하도록 내어 주었고, 강도와 생명을 비교하도록 했으며, 결국 십자가에 매어 달도록 내어 주었습니다.

그는 결코 변명할 수 없습니다. 손을 씻는 것으로 지울 수 없습니다. 왜냐하면 자신이 명패를 써서 직접 십자가 위에 붙인 것이 바로 그가 예수님이 진정한 왕이라는 것을 알았다는 증거이기 때문입니다.

중간지대는 있는가?

많은 사람들은 선과 악 사이에 제3의 지대가 있을 것이라고 생각합니다. 그러나 선과 악의 선택에서 빠져나가는 자리는 없습니다. 선한 일도 악한 일도 하지 않는 상황이 있을 수 있다고 여기지만, 결국 악한 일을 방치하는 자리에 있게 되고 결국 자신도 악한 자의 편에 있다는 것을 부정할 수 없게 됩니다. 즉, 방관자도 곧 가해자인 것입니다.

사람들은 이 방관자라는 말을 싫어할 것입니다. 죄를 짓지도 않았는데 죄인이라는 말을 쉽게 한다고 비난할 것입니다. 그러나 아무 일도 안 하는 것이 선은 아닙니다. 우리가 선을 행하려고 애쓰지 않으면, 적어도 악이 퍼지는 일에 방관하는 사람이 되어 결국 악한 사람의 편에 서는 것입니다.

학교에서 폭력이 일어나 피해자가 된 학생이 자살하는 사건이 뉴스에 나온 적이 있습니다. 가해자가 있었고 피해자가 있는 일이지만 학교에서 그것을 보고 있던 수많은 학생들은 사실상 방관하는 가해자입니다. 악이 퍼지는 것을 놔두는 것, 그것이 곧 죄이기 때문입니다. 세상에는 불공평한 일들, 갑질들, 위법한 일들이 많습니다. 그러나 그런 일들을 하지 않는 것도 중요하지만 그런 일이 옆에서 벌어졌을 때 그것을 방관하지 않는 것도 중요합니다. 내가 방관하고 상관하지만 않으면 괜찮다고 말하고 싶겠지만 그것도 역시 불공평한 세상을 놔두는 것이기 때문입니다.

히틀러가 전쟁을 일으킬 때 독일의 루터교회는 이것을 방관했습니다. 세상과 교회는 구별되었다고 생각하고 눈을 감았습니다. 그러나 많은 참된 믿음의 사람들은 히틀러와 대항해 싸우다 감옥에서 죽었습니다. 독일 교회가 지금도 회개하는 일이 바로 그처럼 방관했던 일입니다. 그것이 바로 빌라도의 일이기 때문입니다.

나는 세상일을 신경 쓰고 싶지 않다고 말하는 것, 정치는 정치인들이나 하는 것이라고 말하는 것도 마찬가지입니다. 지구 온난화를 일으키는 것이 큰 대기업만의 문제가 아님은 그들이 만드는 물건을 우리가 쓰기 때문입니다. 불법 제품을 만드는 일도 그것을 사는 사람이 있기 때문입니다. 우리는 사실상 모두와 연결되어 있습니다. 우리는 결코 분리되어 생각할 수 없고 세상에서 일어나는 결정들에 나의 영향이 없다고 말할 수 없습니다. 어떤 사람들은 이것저것 생각하기 싫고 세상의 일들을 상관하고 싶지 않다고 산 속에 들어가고 싶어 합니다. 그러나 그것도 역시 빌라도와 같은 태도일 뿐입니다. 우리에게 심판을 피할 길이란 전혀 없습니다.

이 시대에 많은 사람들이 빌라도의 고민에 빠져 있다는 것을 알고 있습니까? 관여하고 싶지 않다는 고민, 나의 선택이 아니라 너희들의 선택일 뿐이라고 말하고 싶어 하는 욕망이 우리 안에 가득합니다. 옆 사람의 고통에 눈을 가리는 사람들이 많습니다. 다른 사람들이 겪는 불의한 일에 분노하지 않고 나에게는 해당 사항이 없다고 회피하는 일이 많습니다. 고민은 하지만 그것은 선을 행하려 하는 고민이 아니라 어떻게 하면 이 골치 아픈 일에서 벗어날까 하는 고민일 뿐입니다. 무관심이야말로 현대인의 특징입니다. 그러나 우리는 빌라도의 고민에서 벗어나야 합니다. 눈을 가리고 세상일에, 불의한 일에, 불쌍한 사람들이 겪는 일에 상관하지 않으려는 악한 자리에서 벗어나야 합니다.

디도서 2장 14절[113]은 하나님이 우리를 부르시고 은혜를 주신 것은 우리로 하여금 선한 일을 열심히 하는 자기 백성이 되게 하려 하신다고 말씀합니다. 선한 일을 열심히 하는 자는 방관하지 않고 관여하려고 합니다. 적극적으로 해결하려고 합니다. 그것은 힘든 일이고 어렵지만 참여하려고 합니다. 우리 모두가 빌라도와 같은 헛된 고민에서 벗어나 참된 하나님의 백성으로서 옳은 결정의 자리에 있기를 바랍니다.

---

[113] 딛 2:14 그가 우리를 대신하여 자신을 주심은 모든 불법에서 우리를 속량하시고 우리를 깨끗하게 하사 선한 일을 열심히 하는 자기 백성이 되게 하려 하심이라

말씀의 적용을 위한 묵상

1. 빌라도나 헤롯 모두 참된 진리나 양심의 소리를 무시하고 자신의 지위와 체면을 더 중하게 여겼습니다. 혹시 체면 때문에, 사회적이며 외적인 나의 위치 때문에 양심을 거스른 일이 있습니까? 위선으로 인해 옳은 일을 지나치고, 작은 일이지만 악한 일을 놔둔 적은 없는지 돌아봅시다.

2. 어쩌면 빌라도는 자신이 예수님을 풀어주기 위해 충분히 노력했다고 말할지도 모릅니다. 그러나 악은 결코 그 정도로 타협하지 않습니다. 왜냐하면 악은 항상 최악을 향하기 때문입니다. 혹시라도 중간에 그만두어야 한다고 생각하면서도 최악의 상황으로 가게 된 일이 있습니까? 그런 일이 있었다면 왜 처음부터 돌이키거나 거절하지 못하고 끝까지 가게 되었는지 같이 생각해 봅시다.

3. 빌라도는 손을 씻음으로 자신이 결정한 일에서 무관하다는 것을 보여 주려 했습니다. 그러나 악에 무관심하거나 잘못된 결정에 반대하지 않고 그저 거리만 두려 하는 것 역시 같은 악에 포함된다는 것을 잊어서는 안 됩니다. 그런데 때로는 교회와 성도는 잘못된 사회문제에 적극적으로 나서는 것이 바람직하지 않다고 생각하는 사람도 많습니다. 신자로서 우리는 잘못된 사회문제에 어떻게 대처해야 할까요? 교회가 직접적이고 적극적인 역할을 수행해야 한다고 생각합니까?

19 사도 요한
그의 사랑하시는 제자

예수께서 자기의 어머니와 사랑하시는 제자가 곁에 서 있는 것을 보시고 자기 어머니께 말씀하시되 여자여 보소서 아들이니이다 하시고 또 그 제자에게 이르시되 보라 네 어머니라 하신대 그때부터 그 제자가 자기 집에 모시니라 (요 19:26-27)

열두 제자의 순교[114]

예수님의 열두 제자들은 이름이 명확히 나온 것에 비하면 그 행적은 명확하게 알려지지 않은 부분이 많습니다. 특히나 그들의 마지막은 거의 남아 있지 않습니다. 다행히 유대의 역사학자 요세푸스는 이 열두 사도들의 마지막을 전하고 있습니다. 이것은 아마도 초대 교회의 전승이지 않나 싶습니다.

먼저 베드로는 로마에 가서 전도하다 박해를 견디지 못하고 고향으로 돌아오던 중 주님을 만나 다시 로마로 돌아가 순교하게 됩니다. 그는 주님과 같은 모습으로 십자가에 못 박힐 수 없다고 하

---

114 기독일보, "'요세푸스'가 기록한 열두 제자 순교일지" 2016.1.4. 기사 참조. 그러나 열두 사도의 후대 이야기는 대부분은 전해지는 이야기이며 사실 여부가 불확실한 경우도 있다.

여 거꾸로 못 박혀 순교했다고 합니다. 이 이야기를 다룬 유명한 영화가 있는데 바로 〈쿼바디스〉(Quo Vodis, 1951)입니다. 베드로가 떠날 때 반대로 로마로 들어가시는 예수님을 향해 '도미네, 쿼바디스'(*Domine, quo vadis?* 주여 어디로 가시나이까)라고 묻는 베드로의 모습이 아주 인상적이었습니다. 베드로의 형제 안드레는 베드로를 주님에게 인도했던 첫 전도자였습니다. 그는 나중에 헬라에 가서 전도하다가 아가야성에서 순교했다고 알려져 있습니다.

세베대의 아들 야고보, 즉 요한의 형제 야고보는 예수님이 승천하신 후 예루살렘교회에서 활동하며 여러 지역에 복음을 전파하다 헤롯 아그립바 왕의 칼에 순교합니다.[115] 일설에 의하면 그가 죽은 후 시체를 스페인의 콤포스텔라(Compostela)로 옮겨갔다고 하는데 현재 그곳에는 큰 성당이 있습니다.[116] 빌립은 나다나엘을 예수님께 전도한 사람입니다. 제자들의 명단을 제외하면 그의 이름은 거의 요한복음에만 등장하는데 요한복음 6장 5-7절에 의하면 빌립은 광야에 있는 사람들에게 충분히 먹일 수 없다고 조언합니다. 요한복음 14장에서 빌립은 예수님께 하나님 아버지를 보여 달라고 부탁합니다. 이때 주님은 나를 본 자는 아버지를 보았다고 말씀하십니다. 마지막은 사도행전 1장 13절에서 언급됩니다. 그 이후 사도 빌립은 신약성경에 등장하지 않습니다. 전해지는 바에 의하면

---

115 행 12:1-2 그때에 헤롯 왕이 손을 들어 교회 중에서 몇 사람을 해하려 하여 요한의 형제 야고보를 칼로 죽이니

116 Gonzalez, 『초대 교회사』 48-53. 프랑스에서 이곳 콤포스텔라가 있는 산티아고까지 걷는 순례자의 길이 유명한데 이 길을 '부엔 카미노'(좋은 길)라고 부른다.

그는 소아시아 부르기아에 가서 복음을 전하다가 기둥에 매달려 찢겨져 순교했다고 합니다.

바돌로매 혹은 나다나엘로 알려진 제자는 아르메니아에 가서 전도하다가 잡혀 매질을 당한 뒤 베드로처럼 십자가에 거꾸로 매달려 순교했다고 합니다. 도마는 인도까지 간 것으로 알려지는데, 현장에서 군인들이 던진 창에 맞아 순교했다고 합니다. 세리였던 마태는 에티오피아에서 칼에 베여 순교를 당했고, 열심당이었던 시몬은 마태와 같이 에티오피아에 가서 전도하다가 역시 칼로 목이 베어 순교했다고 합니다. 알패오의 아들 야고보는 성전 꼭대기에서 밀어 떨어뜨려 순교를 당했다고 하며, 알패오의 아들 야고보의 형제인 다대오는 파사에서 전도하던 중 활에 맞아 순교를 당했다고 합니다. 가룟 유다에 이어 열두 번째 사도가 된 맛디아도 역시 에티오피아에서 전도하다가 돌에 맞아 순교를 당했다고 합니다.

가룟 유다를 제외한 사도들은 거의 다 순교를 당했습니다. 칼에 베이고 돌에 맞고 십자가에 달리는 등 끝까지 복음을 전하며 순교의 피를 흘렸고, 그 피는 교회의 씨앗이 되었습니다. 그런데 거의 다 순교를 당했는데 오직 한 사람만이 순교를 당하지 않고 나이가 들어 자연사했기 때문입니다. 순교하지 않은 순교자, 예수님의 사랑하시는 제자 요한의 이야기를 살펴봅시다.

요한이 경험한 그리스도

사도 요한은 세베대의 아들이자 사도 야고보의 형제로 그는 갈릴리 지역에서 태어났습니다. 사실 제자들은 가룟 유다를 제외하면 거의 다 갈릴리 지역 출신이라 할 수 있습니다. 놀랍게도 그의 부모의 이름이 성경에 모두 등장하는데, 아버지는 세베대이며 어머니는 살로메입니다. 살로메는 예수님의 모친 마리아의 자매라고도 하는데 가능성이 있어 보입니다.

그는 어부였지만 그냥 평범한 사람은 아닌 상당한 지식을 가지고 사람들과 교류하는 사람이었던 것 같습니다. 대표적인 예로 요한은 대제사장과 친분이 있었던 것으로 보입니다.

> 시몬 베드로와 또 다른 제자 한 사람이 예수를 따르니 이 제자는 대제사장과 아는 사람이라. 예수와 함께 대제사장의 집 뜰에 들어가고 베드로는 문밖에 서 있는지라. 대제사장을 아는 그 다른 제자가 나가서 문 지키는 여자에게 말하여 베드로를 데리고 들어오니(요 18:15-16).

그는 예수님의 제자이면서도 예수님이 대제사장에게 잡히자 대제사장의 집에 따라 들어가는 대범함을 보였습니다. 그리고 문밖에 서 있던 베드로를 들어오도록 했습니다. 아무리 대제사장과 안면이 있다고 해도 그리 쉬운 일은 아니었을 것입니다. 앞서 그의 어머니가 예수님과 자매 사이일지 모른다고 했는데, 그 이유 중 하나가 그가 대제사장과 친분이 있다는 점입니다. 예수님의 어머니 마리아의 친척은 제사장 사가랴의 아내이자 세례 요한의 어머니인 엘리사벳입니다. 사도 요한의 어머니와 마리아가 자매지간이라면 레위 지파인 이 제사장 가문과 어느 정도 관련이 있지 않을까 생각합니다. 또한 예수님이 십자가에 달릴 때 이모라는 표현을 쓴 여인이 등장하는데, 그가 바로 요한의 어머니가 아닐까 생각됩니다.

사도 요한은 예수님을 만나기 전에는 먼저 세례 요한의 제자였습니다. 그가 어떻게 세례 요한의 제자가 되었는지는 확실치 않으나 세례 요한이 사람들에게 회개를 촉구하고 세례를 베풀며 하나님의 나라와 메시아를 전한 것을 생각하면, 사도 요한은 세례 요한이 전하는 이 복음의 메시지에 분명 깊이 감동을 받은 것이 확실합니다.[117] 아니 요한뿐 아니라 안드레도 그러했는데 생업에 종사하면서도 때때로 세례 요한에게 와 교훈을 들었던 것으로 보입니다. 그러던 어느 날 그의 인생에 큰 변화를 가져온 일이 생깁니다.

아마 그날도 평상시와 같았을 것입니다. 세례 요한은 몰려든 사람들에게 회개를 촉구하며 세례를 주고 있었는데 그가 세례를 베푼 한 사람에게 성령이 비둘기 같이 임하였으며, 하늘에서 큰 소리가 났습니다. 세례 요한은 자신이 세례를 베푼 사람이 하나님이 보내신 이, 즉 메시아인 것을 깨닫게 됩니다. 그는 예수님을 향해 세상 죄를 지고 가는 하나님의 어린양이라고 말합니다. 그리고 자신의 두 제자 요한과 안드레에게 예수님을 소개합니다.

이 두 제자는 이 일을 계기로 예수님을 따르게 됩니다. 그들은 예수님을 만난 첫날 그가 계시는 곳에 가 보게 되고 그때부터 죽는 날까지 예수님을 따르는 제자가 됩니다. 이 둘을 통해 베드로와 빌립, 그리고 나다나엘이 제자가 됩니다.

복음서를 기술한 네 명의 사람들 중 마가와 누가는 전해 들은 바를 기록했다면, 마태와 요한은 자신의 경험을 직접 기술했습니다.

---

117 따지고 보면 세례 요한과 사도 요한도 친척관계로 볼 수 있다.

그렇지만 가장 먼저 제자가 된 요한은 마태가 기록하지 않은 다른 여러 사건들을 성경에 기록했는데, 그것은 그가 경험한 예수님과의 특별한 관계에 있다고 할 수 있습니다.

요한은 마태가 보지 못한 첫 기적의 가버나움 결혼식을 기억했습니다. 그에게 자신의 고향 가버나움의 혼인 잔치에서 예수님이 물로 포도주를 만드신 일은 매우 독특하며 특별했습니다. 그것은 하나님의 영광을 드러내며 복음을 확신하게 하는 기적과는 약간은 거리가 멀어 보였습니다. 그런데 요한은 그 일이 너무 기억에 남았습니다. 그리고 이렇게 기록합니다.

> 예수께서 이 첫 표적을 갈릴리 가나에서 행하여 그의 영광을 나타내시매 제자들이 그를 믿으니라(요 2:11).

아마도 그 기적에서 나타난 예수님의 영광에 깊은 인상을 받은 사람은 요한이었을 것입니다. 니고데모가 찾아온 그날 밤에 있었던 대화를 기억한 것도 요한이었습니다. 그는 예수님이 니고데모에게 거듭남의 비밀에 대해 말씀하신 것을 기록했습니다. 우리가 모두 외우는 그 말씀, "하나님이 세상을 이처럼 사랑하사 독생자를 주셨으니 이는 그를 믿는 자마다 멸망하지 않고 영생을 얻게 하려 하심이라"(요 3:16)라고 기록한 사람도 요한입니다.

그 외에도 사마리아로 굳이 들어가셔서 한 여인을 만나 그에게 복음의 기쁨을 전하시던 일, 38년 된 병자를 고치시던 일, 오병이어의 기적보다 더 기억에 남았던 그다음 날의 사건들, 간음하다 현장에서 잡힌 여인을 살리신 일, 날 때부터 맹인인 자를 고치시며 하나님이 하시고자 하는 일이 나타날 것이라고 말씀하신 것, 그리고 무엇보다 죽었던 나사로를 무덤에서 불러내어 살리신 일 등 그는 다른 제자들이 기록하지 않았던 일들 속에서 예수님의 하나님 되심과 사람들 사이에서 한 인간으로 살아가신 모습을 모두 기록하게 됩니다.

다른 사람들이 기억하지 못하는 일들을 기억한다는 것, 아마도 그것은 내가 가장 좋아하는 사람과 특별한 관계를 가지고 있었다는 증거일 것입니다. 모두가 아는 표면적인 사건들 말고 그 뒤에 얽힌 이야기를 안다는 것은 그만큼 가까운 거리에서 사건을 보았다는 것일 것이며, 또 당시의 일들에 대해 다른 사람과 달리 깊은 인상을 받았고 이를 마음에 깊이 간직했기에 가능한 것이 아닐까 싶습니다.

요한은 다른 제자들과 달리 예수님의 곁에 더 가까이 있었던 것 같습니다. 세례 요한을 떠나 예수님을 만난 순간부터 그는 거의 예수님과 함께 다녔던 것 같습니다. 그래서 예수님이 유대의 명절에 예루살렘에 올라가셔서 하셨던 일들에 대해서도 다른 복음서와 달리 요한은 여러 차례 기록했는데 이것은 아마도 그가 예수님과 함께 동행했기에 가능한 것이 아닌가 생각됩니다. 예수님이 어린 시절 예루살렘을 방문한 것에 대해 누가가 두 번 기록했지만 그것은 모두 초대 교회에서 들은 증언에 기초한 것일 것입니다. 반면, 공생애를 시작하시고 가장 먼저 예루살렘과 성전을 방문하셨던 일은 모두 요한복음에 나옵니다. 요한복음 2장 13-22절에는 사역을 시작하시고 가장 처음 예루살렘을 방문한 이야기가 나오는데 여기서 성전에서 장사하는 자들을 쫓아내고 깨끗하게 하셨다고 전합니다. 두 번째 방문은 에스더서에 나오는 일과 관련된 절기인 부림절에 방문하셔서 38년 된 병자를 고치셨던 일로 요한복음 5장 1-9절에 등장합니다. 그다음 방문은 초막절에 방문하셨는데 이런 기록은 모두 요한복음에만 나옵니다. 이 초막절이 끝나 가는 날 외치신 말씀을 요한이 다음과 같이 기록했습니다.

> 명절 끝 날 곧 큰 날에 예수께서 서서 외쳐 이르시되 누구든지 목마르거든 내게로 와서 마시라. 나를 믿는 자는 성경에 이름과 같이 그 배에서 생수의 강이 흘러나오리라 하시니(요 7:37-38).

그리고 다시 수전절에 방문하신 일을 요한복음 10장 22절부터 기록했습니다. 솔로몬 행각에서 거니시던 예수님은 유대인들이 찾아와 그리스도인지 아닌지를 밝히 드러내라고 종용하자 "나와 아버지는 하나이니라"(요 10:30)라고 밝혀 주셨습니다. 그러면서 "아버지께서 내 안에 계시고, 내가 아버지 안에 있다는 것"(요 10:38)이 그 증거라고 말씀하셨습니다.

이날의 예수님의 말씀은 요한에게 예수님이 누구인지에 대한 큰 깨달음을 주었습니다. 복음서를 보면 중요한 신앙고백은 모두 베드로에게서 나왔지만, 요한은 베드로의 고백과는 다른 관점에서 예수님의 하나님 되심을 알고 믿고 증언하게 됩니다. 그것은 하나님이 예수님 안에, 그리고 예수님이 하나님 안에 계시다는 것입니다. 그렇기에 예수님은 여러 차례 이런 말씀을 제자들에게 하셨는데 이 의미를 깊이 깨달은 요한만이 이것을 중요하게 기록했습니다.

내가 아버지 안에 거하고 아버지는 내 안에 계신 것을 네가 믿지 아니하느냐. 내가 너희에게 이르는 말은 스스로 하는 것이 아니라 아버지께서 내 안에 계셔서 그의 일을 하시는 것이라. 내가 아버지 안에 거하고 아버지께서 내 안에 계심을 믿으라. 그렇지 못하겠거든 행하는 그 일로 말미암아 나를 믿으라(요 14:10-11).

요한은 이 말씀이 하나님과 예수님 사이에서만 끝나지 않는다는 것을 알았습니다. 예수님은 이 말씀을 다시 우리에게 적용했기 때문입니다.

그날에는 내가 아버지 안에, 너희가 내 안에, 내가 너희 안에 있는 것을 너희가 알리라(요 14:20).

요한은 예수님의 마지막 기도에서도 하신 이 말씀을 기억했습니다.

나는 세상에 더 있지 아니하오나 그들은 세상에 있사옵고 나는 아버지께로 가옵나니 거룩하신 아버지여 내게 주신 아버지의 이름으로 그들을 보전하사 우리와 같이 그들도 하나가 되게 하옵소서(요 17:11).

아버지여, 아버지께서 내 안에, 내가 아버지 안에 있는 것같이 그들도 다 하나가 되어 우리 안에 있게 하사 세상으로 아버지께서 나를 보내신 것을 믿게 하옵소서. 내게 주신 영광을 내가 그들에게 주었사오니 이는 우리가 하나가 된 것같이 그들도 하나가 되게 하려 함이니이다(요 17:21-22).

요한은 이 말씀들이 서로 연결되어 있다는 것을 알았습니다. 결국 하나님과 예수님이 하나 되심 같이 우리도 예수님 안에 거하고 예수님이 우리 안에 계심으로 하나 되고 또한 우리 모두도 이와 같이 하나 됨이 이루어진다는 신앙의 비전을 갖게 되었습니다. 뿐만 아니라 더 나아가 이것이 단순한 선언이 아니라 구체적인 삶의 모습에서 이루어질 수 있다는 것을 알게 되었습니다.

> 내가 아버지의 계명을 지켜 그의 사랑 안에 거하는 것같이 너희도 내 계명을 지키면 내 사랑 안에 거하리라(요 15:10).

그렇습니다. 예수님이 하나님 안에 거하시는 이유는 그의 계명을 지키시기 때문입니다. 마찬가지로 우리가 예수님 안에 거할 수 있으려면 그의 말씀을 지켜야 합니다. 예수님의 가르침을 지키는 것입니다.

요한은 주님이 하신 이 말씀을 깊이 인식했습니다. 깨달았습니다. 하나님과 하나 되신 예수 그리스도와 하나 되는 길에는 바로 이 말씀을 지킴, 계명을 지킴이 있어야 한다는 것을 깨달았습니다. 요한복음에서는 이 말씀을 정말 여러 차례 합니다.

> 너희가 나를 사랑하면 나의 계명을 지키리라(요 14:15).

> 나의 계명을 지키는 자라야 나를 사랑하는 자니(요 14:21).

> 예수께서 대답하여 이르시되 사람이 나를 사랑하면 내 말을 지키리니(요 14:23).

요한복음에서 반복적으로 나오는 이 예수님의 말씀은 나중에 요한이 교회에게 강조하는 핵심이었습니다. 그는 편지를 통해 교회에 같은 말씀을 강조하였습니다.

우리가 그의 계명을 지키면 이로써 우리가 그를 아는 줄로 알 것이요(요일 2:3).

그의 계명을 지키는 자는 주 안에 거하고 주는 그의 안에 거하시나니 우리에게 주신 성령으로 말미암아 그가 우리 안에 거하시는 줄을 우리가 아느니라(요일 3:24).

그리고 이 계명을 지키는 것이 무엇인지 요한은 예수님께로부터 분명히 들었습니다.

내 계명은 곧 내가 너희를 사랑한 것같이 너희도 서로 사랑하라 하는 이것이니라 (요 15:12).

요한은 이것을 다시 교회에 보낸 편지에서 다음과 같이 이야기합니다.

그의 계명은 이것이니 곧 그 아들 예수 그리스도의 이름을 믿고 그가 우리에게 주신 계명대로 서로 사랑할 것이니라(요일 3:23).

우리가 이 계명을 주께 받았나니 하나님을 사랑하는 자는 또한 그 형제를 사랑할지니라(요일 4:21).

우리가 하나님을 사랑하고 그의 계명들을 지킬 때에 이로써 우리가 하나님의 자녀를 사랑하는 줄을 아느니라. 하나님을 사랑하는 것은 이것이니 우리가 그의 계명들을 지키는 것이라. 그의 계명들은 무거운 것이 아니로다(요일 5:2-3).

요한은 우리가 예수님 안에 거하는 것은 계명을 지키는 것이며, 이 계명은 곧 서로 사랑하라는 것임을 예수님에게서 들었습니다. 그리고 그것을 증언했습니다. 사랑한다는 것은 그의 안에 거하는 길이며, 곧 그와 하나가 되는 길이라는 것을 우리에게 전했던 것입니다.

그는 자신을 표현하면서 '예수님이 사랑하시는 제자'라고 여러 차례 말합니다. 그런데 앞서 말한 것을 생각해 보면 요한이 줄곧 자신을 예수님이 사랑하시는 제자라고 묘사하는 것에 의미가 있음을 깨닫게 됩니다.

> 예수의 제자 중 하나 곧 그가 사랑하시는 자가 예수의 품에 의지하여 누웠는지라 (요 13:23).

> 베드로가 돌이켜 예수께서 사랑하시는 그 제자가 따르는 것을 보니 그는 만찬석에서 예수의 품에 의지하여 주님 주님을 파는 자가 누구오니이까 묻던 자더라 (요 21:20).

이 '사랑하시는 제자'라는 말은 단순히 예수님이 다른 제자들보다 편애한 사람이란 뜻이 아닙니다. 예수님이 사랑한다는 것은 곧 예수님이 그의 안에 거하는 것이기에 그는 예수님이 자신 안에 거하신다는 확신 속에 이 말씀을 한 것입니다. 즉, 우리가 주님을 사랑하면 우리가 주님 안에 거하는 것이며, 주님이 우리를 사랑하신다는 말은 곧 그가 우리 가운데 거하신다는 것입니다.

우리는 우리 안에 예수님이 계심을 확신하고 있습니까? 그렇다면 주님의 사랑하시는 제자라고 말할 수 있을 것입니다. 우리가 주님을 사랑하고 있습니까? 그렇다면 우리는 주님 안에 거하는 자입니다. 예수님이 내 안에 계시며 내가 그의 안에 거한다면, 우리는 주님이 사랑하는 사람이며 또한 우리는 주님을 사랑하는 사람이기도 한 것입니다.

만남에서 사귐으로

주님이 자신 안에 거하심에 대해 이처럼 고백하는 요한에게 예수님은 거룩한 하나님이자 아주 가까운 매우 친밀한 분이었습니다. 그래서 예수님이 자신 안에 계시다는 말을 하는 것에 대해 그는 예수님이 세상에 계실 때 자신과 함께 사귀었던 인격적인 만남으로 표현합니다. 교회에 보낸 편지에서 요한은 이렇게 말합니다.

> 우리가 보고 들은 바를 여러분에게도 선포합니다. 우리는 여러분도 우리와 서로 사귐을 가지기를 바라는 것입니다. 우리의 사귐은 아버지와 또 그의 아들 예수 그리스도와 함께하는 사귐입니다(요일 1:3, 표준새번역).

주님이 내 안에 거하는 것은 주님과 사귀는 것이며, 또한 하나님과 사귀는 것입니다. 이 사귐을 갖는다면 마음에 기쁨이 넘칠 것입니다. 그래서 예수님과 사귀는 사람은 기쁨으로 인해 결코 어둠 속에 거하지 않습니다.

> 우리가 하나님과 사귀고 있다고 말하면서, 그대로 어둠 속에서 살아가면, 우리는 거짓말을 하는 것이요, 진리를 행하지 않는 것입니다. 그러나 하나님께서 빛 가운데 계신 것과 같이, 우리가 빛 가운데 살아가면, 우리는 서로 사귐을 가지게 되고, 하나님의 아들 예수의 피가 우리를 모든 죄에서 깨끗하게 해 주십니다(요일 1:6-7, 표준새번역).

그의 사랑 안에 거하는 사람, 그는 예수님과 그의 아버지 하나님과 사귀는 자이며 하나님과 사귄다고 하면서 어둠 속에서 살아가는 것은 거짓말을 하는 것입니다. 진리를 행하지 않는 것입니다. 사귐은 빛 가운데서 살아가는 것이며, 이 사귐이 있을 때 우리의 모든 죄는 예수 그리스도의 피로 깨끗해집니다. 더 나아가 그리스도와 아버지 하나님과 사귀는 자는 곧 하나님을 사랑하는 자이자 세상 속에서 사랑을 실천하는 자입니다.

사랑하는 자들아 우리가 서로 사랑하자. 사랑은 하나님께 속한 것이니 사랑하는 자마다 하나님으로부터 나서 하나님을 알고 사랑하지 아니하는 자는 하나님을 알지 못하나니 이는 하나님은 사랑이심이라(요일 4:7-8).

예수님과 요한과의 관계를 정의하자면 하나님과 인간, 스승과 제자와 같은 표현보다 사랑하며 사귐이 있는 관계라고 말할 수 있습니다. 친한 친구보다 더 친밀한 관계라고 말할 수 있을 것입니다. 그 친밀함의 관계, 그 사귐의 기쁨이 넘친 요한은 교회의 모든 성도들에게 같은 말을 해 주고 있습니다.

"우리와 사귀자. 우리와 사귀는 것은 곧 그리스도와 하나님과 사귀는 것이다. 그리고 그것은 곧 서로 사랑하는 것이다."

요한은 예수 그리스도의 십자가와 그의 죽으심으로 인해 죄 사함을 받는 것에 대해서도 강조하지 않은 것은 아니지만 그는 그보다는 더 많은 곳에서 이 사귐이 있는 관계, 사랑으로 하나 되는 관계를 말했습니다. 그래서 요한복음이 다른 복음서보다 더 좋을 때가 있습니다. 예수님은 죄를 깨끗케 하시는 것뿐 아니라 우리와 함께 계시고 우리와 사귐을 나누길 원하십니다. 우리 모두가 사랑으로 하나 됨으로써 이 예수님과 하나님과의 사귐에 동참하면 좋겠습니다.

마지막 부탁과 종말의 비전

예수님은 베드로가 신앙고백을 할 때 그에게 교회를 맡기셨습니다.

> 또 내가 네게 이르노니 너는 베드로라. 내가 이 반석 위에 내 교회를 세우리니 음부의 권세가 이기지 못하리라(마 16:18).

또한 주님을 사랑한다는 고백에 교회의 양육을 맡기셨습니다.

> 요한의 아들 시몬아, 네가 이 사람들보다 나를 더 사랑하느냐 하시니 이르되 주님 그러하나이다. 내가 주님을 사랑하는 줄 주님께서 아시나이다. 이르시되 내 어린 양을 먹이라(요 21:15).

반면에 요한에게는 좀 다른 부탁을 하셨습니다. 예수님이 십자가의 고난을 받고 있을 때 예수님의 어머니와 예수님의 이모,[118] 글로바의 아내 마리아와 막달라 마리아가 왔습니다. 그때 다른 제자들은 모두 도망치고 없었지만 요한이 그 자리에 같이 있었습니다. 예수님은 십자가의 고통 가운데 자신의 어머니인 마리아를 요한에

---

[118] 사람들이 생각할 때는 이 여자가 바로 요한의 어머니라고 생각한다.

게 부탁합니다.

> 예수께서 자기의 어머니와 사랑하시는 제자가 곁에 서 있는 것을 보시고 자기 어
> 머니께 말씀하시되 여자여 보소서 아들이니이다 하시고 또 그 제자에게 이르시되
> 보라 네 어머니라 하신대 그때부터 그 제자가 자기 집에 모시니라(요 19:26-27).

예수님의 행적을 그처럼 오래 따라다니며 예수님의 말씀의 깊이를 그처럼 깊이 아는 제자도 없는 것 같은데 의외로 그에게는 교회를 위한 사명보다 예수님의 어머니를 맡아 달라는 아주 인간적인 예수님의 부탁이 있었습니다.

예수님의 이 사적인 부탁 때문에 교회를 맡기신 베드로보다 요한이 더 부러울 때가 있습니다. 요한은 교회를 대표하는 수장이 되지도 못하고 바울처럼 많은 교회를 세운 전도자로서 살지도 못했으며, 최초의 순교자도 되지 못했습니다. 아니 그는 순교를 당하지 못한 유일한 예수님의 제자로 살아야 했습니다. 그러나 예수님이 세상에 오시면서 만난 최초의 사람이자 그에게 육체를 주시고, 또한 양육해 주었던 어머니 마리아를 요한에게 부탁하신 것은 그만큼 그를 사랑하고 요한과의 관계가 특별했다는 것을 말해 줍니다. 다른 사람들과는 다른 깊은 친밀감이 있는 관계였던 것입니다.

주님이 우리에게 무엇인가 맡기시는 일이 항상 위대하고 거창한 것일 필요는 없습니다. 요한과 같이 예수님의 부탁을 들어줄 수 있는 자리에 있게 된다면 그것처럼 감사한 일도 없을 것입니다. '요한이 왜 순교를 당하지 않았을까? 수많은 기적의 이야기에 요한은 왜 없을까? 왜 그는 초대 교회의 일에 적극적으로 나서지 않았

을까? 왜 전도 여행을 떠나 많은 교회들을 세우지 않았을까?' 생각해 보면 예수님의 이 부탁에 따라 마리아가 죽기까지 이 일을 감당했기 때문이라고 생각됩니다. 모르긴 해도 아마도 천국에서 예수님이 요한에게 고맙다고 이야기하시지 않았을까요?

예수님은 이런 요한에게 특별한 은혜를 주셨습니다. 예수님이 부활하시고 갈릴리에서 베드로에게 내 양을 먹이라고 하실 때 베드로가 요한은 어떻게 될 것인지 물었습니다. 말하자면 자신에게는 양을 먹이라는 사명을 주셨는데 요한에게는 어떤 사명을 주실 것이냐고 물은 것이라고 할 수 있습니다. 그때 예수님은 이렇게 말씀합니다.

> 이에 베드로가 그를 보고 예수께 여짜오되 주님 이 사람은 어떻게 되겠사옵나이까. 예수께서 이르시되 내가 올 때까지 그를 머물게 하고자 할지라도 네게 무슨 상관이냐. 너는 나를 따르라 하시더라(요 21:21-22).

베드로는 그래서 예수님이 다시 세상에 오실 때까지 요한이 살아 있을 것이라고 생각했습니다. 그러나 그것은 반은 맞고 반은 틀린 생각이었습니다. 그에게는 특별한 사명이 있었습니다. 그것은 주님이 다시 오실 날에 대한 비전을 보는 것이었습니다.

요한은 말년에 에베소에서 사역을 했으며 이후 밧모섬에 유배를 당해 그곳에서 머물게 되는데 여기서 예수님을 다시 만나게 됩니다. 그 예수님은 완전하신 하나님으로 그에게 나타나셨는데, 그는 거기서 예수님이 다시 오실 날의 일들에 대해 듣고 보게 됩니다.

그는 세상의 종말에 있을 환란과 고통을 보았고, 또한 그 가운데 그의 백성을 지키시는 하나님의 약속도 들었습니다. 또한 세상에 고통을 주던 음녀 바벨론의 멸망과 짐승의 죽음과 옛뱀이자 용인 사탄을 이기시고 불못에 던지는 예수 그리스도의 승리를 보았습니다. 그는 속히 오시겠다는 주님의 음성을 들었습니다. 그리고 이렇게 고백합니다.

아멘 주 예수여, 오시옵소서(계 22:20).

요한은 참으로 행복한 사람이었습니다. 그는 메시아를 기다렸고 정말 만났으며, 그와 사귀었습니다. 그는 가장 가까이서 밥을 먹었고, 그 누구도 받지 못한 사랑을 받았고, 다른 사람이 받지 못한 예수님의 개인적이며 친밀한 부탁을 받았습니다. 그리고 그는 주님이 오실 날을 기다리며 살았고, 또한 그 오실 날을 보았고, 오실 그분을 만나 증언하게 되었습니다. 그는 예수님의 산 증인이었습니다. 그의 처음 오심과 앞으로 다시 오실 모두를 증언한 유일한 증인이 되었습니다. 그는 주님 안에, 주님은 그의 안에 거하시는 축복의 사람으로 살다가 주님 곁으로 갔습니다.

우리는 요한복음을 통해 주님과 만난 수많은 사람들을 보았습니다. 그런데 요한복음에는 그 모든 이야기를 기억하고 마음에 담아 둔 요한의 이야기가 모든 사람들의 이야기 뒤에 숨어 있습니다. 평생 주님과 사랑으로 사귐이 있던 사람, 어머니를 부탁할 수 있을 만큼 믿을 수 있는 사람, 다시 올 소망의 날을 이야기해 줄 수 있는 사람이었던 요한은 예수님이 진정으로 사랑하시던 제자였습니다.

1. 예수님이 시몬에게 베드로, 즉 '반석'이라는 이름을 주셨다면, 요한과 야고보에게는 '우레의 아들'이라는 이름을 주셨습니다. 그러나 요한은 자신을 '사랑하시는 제자'라고 표현합니다. 주님이 우리에게 이름을 주신다면 어떤 이름으로 불리기를 원합니까? 왜 그런 별명이 좋은지 이야기해 봅시다.

2. 요한복음과 요한서신을 보면 '주님을 사랑하는 것'과 '계명을 지키는 것'은 필요충분조건의 관계를 가집니다. 즉, 이 둘은 분리되거나 한쪽으로만 성립되지 않고 동전의 양면과 같이 같은 것을 말한다는 뜻입니다. 혹시 계명에 순종하지 않으면서도 주님을 사랑한다고 생각하지는 않습니까? 계명에 순종하는 것이 곧 사랑이라는 말씀을 어떻게 생각하는지 함께 나누어 봅시다.

3. 요한복음을 보면 다른 복음서에 없는 말씀들이 많이 나옵니다. 오병이어와 같이 다른 복음서에 있는 사건조차도 그 기적보다는 그 뒷이야기를 더 자세하게 기술한 것을 볼 수 있습니다. 이는 요한이 예수님과 함께했던 그 시간들에 대한 특별한 기억들이 있었다는 것을 말해 주는 것이라 생각됩니다. 나만 기억하는 주님과의 만남은 신앙을 더욱 유니크하게 만들어 줍니다. 내 인생에 가장 기억나는 신앙의 경험은 무엇입니까? 나의 신앙을 독특하게 규정지을 수 있는 특별한 기억이 있다면 함께 나누어 봅시다.

Bibliography
참고문헌

Augustine. 『고백록』 박문재 역. 서울:크리스천다이제스트, 2020.

Brown, Raymond E,. 『앵커바이블 요한복음 Ⅰ』 최흥진 역. 서울: CLC, 2013.

_____. 『앵커바이블 요한복음 Ⅱ』 최흥진 역. 서울: CLC, 2013.

Carson, D.A,. 『PNTC 요한복음』 박문재 역. 서울: 솔로몬, 2017.

Fitzmyer, Joseph A,. 『앵커바이블 누가복음 Ⅰ』 이두희 · 황의무 역. 서울: CLC, 2015.

_____. 『앵커바이블 누가복음 Ⅱ』 우성훈 역. 서울: CLC, 2015.

Gonzalez, Justo L,. 『초대 교회사』 서영일 역. 서울: 은성, 1988.

Osborne, Grant R,. 『존더반 신약주석 강해로 푸는 마태복음』 김석근 역. 서울: 도서출판 디모데, 2015.

Schaff, Philip. 『교회사 전집 1 사도적 기독교』 이상길 역. 서울: 크리스천다이제스트, 2004.

Smalley, Stephen A,. 『요한신학 *John Evangelist & interpreter*』 김경신 역. 서울: 도서출판 충만, 1988.

Smith, Gary V,. 『NAC 이사야 1』 권대영 역. 서울: 부흥과개혁사, 2009.

_____. 『NAC 이사야 2』 권대영 역. 서울: 부흥과개혁사, 2009.

김병국. 『설교자를 위한 요한복음 강해』 서울: 도서출판 대서, 2014.

_____. 『요한복음 이야기』 서울: 도서출판 대서, 2013.

_____. 『신구약 중간사 이야기』 서울 : 도서출판 대서, 2013.

* 그 외에 관련 서적이나 기사, 논문 등은 본문에 표기함.
* 한글성경은 개역개정판을 사용하였으며, 그렇지 않은 경우 별도로 표기함.

저자 구성호 목사

저자는 백석대학교 신학대학원(M.Div)를 졸업하고 백석대학교 기독교전문대학원에서 박사과정(조직신학, Th.D) 중에 있으면서 정금교회(경기광주 소재)에서 사역하고 있다. 저자는 모태신앙인으로 오랫동안 교회에서 교사로서 봉사해왔지만 목회자의 길에 들어서기까지는 오랜시간이 걸렸다. 어릴적 우주과학에 매료되어 학부에서는 물리학을 전공했지만 경영대학원(MBA)을 졸업했고, 대기업과 벤처기업에서 IT 전문가와 경영컨설턴트로서 많은 기업, 정부기관 등에서 정보시스템구축, 경영혁신 컨설팅과 조직문화 자문 프로젝트를 수행했다. 또한 정부부처와 지방자치단체, 신문사 및 여러 기업에서 경영혁신 강의를 해왔던 이채로운 경력을 가지고 있다. 그러던 중 하나님의 인도하심을 따라 목회자이신 어머님의 뒤를 이어 사역의 길에 들어서게 되었다.

이런 배경으로 저자는 목회자가 되기 전부터 한 사람의 신앙인으로서 기업경영과 경제활동, 과학기술 및 다양한 사회적 문제들을 경험하면서 교회가 현대 신앙인들이 가지는 다양한 질문들에 대해 바른 답을 해야 할 책임을 가져야 한다고 생각하고 있다. 이것을 위해 박사과정에서 신앙과 과학, 자연신학 등의 분야를 연구하며 목회활동에 전념을 하고 있다.